PLINE L'ANCIEN

HISTOIRE NATURELLE

LIVRE XIV

COLLECTION DES UNIVERSITÉS DE FRANCE
publiée sous le patronage de l'ASSOCIATION GUILLAUME BUDÉ

PLINE L'ANCIEN

HISTOIRE NATURELLE

LIVRE XIV

TEXTE ÉTABLI, TRADUIT ET COMMENTÉ
PAR
JACQUES ANDRÉ
Directeur d'études à l'École des Hautes-Études

Troisième tirage

PARIS
LES BELLES LETTRES
2023

Conformément aux statuts de l'Association Guillaume Budé, ce volume a été soumis à l'approbation de la commission technique, qui a chargé M. Alfred Ernout d'en faire la révision et d'en surveiller la correction en collaboration avec M. Jacques André.

95 boulevard Raspail, 75006 Paris
www.lesbelleslettres.com

Premier tirage 1958

ISBN : 978-2-251-01164-6
ISSN : 0184-7155

INTRODUCTION

Le livre XIV de l'Histoire Naturelle de Pline, tout entier consacré à la vigne et au vin, n'épuise toutefois pas le sujet. Le livre 17 traitera d'importants problèmes : exposition des vignobles (§§ 19-24), greffe (§§ 115-117), plantation et modes de culture (§§ 152-215), maladies (§§ 226-228). Seront reprises aussi la question de la conservation du fruit (15, 62-67) et celle des propriétés médicinales des raisins, des vins et des sous-produits, vinaigre, lie (23, 1-68).

Dans un préambule, Pline signale les deux difficultés de sa tâche, l'immensité de la bibliographie depuis le premier ouvrage technique d'Hésiode, mais aussi la déficience de la documentation pour les faits anciens dont seul s'est conservé le souvenir et qui demeurent sans explication (§§ 1-8).

Il entreprend alors un bref exposé d'ordre général sur la plante (§§ 9-11), ses modes de culture (§§ 12-14), la variété de ses produits (§ 15), les procédés de conservation (§§ 16-17). Ce chapitre se termine sans lien logique par la mention d'une vigne particulière (§ 18) et le rappel de divers usages de la vigne dans la vie militaire (§ 19).

Pline aborde alors la première partie de son sujet : les variétés de vignes ; types généraux classés par ordre d'importance, Aminnées, Nomentanes, Apianes, etc. (§§ 21-35), variétés locales et régionales (§§ 36-39) ; vignes dont le fruit offre certaines particularités (§§ 40-41) ou donnant un raisin de table (§§ 42-43). Il termine par une liste des variétés connues au temps de Caton (§§ 43-47) et par des considérations sur le rendement des vignobles (§§ 47-53).

La deuxième partie, qui traite des vins, est beaucoup plus décousue. Après un développement sur les premiers vins, vin miellé et vins cités par Homère (§§ 53-54), vin opimien (§§ 55-57), sur la nature et les effets de cette boisson (§ 58), Pline énumère les différents crus italiens, gaulois et espagnols classés d'après leur qualité en cinq catégories (§§ 59-72), puis les crus d'outre-mer, grecs, asiatiques et égyptiens (§§ 73-76). Suivent les vins non naturels, parmi lesquels les vins salés (§§ 77-79), les vins de liqueur (vins cuits § 80 ; *passum* §§ 81-82 ; vin doux § 83 et autres sortes §§ 84-85) et les piquettes (§ 86).

Interrompant son énumération. Pline amorce une digression (*Verum inter haec subit mentem...*) sur les premiers usages du vin en Italie dans la vie religieuse et privée (§§ 87-91), une discussion sur le sens de *murrina* (§§ 92-93), une autre digression historique sur les crus d'Italie et l'introduction des vins grecs à Rome (§§ 94-97). Il revient à son sujet avec les *uina ficticia* : vins de raisins verts et de vigne sauvage (§§ 98-99), *adynamos* (§ 100), vins de plantes (§§ 101-112), parmi lesquels il intercale des vins parfumés (§§ 107-108) ; de là il passe aux boissons à base de miel (§§ 113-115), aux vins aux propriétés merveilleuses (§§ 116-118) ou frappés d'un interdit religieux (§ 119).

La troisième partie de son exposé est toute technique. Il y traite de l'apprêt des moûts, c'est-à-dire de la vinification (§§ 120-130), du vinaigre et de la lie (§ 131), des celliers et des récipients vinaires (§§ 132-137).

Suivent des considérations morales et des anecdotes se rapportant à l'ivresse (§§ 137-148) ainsi qu'un bref développement sur les boissons de grains fermentés des Barbares (§ 149). Un paragraphe de transition compare enfin le vin à l'huile qui fera le sujet du livre XV.

Malgré la netteté apparente des trois parties, vignes, vins et vinification, le développement est flou, coupé de digressions. Le classement des vignes et des crus n'est pas systématique : des plants locaux sont inclus dans la liste des plants communs (comme la *spionia* de l'*ager Rauennas*, § 34) ; la liste des raisins de table, d'ailleurs incomplète, se clôt sans raison sur deux plants particuliers, l'un à la Troade, l'autre à la Narbonnaise (§§ 42-43). L'exposé sur les vins comprend des listes, des prescriptions religieuses et juridiques, des réflexions morales sur l'ivresse. Cette absence de rigueur est la rançon de la méthode de Pline.

On peut aussi soulever la question de sa compétence. Etait-il qualifié par sa formation ou sa situation pour traiter d'agriculture et en particulier de viticulture ? Sa contribution personnelle à la matière du livre XIV paraît assez mince et s'efface devant l'autorité de ses sources. On ne lui doit guère que la mention de l'aspect et du goût du vin opimien conservé jusqu'à son époque. D'ailleurs, sa compétence eût été, comme celle des spécialistes, toute d'expérience. La vinification des anciens comporte un ensemble de recettes variant avec les lieux ou les circonstances, produit du hasard (cf. le vin de Cos, § 78) ou de longs tâtonnements.

La question des sources se pose surtout pour les deux premières parties de l'ouvrage :

Pour les vignes, les rapprochements avec Théophraste sont moins fréquents que dans les livres précédents. Mais les traités d'agriculture sont si nombreux que Pline se plaint du surcroît de travail qu'imposent les nécessités de la documentation. Ce sont, en Italie, les ouvrages de grands propriétaires (Caton, Varron), les travaux inspirés par le gouvernement, comme la traduction de Magon [1]

1. Par Silanus, sur l'ordre du Sénat, Col. 1, l. 13 ; Pline, 18, 22. Sur la tradition magonienne chez les *Rerum rusticarum scriptores* grecs et latins, cf. St. Gsell, *Histoire ancienne de l'Afrique du*

et les *Géorgiques*, mais aussi les monographies sur la vigne de Julius Atticus et de Julius Graecinus. De tels ouvrages sont le plus souvent conçus comme des « Manuels du parfait vigneron » et pour une région déterminée, ainsi pour l'Afrique le traité de Magon (de même les faits se rapportant à la Bithynie dans les *Géoponiques* dénoncent l'existence d'un ouvrage particulier sur la viticulture de cette province). Le seul auteur avec lequel nous puissions établir une comparaison est Columelle que cite aussi l'index, mais, entre Pline et lui, les différences sont trop grandes pour qu'il puisse être considéré comme la source principale. Le classement des plants n'est pas le même : les dix premiers par ordre de mérite dans Columelle ont un tout autre rang dans Pline : *Aminnée* 1, *Nomentane* 2, *eugenia* 5, *apiana* 3, *Biturica* 10, *balisca* 18, *uisulla* 11, *argitis* 15, *heluolae* 16, *praecia* 17. Les noms mêmes diffèrent : *Biturica/Biturigiaca*, *uennucula/uennuncula*, etc. Beaucoup de plants de raisin de table de Columelle ne figurent pas dans Pline, 40-42, et inversement. Les deux auteurs ne sont pas non plus d'accord sur la *coccolobis*, nom espagnol des deux variétés de la *balisca*, d'après Pline, 29-30, d'une seule selon Columelle, 3, 2, 19. Or, il faut ici suivre de préférence Columelle, espagnol d'origine et dont l'oncle était un gros propriétaire viticulteur de cette province. L'un et l'autre citent Celse, de façon différente d'ailleurs, comme source de leurs renseignements sur l'*heluennaca* (14, 32 ; Columelle, 3, 2, 25). Columelle le cite encore, à propos de l'*albuelis*, 3, 2, 24, dans une notice concordant avec celle de Pline. Tous deux semblent donc avoir accordé à Celse un grand crédit, au moins pour la viticulture italienne.

Les recettes des vins spéciaux figuraient dans les

Nord [2], t. IV, 1929, pp. 4-7. Magon n'est naturellement pas cité parmi les sources du livre 14, mais seulement Silanus. Figurent, par contre, parmi les *externi*, Dionysius *qui Magonem transtulit* et Diophanès *qui ex Dionysio epitomas fecit.*

ouvrages des agronomes, ainsi dans Caton et Columelle : vins cuits, vins de liqueur, piquettes, etc. Mais le classement des crus n'entrait pas dans le cadre de leurs travaux et sans doute non plus de ceux de spécialistes comme Julius Atticus et Julius Graecinus. On conseillait au viticulteur italien les meilleurs plants suivant le climat et le terrain, mais il lui était absolument inutile de connaître les qualités des vins d'Apamée de Phrygie ou de Thasos. Ces ouvrages n'étaient pas non plus destinés aux gourmets et aux riches, seuls susceptibles de s'intéresser à ces vins. Ce sont les médecins qui classèrent les crus, déterminèrent leurs propriétés, leurs qualités et leurs défauts, surtout de ceux d'outre-mer, vins grecs et asiatiques. Celse et Galien nous en donnent un aperçu, mais il en devait exister des études systématiques. En témoignent l'ouvrage du médecin Apollodore cité par Pline, § 76, et l'interdiction de certains *uina ficticia* par le médecin Thémison, § 114.

D'autre part, tous ces *uina ficticia* à base de plantes — dont la recette remonte pour certains à Caton — sont des médicaments. La plupart se trouvent dans la *Materia medica* de Dioscoride. Doit-on la considérer comme une source du livre 14, bien que le nom de son auteur ne figure pas à l'index ?

Les rapprochements possibles avec Dioscoride sont nombreux, sans être probants. Le livre 5 de Dioscoride et les §§ 98-112 de Pline doivent nécessairement offrir de profondes ressemblances, puisqu'ils donnent des listes et surtout des recettes de vins médicinaux, transmises de médecin en médecin depuis des siècles, oralement ou par écrit. Cependant les concordances si nombreuses ne sauraient dissimuler les divergences. Comme la question ne peut être envisagée d'après le seul livre 14, nous nous bornerons à quelques remarques [1].

1. V. en dernier lieu, J. André, *Pline l'Ancien botaniste*, *REL.*, XXXIII, 1956, p. 297 sqq.

1° Certaines listes de Pline paraissent empruntées à des auteurs différents ainsi que le montrent les changements dans la terminologie. A trois lignes d'intervalle, le nard gaulois est dit *nardum Gallicum* et *nardum Celticum*, le nard sauvage tantôt *nardum siluestre* tantôt *asarum* dans deux listes qui se suivent (§ 106 et note).

2° Divergences : § 99, Diosc. 5, 2, distingue deux variétés d'*ampelos agria*. Pline une seule (cf. note *ad l.*) ; § 100, dans la recette de l'*adynamos*, Pline donne les proportions, ce que ne fait pas Diosc. 5, 6, 16 ; § 104, le μυρτίδανον n'est pas un vin dans Diosc. 1, 112, 4, mais une excroissance de l'écorce du myrte ; § 105, Diosc. précise qu'il s'agit d'origan d'Héraclée, 5, 51 ; § 106, la recette du vin de roses de Diosc. a des proportions différentes, 5, 27 ; § 108, les noms de la plante servant à la préparation du *nectaritès* diffèrent légèrement de ceux de Diosc. 5, 56 ; § 110, pour le *phthorium*, Pline ajoute qu'il se prépare à Thasos. Il est aussi de plus menues divergences de détail, mais fréquentes : Pline emploie *uinum* là où Dioscoride use de γλεῦκος, ou *mustum* pour οἶνος. Nous ne croyons pas qu'il s'agisse d'inexactitudes de traduction, mais de recettes différentes, car Pline distingue toujours correctement le moût et le vin.

3° Dans la liste du § 112, on s'étonne de l'absence des vins de pin et de sapin qui figurent dans celle de Dioscoride, 5, 36, où manquent, par contre, ceux de térébinthe et de lentisque.

Pour la technique de la vinification, nous avons recouru à l'ouvrage capital de R. Billiard, *La vigne dans l'antiquité*, Lyon, Lardanchet, 1913, riche de l'expérience de son auteur et de son souci d'expérimenter lui-même les procédés des anciens. Malheureusement, R. Billiard a travaillé sur des textes que n'admet plus la critique moderne, quand il n'a pas travaillé sur la seule traduction (cf. note au § 84) et son texte de Pline en particulier ignore l'existence de *M*. D'autre part, sa liste des plants n'est pas critique et ne tient pas compte des contradictions des auteurs anciens. J. Vaisière, *Étude sur le traitement des vins grecs*, Dissertation doctorale de l'Université de Louvain, 1941, dactylographiée, le complète heureusement et le corrige parfois [1].

Pour l'établissement du texte, j'ai revu *M* dans le fac-simile de Mone. Ce palimpseste est lacunaire ; il comprend les §§ 1-9 Iuno[nis ; 26 Allobro]gica — 42 picina [omnium ; 46 maxime] in quemuis agrum — 54 pingues [cere ; 58 Andro]cydes — 66 circa [Messanam ; 79 nos quo]que Coum — 87 ; 96 de]disset — 113 ad [tertias ; 130 incli]nantis — 150. J'ai, d'autre part, collationné sur photographie *D E d e l*. Je n'ai malheureusement pu avoir communication de *F*, pour lequel j'ai suivi, bien qu'avec réserve, l'apparat de Jan-Mayhoff qui, pour les manuscrits que j'ai pu collationner, offre de très nombreuses inexactitudes ou insuffisances. Je signale que l'accord de *E a l* est presque toujours fautif contre celui de *D F d*, en l'absence de *M*.

M. A. Ernout a été pour moi plus qu'un réviseur. Je lui en exprime ma profonde reconnaissance.

1. Nous remercions vivement l'auteur de l'obligeance avec laquelle il a bien voulu autoriser la Bibliothèque de l'Université de Louvain à nous communiquer son manuscrit.

TABLE DES MATIÈRES

AUTEURS

Cornélianus Valérianus. Virgile. Celse. Caton le censeur. Les Saserna père et fils. Scrofa. M. Varron. D. Silanus. Fabius Pictor. Trogue-Pompée. Hygin. Verrius Flaccus. Graecinus. Julius Atticus. Columelle. Masurius Sabinus. Fénestella. Tergilla. Maccius Plautus. Fabius Dossennus. Scaevola. L. Aelius. Ateius Capito. Cotta Messalinus. L. Pison. Pompeius Lénaeus. Fabianus. Sextius Niger. Vibius Rufinus.

EX AVCTORIBVS

Cornelio Valeriano. Vergilio. Celso. Catone censorio. Sasernis patre et filio. Scrofa. M. Varrone. D. Silano. Fabio Pictore. Trogo. Hygino. Flacco Verrio. Graecino. Attico Iulio. Columella. Masurio Sabino. Fenestella. Tergilla. Maccio Plauto. Fabio Dossenno. Scaeuola. L. Aelio. Ateio Capitone. Cotta Messalino. L. Pisone. Pompeio Lenaeo. Fabiano. Sextio Nigro. Vibio Rufino.

ÉTRANGERS

Hésiode. Théophraste. Aristote. Démocrite. Le roi Hiéron.

EXTERNIS

Hesiodo. Theophrasto. Aristotele. Democrito. Hierone rege.

Le roi Philométor. Le roi Attale. Archytas. Xénophon. Amphiloque d'Athènes. Anaxipolis de Thasos. Apollodore de Lemnos. Aristophane de Milet. Antigone de Kymé. Agathoclès de Chio. Apollonius de Pergame. Aristandre d'Athènes. Bacchius de Milet. Bion de Soles. Chéréas d'Athènes. Chéreste d'Athènes. Diodore de Priène. Dinon de Colophon. Epigène de Rhodes. Evagon de Thasos. Euphronius d'Athènes. Androtion qui a écrit sur l'agriculture. Aeschrion qui fit de même. Lysimaque qui fit de même. Denys qui traduisit Magon. Diophane qui abrégea Denys. Asclépiade le médecin. Erasistrate le médecin. Commiadès qui a écrit sur la vinification. Aristomaque qui fit de même. Hicesius qui fit de même. Thémison le médecin. Onésicrite. Le roi Juba.

Philometore rege. Attalo rege. Archyta. Xenophonte. Amphilocho Athenaeo. Anaxipoli Thasio. Apollodoro Lemnio. Aristophane Milesio. Antigono Cymaeo. Agathocle Chio. Apollonio Pergameno. Aristandro Athenaeo. Bacchio Milesio. Bione Solense. Chaerea Atheniense. Cheresto item. Diodoro Prieneo. Dinone Colophonio. Epigene Rhodio. Euagone Thasio. Euphronio Athenaeo. Androtione qui de agricultura scripsit. Aeschrione qui item. Lysimacho qui item. Dionysio qui Magonem transtulit. Diophane qui ex Dionysio epitomas fecit. Asclepiade medico. Erasistrato item. Commiade qui de conditura uini scripsit. Aristomacho qui item. Hicesio qui item. Themisone medico. Onesicrito. Iuba rege.

LIVRE XIV

SIGLA

M Codex Moneus, s. V-VI.
D Codex Vaticanus Latinus 3861, s. XI.
F Codex Leidensis Lipsii 7, s. X.
E Codex Parisinus Latinus 6795, s. IX-X.
d Codex Parisinus Latinus 6797, s. XIII.
e Codex Parisinus Latinus 6796, s. XIII.
a Codex Vindobonensis CCXXXIV, s. XII-XIII.
l Codex Arundelianus 98, Londres, Bristish Museum, s. XII.
T Codex Toletanus 47-14 (nunc Matritensis, Bibl. Nat., 10042), s. XIII.
s Codex Salmaticensis, a Pintiano excerptus.
z Codex a Dalecampio excerptus.

Barb. : *Hermolai Barbari Castigationes Plinianae*, Rome, 1492.
Bas. : editio Basileensis 1525.
Brot. : ed. Broterii Parisina, 1779.
Colon. : ed. Caesarii Coloniensis, 1524.
Dalec. : ed. Dalecampii Lugdunensis, 1587.
Detl. : Detlefsen, éd. de Pline, Berlin, Weidmann, t. II, 1867.
Fels : A. Fels, *De codicum antiquorum, in quibus Plini N. H. propagata est, fatis, fide atque auctoritate*, Göttingue, 1861.
Gelen. : ed. Gelenii Basileensis, 1554.
Hard. : ed. Harduini Parisina, 1741.
Hübner : E. Hübner, *Hermes*, I, 1886, p. 337 sq.
Jan : L. Jan, éd. de Pline, Leipzig, Teubner, t. II, 1856.
Mayh. C. Mayhoff, éd. de Pline, Leipzig, Teubner, t. II, 1909.
Müller : J. Müller, *Emendationen zur N. H. des Plinius*, II, Vienne, 1878.
Pint. : Pintianus, *In C. Plinii N. H. libros omnes obseruationes*, Lyon, 1593.

Rhen. : Beatus Rhenanus, *In C. Plinium annotationes*, Bâle, 1526.
Salm. : Saumaise, *Plinianae exercitationes in Solini polyhistoria*, Paris, 1629.
Sillig : Sillig, éd. de Pline, Hambourg-Gotha, t. II, 1852.
Urlichs : Urlichs, *Vindiciae Plinianae*, I, Greifswald, 1853.
Venet. : ed. Veneta Palmarii, 1499.

TABLEAU DES MESURES DE CAPACITÉ

FIGURANT DANS LE L. XIV.

Culleus : = 20 amphores, 525 l, 27.
Quadrantal ou *amphora* : 26 l, 264 ou 80 livres.
Cadus (κάδος) ou *testa* (κεράμιον) : = 1 μετρητής, soit 39 l, 39 ou 120 livres. Il sert à la mesure des vins grecs.
Vrna : 1/2 amphore = 13 l, 13.
Congius : 1/8 d'amphore ou 6 *sextarii* = 3 l, 283.
Sextarius : 1/48 d'amphore ou 0 l, 5475.
Hemina : 1/96 d'amphore ou 1/2 *sextarius* = 0 l, 2736.
Cyathus : 1/576 d'amphore ou 1/12 de *sextarius* = 0 l, 0456.
Vncia : mesure de poids, le 1/12 de la livre, donc le 1/960 de l'amphore, soit 27 gr. 27.

LIVRE XIV

1 I. Des arbres exotiques qui se refusent à naître ailleurs que dans leur patrie d'origine et ne s'acclimatent pas en terre étrangère nous avons donné la liste à peu près complète. Il nous est maintenant loisible de parler des arbres communs, dont l'Italie peut être considérée comme spécialement la mère. Les connaisseurs voudront bien se souvenir que nous ne traitons pour l'instant que de leur nature, non de leur culture, bien que la façon de les
2 cultiver influe aussi grandement sur leur nature [1]. Je ne puis assez m'étonner de voir perdu le souvenir de certains d'entre eux et jusqu'à la connaissance de noms cités par les écrivains. Il n'est personne, en effet, qui ne pense qu'en unissant l'univers, la majesté de l'Empire romain a fait progresser la civilisation, grâce aux échanges commerciaux et à la communauté d'une heureuse paix, et que tous les produits, même ceux qui étaient auparavant cachés, ont vu leur usage se géné-
3 raliser. Et pourtant, sur ma foi, on ne trouve plus personne qui connaisse nombre de faits relatés par les anciens. Tant leur recherche fut plus féconde ou leur activité plus heureuse ! Voici mille ans, à l'origine de la littérature, Hésiode donna les premiers préceptes aux

LIBER XIV

I. Externae arbores indocilesque nasci alibi quam 1
ubi coepere et quae in alienas non commeant terras
hactenus fere sunt, licetque iam de communibus loqui,
quarum omnium peculiaris parens uideri potest Italia.
Noscentes tantum meminerint naturas earum a nobis
interim dici, non culturas, quamquam et colendi
maxima in natura portio est. Illud satis mirari non 2
queo, interisse quarumdam memoriam atque etiam
nominum quae auctores prodidere notitiam. Quis
enim non communicato orbe terrarum maiestate
Romani imperii profecisse uitam putet commercio
rerum ac societate festae pacis, omniaque, etiam quae
antea occulta fuerant, in promiscuo usu facta ? At 3
Hercules non reperiuntur qui norint multa ab antiquis
prodita. Tanto priscorum cura fertilior aut industria
felicior fuit, ante milia annorum inter principia
litterarum Hesiodo praecepta agricolis pandere orso
subsecutisque non paucis hanc curam eius, unde nobis

1 quam d^2l : quae Dd^1 que *E* ; *a* q]ue *inc.* *e* ; *M legi non potest* || nascentes F^2 || incolendi *M* || maxime *e*.

2 memoriam *Mdl* : —ria *DEFe* || nominum *Md* : a nom— D^1EFae a nomine D^2 || quae D^1Ede : que *M* quam D^2 || ac societate *MDde* : a soc— *E*.

3 norint *ME* : norunt *DFde*.

agriculteurs, suivi dans cette tâche par beaucoup d'autres : de là pour nous surcroît de besogne, puisque nous devons rechercher non seulement les inventions qui suivirent, mais encore celles des anciens que la négli-
4 gence avait condamnées à la mort de l'oubli. A ce défaut quelles causes peut-on trouver sinon les causes générales qui régissent le monde ? Assurément les mœurs ont changé, d'autres sujets retiennent les esprits et l'on ne cultive que les arts de l'avarice.

Jadis les empires, et par conséquent les esprits, étant bornés aux frontières de leurs nations, le maigre champ laissé à l'aventure les amenait fatalement à cultiver les qualités de l'intelligence ; des rois sans nombre étaient honorés de l'hommage des arts et, dans l'étalage de leurs richesses, mettaient ceux-ci au premier rang, pensant acquérir ainsi l'immortalité : aussi récompenses et tra-
5 vaux se multipliaient-ils. L'extension du monde et l'immensité des richesses causèrent la déchéance des générations suivantes. Du jour où un sénateur fut choisi d'après la fortune, un juge nommé d'après la fortune, où un magistrat et un général n'eurent de plus grand mérite que la fortune, du jour où l'absence d'héritiers mit au comble du crédit et de la puissance, où la captation fut la profession la plus lucrative, la possession la seule joie, ce qui donnait à la vie son prix a disparu ; tous les arts qui devaient au plus grand des biens leur nom de libéraux devinrent tout l'opposé et la servilité seule
6 permit d'avancer. Le mode et l'objet de l'adoration peuvent varier, le vœu unanime n'a qu'un but, la richesse. Souvent, en vérité, même des hommes distingués aiment mieux cultiver les vices d'autrui que leurs propres qualités. Ainsi, sur ma foi, la volupté a commencé à vivre, la vie elle-même a cessé.

creuit labor, quippe cum requirenda sint non solum
postea inuenta, uerum etiam ea quae inuenerant
prisci, desidia rerum internecione memoriae indicta.
Cuius uitii causas quis alias quam publicas mundi 4
inuenerit ? Nimirum alii subiere ritus, circaque alia
mentes hominum detinentur et auaritiae tantum
artes coluntur.

Antea inclusis gentium imperiis intra ipsas adeoque
et ingeniis, quadam sterilitate fortunae necesse erat
animi bona exercere, regesque innumeri honore artium
colebantur et in ostentatione has praeferebant opes,
immortalitatem sibi per illas prorogari arbitrantes,
qua re abundabant et praemia et opera uitae. Posteris 5
laxitas mundi et rerum amplitudo damno fuit. Post-
quam senator censu legi coeptus, iudex fieri censu,
magistratum ducemque nihil magis exornare quam
census, postquam coepere orbitas in auctoritate summa
et potentia esse, captatio in quaestu fertilissimo ac sola
gaudia in possidendo, pessum iere uitae pretia omnes-
que a maximo bono liberales dictae artes in contrarium
cecidere ac seruitute sola profici coeptum. Hanc alius 6
alio modo et in aliis adorare, eodem tamen habendique
ad spes omnium tendente uoto ; passim uero etiam
egregii aliena uitia quam bona sua colere malle.
Ergo Hercules uoluptas uiuere coepit, uita ipsa desiit.

sint *DEFde* : ea sint *M* || desideria *M* || indicta *codd.* : —ducta *Barb.*

4 uitii MD^2dT : summi D^1EFe || adeoque *M* : uideoque *e* uideo quae *DEd* || ingeniis *Md* : —ntis *cett.* || opes MD^2 : opem D^1EFde || abundabant *D*(ha-)*EFd* : —dant *Me* || opera *Ml* : —re *cett.*

5 censu *om.M* || legi *MDe* : —is *Ead* || censsum *M* : censu *cett.* || nihil *Mel* : nil *DEd* || magis *om.M* || gaudia *DEFde* : —dio *M* || coeptum *M* : —tam *Dde* —te *Eal.*

6 egregii *DEFde* : e grege *M* || hercules *DEFde* : —cule *M.*

7 Quant à nous, nous scruterons aussi les faits oubliés et l'humilité de certains détails ne nous rebutera pas plus que dans notre exposé sur les animaux [1], malgré l'exemple du plus grand des poètes, Virgile, qui, pour cette raison, négligea l'éloge des jardins et, de son sujet, ne cueillit que la fleur, comblé et écouté sans avoir cité plus de quinze espèces de raisins, trois d'olives, autant de poires et la seule pomme d'Assyrie, omettant tout le reste [2].

8 II. Or, par où commencerions-nous mieux que par la vigne, domaine où la suprématie de l'Italie est si incontestée [1] qu'elle peut sembler, grâce à ce seul trésor, l'emporter sur toutes les richesses des autres nations, même des pays à parfums ? Encore n'est-il nulle part d'odeur plus suave que celle des vignes en fleur [2].

9 (1). La vigne, à cause de sa grandeur, était justement rangée par les anciens parmi les arbres [1]. On voit à Populonium [2] une statue de Jupiter, taillée dans un seul cep, que tant de siècles n'ont pas endommagée, et à Marseille une panthère. A Métaponte, le temple de Junon était soutenu par des colonnes en bois de vigne. Aujourd'hui encore, on monte au toit du temple de Diane, à Éphèse, par un escalier fait d'un seul cep de vigne, de Chypre, dit-on, où elle atteint une taille extraordinaire [3]. Aucun bois ne dure plus longtemps [4] ; mais je serais porté à croire ces ouvrages faits en bois de vigne sauvage.

10 III. La vigne se taille tous les ans ; on en dirige toute la force dans les sarments ou on la rabat dans les provins, et c'est seulement pour le jus qu'on la laisse sortir

Sed nos obliterata quoque scrutabimur, nec deter- 7
rebit quarumdam rerum humilitas, sicuti nec in animalibus fecit, quamquam uidemus Vergilium praecellentissimum uatem ea de causa hortorum dotes fugisse et in his quae rettulit flores modo rerum decerpsisse, beatum felicemque gratiae quindecim omnino generibus uuarum nominatis, tribus oleae, totidem pirorum, malo uero tantum Assyrio, ceteris omnibus neglectis.

II. Vnde autem potius incipiamus quam a uitibus, 8
quarum principatus in tantum peculiaris Italiae est, ut uel hoc uno omnia gentium uicisse etiam odorifera possit uideri bona, quamquam ubicumque pubescentium odori nulla suauitas praefertur ?

(1) Vites iure apud priscos magnitudine quoque 9
inter arbores numerabantur. Iouis simulacrum in urbe Populonio ex una conspicimus tot aeuis incorruptum, item Massiliae pantheram. Metaponti templum Iunonis uitigineis columnis stetit. Etiam nunc scalis tectum Ephesiae Dianae scanditur una uite Cypria, ut ferunt, quoniam ibi ad praecipuam amplitudinem exeunt. Nec est ligno ulli aeternior natura ; uerum ista ex siluestribus facta crediderim.

III. Hae uites tonsura annua coercentur, et uis 10
earum omnis euocatur in palmites aut deprimitur in propagines, sucique tantum gratia ex*i*re sin*i*tur plu-

7 sicuti *Md* : sicut *DEFe* || uidemus *om.El* || et in his *M* : et tantis *DFe* e tantis *Eadl* || omnino *MDFdel* : omni *E* omnibus *a* || tribus oleae *Ml* tribolae *DEF* —bulae *d*.

8 uno $MDEF^{2}d$: una $F^{1}e$ || omnium *e* || etiam *M* : quam *DEFde* || uideri $MD^{2}d$: —re $D^{1}EFae$.

9 numerabantur *DEFde* : nominabantur *M* || tot aeuis *MEFde* : de tot aeuis D^{1} uite D^{2} || pantheram *M* : pathe-*e* pathae-*DF* pate-*El* || *post* Iuno[nis *def.M* || una uite *codd* : una <e> uite *Salm. Hard.* || amplitudinem *DEFe* : altitudinem *d*.

10 exprimitur *d* || exire sinitur *Salm.* : exisse intur $D^{1}Ee$ exisse quantum intur *a* exisse tur *F* ex his est *d* ex est in D^{2}.

de diverses façons suivant le climat et la nature du sol. Sur le territoire campanien, on marie les vignes aux peupliers ; enlaçant leur époux, de leurs bras amoureux elles grimpent de branche en branche dans leur marche noueuse, en atteignent la cime à une telle hauteur que le contrat du vendangeur lui garantit bûcher et tombeau [1] ;
11 rien n'arrête leur croissance et j'ai même vu des portiques, des fermes et des maisons entourés des sarments et des souples jets d'un unique cep. Valérianus Cornélius [1] aussi cite comme particulièrement mémorable qu'un seul pied de vigne, dans les portiques de Livie à Rome [2], ombrage de ses tonnelles les promenades de plein air et donne aussi
12 par an douze amphores de vin nouveau. Partout, du reste, elles dépassent les ormes, et Cinéas, l'ambassadeur du roi Pyrrhus, étonné, dit-on, de la hauteur des vignes d'Aricie [1], railla spirituellement l'excès d'âpreté de leur vin en déclarant que c'était justice d'avoir pendu sa mère à une croix si élevée. Il existe en Italie Transpadane un arbre appelé *rumpotinus* et aussi *opulus* ; les vignes garnissent ses larges étages circulaires ; un vieux cep nu s'élève jusqu'à la fourche, d'où il se ramifie en longs bois
13 grimpant aux branches dressées [2]. D'autres se dressent à hauteur d'homme, étayées d'échalas [1], d'autres encore, formant un berceau, grimpent prodigieusement, étalent

ribus modis ad caeli mores solique ingenia. In Cam-
pano agro populis nubunt, maritasque complexae
atque per ramos earum procacibus bracchiis genicu-
lato cursu scandentes cacumina aequant, in tantum
sublimes ut uindemitor auctoratus rogum ac tumu-
lum excipiat, nulla fine crescendi, uidique *i*am po*r*- 11
ti*c*us, uillas et domos ambiri singularum palmitibus
ac sequacibus loris. Quodque memoria dignum inter
prima Valerianus quoque Cornelius existimauit, una
uitis Romae in Liuiae porticibus subdiales inambu-
lationes umbrosis pergulis opacat, eadem duodenis
musti amphoris fecunda. Vlmos quidem ubique 12
ex*s*uperant, miratumque altitudinem earum Ariciae
ferunt legatum regis Pyrrhi Cineam facete lusisse in
austeriorem gustum uini, merito matrem eius pen-
dere in tam alta cruce. Rumpotinus uocatur et alio
nomine opulus arbor Italiae Padum transgressis,
cuius tabulata in orbem patula replent puroque per-
ductae dracone in palmam eius inde sub rect*o*s
ramorum digitos flagella dispergunt. Eaedem modici 13
hominis altitudine adminiculatae sudibus horrent,
uineamque faciunt et aliae improbo reptatu pampi-

pluribus D^2d : ibus *rell.* || uindemiator D^2.

11 crescendi uidique *Mayh.* : crescent diuidique *codd.* || iam *Mayh.* : am DF^1e an *E* ant F^2 eam *d* ac *a* aut *l* etiam *Detl.* || porticus *Detl.* : potius *DFe* potius uelli nequeunt *Eal* || et domos : et domos uelli nequeunt. Et domos *a* || nullo fine crescunt, diuidique aut potius auelli nequeunt. Villas et domos ambiri s. p. et s. l. memoria dignum i. p. V. q. C. existimauit. Vna uitis e.q.s. *vet. Locus incertus et perturbatus, ut uid.* || quodque *dT* : quoque *DEFe* || memoria quoque *a* || subdiales *DFd* : —diuales *Eal.*

12 ulmos *DFde* : —mi *Eal* || exsuperant *uett.* : exupe— *d* exube— *DEFe* || rumpotinus *d* : —totinus *cett.* || opulus *Sillig e coni. Dal.* : pop— *codd.* || padum D^2Ed : —gum D^1Fe || perductae *DEFd* : —cte *e* —cto *a* || sub rectos *Brot.* : subreptus *codd.* in subrectos *Colon.*

13 hominis *d* : —nes *cett.* || altitudine *om. Eal* || herent *a* || et aliae *l* : et alia *DEFe* et aliam *d* aliae *Mayh.* e talea *Sill. Jan.*

leurs pampres et couvrent de véritables *atria* [2]. Tant de variétés se trouvent dans la seule Italie. En certaines provinces, la vigne se tient droite sans échalas, ramassant l'arc de ses sarments, et grossit aux dépens de sa lon-
14 gueur [3]. Ailleurs, les vents interdisent cette technique, par exemple en Afrique et dans certaines régions de la Narbonnaise, où l'on permet le développement des seuls coursons ; elle se traîne à terre comme les herbes, sans cesser de ressembler aux vignes nouvelles, et ses grappes, pompant partout le suc de la terre, sont, à l'intérieur de l'Afrique, plus grosses que le corps d'un petit enfant [1]. Nul vin n'est plus amer, mais nul raisin n'a pulpe plus agréable et ce pourrait être l'origine de son nom de *durus*
15 *acinus* (grain ferme) [2]. En effet les variétés innombrables, que distinguent la grosseur, la couleur et le goût du raisin, se multiplient encore par celles du vin. Les raisins ont tantôt l'éclat de la pourpre, tantôt le brillant de la rose et un reflet verdoyant ; les blancs et les noirs sont communs. Les bumastes [1] sont gonflés comme des mamelles, les dactyles ont d'immenses grains très allongés [2] ; une fantaisie de la nature associe encore à des grains énormes
16 de petits grains aussi savoureux, les leptorrages [3]. Certains raisins se gardent tout l'hiver attachés et pendus à la voûte [1], d'autres sont simplement enfermés avec leur chaleur naturelle [2] dans des pots de terre placés dans des

norumque † peritiam damna † discursu atria media
complentes. Tot differentias uel sola tantum Italia
recipit. Stat prouinciarum aliquarum per se uitis
sine ullo pedamento, arcus suos in se colligens
et breuitate crassitudinem pascens. Vetant hoc aliubi 14
uenti, ut in Africa et Narbonensis prouinciae partibus,
ubi excrescere ultra suos pollices prohibitae semperque
pastinatis similes herbarum modo uagantur per arua
et sucum terrae passim uuis bibunt, quae ob id magni-
tudinem infantium puerorum in interiore parte
Africae exsuperant. Vina non alibi tristiora, sed uua
non alibi gratior callo, unde possit inuenisse nomen
durus acinus. Namque genera magnitudine, colore, 15
saporibus acini innumera etiamnum multiplicantur
uino. Hic purpureo lucent colore, illic fulgent roseo
nitentque uiridi ; candicans enim nigerque uulgares.
Tument uero mammarum modo bumasti, praelongis
dactyli porriguntur acinis. Est et illa naturae lasciuia,
ut praegrandibus adhaereant parui comites, suauitate
certantes ; leptorragas has uocant. Durant aliae per 16
hiemes, pensili concamaratae nodo. Aliae in sua tan-
tum continentur anima, ollis fictilibus et insuper doliis

perticarum reptatu D^2 || peritiam (—tam *d*) damna *DEFde* —cia amplo *l* —tia domini *Brot.* per inania omnia *Mayh.* pampinorumque superfluitate peritia domini amplo *uett.* : *locus corruptus necdum sanatus* : *an* per perticam amplo ? || tantum *DEFe* : *om. adT* || aliquarum *dlT* : in ali— *DEFae* || per se *DEd* ferse F^1e uerse F^2 || impedimento *a.*

14 ubi D^2 : *om. cett.* || prohibitae *l* : —te D^2 —ti D^1EFae prohibentes *d* || similes *d* : —is *DEFae* || tristiora — alibi D^2 *in marg.* : *om. cett.* || unde *lT* : ut inde *a* inde *DEFde.*

15 acini *DEFd* : —na *e* —nis *Col.* || etiamnum D^1EFde : etiam D^2l || uino D^1EFde : —na D^2a || dactyli *DE* : —tilis *Fadl* —tiles *e* || parui D^2F^1 : perui D^1EF^2e per uim *a* per *d* || comites D^2dT : mites D^1EFe || leptorragas *e* : —rrogas *DFd* —rogas *El.*

16 hiemes D^2d^2T : —mis D^1Fd^1e —mem *Eal* || modo *zl* || doliis fictilibus $F^2e.$

jarres bourrées de marc qui suinte à l'entour [3]. D'autres doivent un goût agréable à la fumée des forges qui sert aussi à parfumer le vin, et Tibère donna une grande vogue à ceux des forges d'Afrique [4]. Avant lui, on servait au premier service les raisins rhétiques du Véronais [5]. C'est même à sa dessiccation (*patientia*) que doit son nom le
17 raisin sec (*passa uua*) [6]. On confit aussi les raisins dans du moût et on les enivre de leur propre vin ; d'autres s'adoucissent dans du moût cuit [1] ; mais d'autres, laissés sur le cep jusqu'à la nouvelle pousse, prennent la transparence du verre [2] et gardent aussi longtemps la même fermeté qu'en jarres ou en amphores grâce à l'astringence de la poix dont on enduit la queue de la grappe [3].
18 On a même découvert une vigne dont le vin a un goût naturel de poix ; ses crus, le *Taburnum*, le *Sotanum* et l'*Heluicum* ennoblissent la Viennaise ; connue depuis peu, elle était
19 ignorée à l'époque de Virgile, mort voici 90 ans [1]. Ajouterai-je que la vigne, introduite aux camps, symbolise dans la main du centurion l'autorité et le commandement, que cette récompense magnifique, par un lent avancement, conduit tardivement jusqu'à l'aigle, que même dans le châtiment des coupables elle est une distinction [1] ? Les vignes en tonnelle ont aussi inspiré la tactique des sièges [2]. Quant aux médicaments, elles y

inclusae, stipatae uinaceis circumsudantibus. Aliis gratiam, qui et uinis, fumus adfert fabrilis, in *iis*que gloria*m* praecipua*m* fornacibus Africae Tiberii Caesaris auctoritas fecit ; ante eum Raeticis prior mensa erat u*u*is e*x* Veroniensium agro ; quin et a patientia nomen acinis datur passis. Conduntur et musto uuae 17
ipsaeque uino suo inebriantur. Aliae decocto in musto dulcescunt, aliae uero subolem nouam in ipsa matre exspectant tralucidae uitro, additque acinis eamdem quam in doliis amphorisue duratricem illam firmitatem austeritas picis infusa pediculo. Iam inuenta 18
uitis per se in uino picem resipiens, Viennensem agrum nobilitans Taburno Sotanoque et *H*el*u*ico generibus, non pridem ha*e*c illustrata atque Vergilii uatis aetate incognita, a cuius obitu XC aguntur anni. Quid, quod inserta castris summam rerum impe- 19
riumque continet centurionum in manu uitis et opimo praemio tardos ordines ad lentas perducit aquilas atque etiam in del*ic*tis poenam ipsam honorat ? Nec non uineae oppugnationum dedere rationem. Nam in

uinis *Ed* : —nie *F* —niae *De* || fabrilisque (fabilesque *DFe*) in ea *codd.* fabrilis iisque *Barb.* —lisque iis *uett.* —lisque in eo *Mayh.* || gloriam praecipuam *Mayh.* : —ria —ua in *codd.* —riam —uam in *uett.* || tiberii *Ddl* : tibus *EFde* || uuis ex *Mayh.* : et ullis *D*[1]*EFde* et uillis *D*[2] et nullis *a* et uuis *Barb.* e uillis *Detl.* || ueroniensium *DF*[2] : —mensium *EF*[1]*ae* || a patientia *d uett.* : patientia *cett.* || datur *codd.* : dat *Mayh.*

17 musto *Da*[2]*de T* : —tae *E* —te *Fa*[1] || decocto *DFeT* : —ctae *Eadl* || nouam *Dad* : —ua *EFe* || ipsa matre *DFde* : matre ipsa *El* || tralicidiae *DEF* —die *a* —de *e* translucidae *d uett.* || additque *D*[2]*d* : adsitque *D*[1]*EFe* || eamdem *D*[2] : tandem *rell.*

18 nobilitans *l* : —tas *rell.* || Taburno *D*[2] : aburno *D*[1]*EFde* || heluico *uett.* : elinco *l* ellinco *DEFde* || haec *Jan* : hac *l* hanc *DEFde* || illustrata *DEFe* : —tam *d* || incognita *EF* : —tam *Dde.*

19 quid *DFde* : qui *Ea* || continet *delTz* : —nent *DEF* || lentas *codd.* : laetas *Lips.* elatas *Hard.* || delictis *uett.* : deltis *codd.* || paenam *Dd* penam *Fe* —ne *Eal* || oppugnationum *E* : —nem *d* ob pugnationem *DFe* || dedere rationem *D*[2] : derationem *D*[1]*de* de ratione *Eal*

tiennent une si grande place qu'elles sont, à elles seules, un remède rien que par leur vin [3].

20 IV (2). Démocrite, qui déclarait connaître toutes les espèces grecques, fut seul à penser qu'on pût fixer le nombre des variétés de vignes, quand tous les autres auteurs les disent innombrables et infinies, jugement que viendra vérifier l'étude des vins [1]. Et, loin de les citer toutes, nous ne parlerons que des plus remarquables, car il en est presque autant que de terroirs. Aussi nous suffira-t-il d'indiquer les plus célèbres ou celles aux propriétés merveilleuses [2].

21 On donne la première place aux vignes Aminnéennes pour la force de leur vin qui gagne toujours du corps en vieillissant [1]. Il en est cinq variétés. La « petite Aminnée vraie » passe mieux la fleur, supporte la pluie et le mauvais temps ; il n'en est pas de même de la « grosse », qui,
22 pourtant, souffre moins sur arbre qu'en treille. Les « jumelles », qui doivent leur nom à leurs grappes toujours doubles, ⟨donnent un vin⟩ au goût âpre, mais d'une force singulière. La petite ⟨jumelle⟩ souffre de l'auster, mais les autres vents favorisent sa croissance, par exemple sur le Vésuve et sur les collines de Sorrente ; dans les autres régions d'Italie, elle est toujours conduite sur arbre. La cinquième espèce est la « laineuse » ; cessons d'admirer les Sères ou les Indiens, tant elle est couverte de duvet ; elle est la première des Aminnéennes à mûrir, comme elle est très prompte à pourrir.

23 Le second rang appartient aux Nomentanes, à qui leur bois rouge a parfois valu le nom de « vignes rouges » [1].

medicaminibus adeo magnum obtinent locum, ut per
sese uino ipso remedia sint.
IV (2). Genera uitium numero comprehendi posse 20
unus existimauit Democritus, cuncta sibi Graeciae
cognita professus ; ceteri innumera atque infinita esse
prodiderunt, quod uerius apparebit ex uinis. Nec
omnia dicentur, sed maxime insignia, quippe totidem
paene sunt quot agri, quam ob rem celeberrimas
uitium aut quibus est aliqua proprietate miraculum
ostendisse satis erit.

Principatus datur Aminneis firmitatem propter 21
senioque proficientem uini eius utique uitam. Quin-
que earum genera. Ex iis germana minor acino melius
deflorescit, imbres tempestatesque tolerat, non item
maior, sed in arbore quam in iugo minus obnoxia.
Gemellarum, quibus hoc nomen uuae semper gemi- 22
nae dedere, asperrimus sapor, sed uires praecipuae ;
ex his minor austro laeditur, ceteris uentis alitur,
ut in Vesuuio monte Surrentinisque collibus, in
reliquis Italiae partibus non nisi arbori accommodata.
Quintum genus lanatae ; ne Seras miremur aut Indos,
adeo lanugo eam uestit ; prima ex Amin*n*eis matu-
rescit ocissimeque putrescit.

Proxima dignitas Nomentanis, rubente materia, 23
quapropter quidam rubellas appellauere uineas. Hae

uino ipso *DFde* : —num ipsum *Ea* —na ipsa *lsz.*

20 maxime *Dde* : —ma *EFal.*

21 aminneis *Detl.* : amineis *D* —nnos *Ede* —nnum *F* || senioque *d* : senique *DFe* sineque *Ea* senio quoque *uett.* || uini *DEFdel* : uim *Ts* || uitam *DFde* : uitem *Eal* || iis *F* : his *cett.* : *quae uariatio saepius occurrit* || germana *D*^{1}*Fdel*^{2} : —mina *Eal*^{1} —mania *D*^{2} || minor *uett.* : mora *d* minora *cett.*

22 geminae dedere *d* : gemin et edere *DEFae.*

23 rubellas *D*^{2}*Ed* : reb— *D*^{1}*ae* raeb— *F* || uineas *El* : —neis *DFde*

Donnant moins de vin, un excès de marc et de lie, résistant fort bien aux gelées, elles souffrent plus de la sécheresse que de la pluie, de la chaleur que du froid ; aussi les préfère-t-on dans les régions froides et humides. La plus productive a le grain menu et la feuille peu découpée.

24 Les Apianes doivent leur surnom aux abeilles (*apes*) qui en sont très friandes. Il en est deux variétés, également tomenteuses. Elles diffèrent en ce que l'une mûrit plus rapidement, bien que l'autre aussi soit hâtive. Les terrains froids ne leur répugnent pas, et pourtant la pluie les gâte plus vite que toute autre vigne. Leurs vins, d'abord doux, prennent de l'âpreté avec les années. C'est la vigne préférée de l'Étrurie [1].

25 Telles sont les plus célèbres des vignes indigènes propres à l'Italie ; toutes les autres ont été importées. La *grecque* [1], originaire de Chio ou de Thasos, vaut en qualité les Aminnéennes ; son grain est très tendre et sa grappe si menue que sa culture n'est avantageuse qu'en un sol très gras. L'*eugénie*, dont le nom indique la valeur, venue des collines de Tauroménium, est cultivée sur le seul territoire d'Albe ; transplantée, elle dégénère aussitôt [2]. Certains plants ont en effet un tel amour, peut-on dire, pour le terroir qu'ils y laissent toute leur gloire et per-
26 dent toujours, en émigrant, de leurs qualités. C'est le sort de la *Rhétique* et de l'*Allobroge* [1], que nous avons appelée *poissée*, célèbres dans leur patrie, méconnaissables ailleurs. Cependant, grâce à leur fécondité, elles compensent la

minus fertiles, uineaceis et faece nimiae, contra pruinas fortissimae, siccitate magis quam imbre, aestu quam algore uexantur ; quam ob rem in frigidis umidisque principatum obtinent. Fertilior quae minor acino et folio scissa minus.

Apianis apes dedere cognomen, praecipue earum 24
auidae. Ex iis duo genera lanugine et ipsa pubescunt ; distant quod altera celerius maturescit, quamquam et altera properante. Situs frigidos non respuunt, et tamen nullae celerius imbre putrescunt. Vina primo dulcia austeritatem annis accipiunt. Etruria nulla magis uite gaudet.

Et hactenus potissima nobilitas datur peculiaribus 25
atque uernaculis Italiae ; ceterae aduenere. *E* Chio Thasoue Graecula non inferior Aminneis bonitate, praetenera acino et uua tam parua, ut nisi pinguissimo solo colere non prosit. Eugeniam Tauromenitani colles cum generositatis cognomine misere Albano tantum agro, quoniam translata statim mutatur. Namque est aliquis tantus locorum amor, ut omnem in iis gloriam suam relinquant nec usquam
transeant totae. Quod et in Raetica Allobrogicaque, 26
quam supra picatam appellauimus, euenit, domi nobilibus nec agnoscendis alibi. Fecundae tamen bonitatis uice copiam praestant, eugenia feruentibus

uinaceis *codd.* : uino, acinis *Barb.*

24 ipsa *Lugd.* : —sae *dl* —se *DEFe* || et altera *F* (?) : ex altera *rell.* || frigidos D^2d^2 : —dus *EFel* —diis D^1d^1 —di iis *Mayh.* || respuunt *d, uett.* : —puuntur EF^2 —puntur DE^1e —puitur *al* || nullae *Dd* : —lle *e* —lla *EFa* || celerius imbre *DF* : celerius maturescit imbre *Eaez praua iteratione* || etruria *dT* : et rubria *DFe* et rubra *Ea.*

25 ceterae *DE* : —re *F* —ra *de* || e *Pint. Jan* : *om. codd.* || thasoue *uett.* : —sioue *Ede* tasioue *DF* || gramecula *De* || inferior D^2dl : —rie D^1 interior *Ea* —rio *Fe* || aminneis D^1F : amineis D^2Ed minneis *e* || bonitate Dd^2l : —tem $EFad^1e$ || colere *EFd* : —lore *De.* ||

qualité par la quantité, l'*eugénie* dans les lieux très chauds, la *Rhétique* dans les lieux tempérés, dans les lieux
27 froids l'*Allobroge*, dont le raisin noir mûrit à la gelée. Les vignes citées jusqu'ici, même celles à raisin noir, donnent des vins qui blanchissent avec l'âge. Les autres sont sans renom ; parfois pourtant, grâce au climat ou au terrain, leurs vins vieillissent bien ; ainsi en est-il de la *Faecénia* [1] et de la *Biturigiaque* [2], qui fleurit en même temps, mais dont le grain est moins serré ; elles passent bien la fleur, car elles sont hâtives et résistent bien aux vents et aux pluies ; elles sont toutefois meilleures en région froide que chaude.
28 humide que sèche. La *visulla* [1], aux grappes plus grosses que serrées, résiste mal aux variations du climat, mais supporte une chaleur ou un froid continus ; la petite variété en est la meilleure. Difficile sur le choix du sol, elle pourrit en terrain gras et ne réussit pas du tout en terrain maigre ; sa délicatesse réclame un sol moyen ; aussi est-elle commune sur les collines de la Sabine. Son raisin n'est pas beau, mais il est agréable au goût ; s'il n'est cueilli dès la maturité, il tombe, même avant de pourrir. La grandeur et la dureté des feuilles la protègent contre la grêle [2].
29 Les *helvolae* sont remarquables par leur couleur qui varie entre le pourpre et le noir, ce qui leur a parfois valu le nom de *varianae* [1]. On préfère la plus foncée ; l'une et l'autre variété sont productives une année sur deux, mais le vin est meilleur quand il est moins abondant. On distingue aussi deux variétés de la *praecia* [2], d'après la grosseur du grain ; elles ont beaucoup de bois et la grappe se conserve fort bien en pot ; la feuille ressemble

locis, Raetica temperatis, Allobrogica frigidis, gelu
maturescens et colore nigra. Ex his quas adhuc dixi- 27
mus, sed etiam e nigris, uina uetustate in album colo-
rem transeunt. Reliquae ignobiles, aliquando tamen
caeli aut soli opera non fallunt uetustatem, sicuti Fae-
cenia et cum ea florens Biturigiaca, acino rarior,
numquam floris obnoxii, quoniam antecedunt uen-
tisque et imbribus resistunt, meliores tamen algen-
tibus locis quam calidis, umidis quam sitientibus.
Visulla grandi magis quam denso uuarum partu, 28
impatiens uariantis caeli, sed contra tenorem unum
algoris aestusue constans ; quae minor est ex eo genere
melior. In eligendo solo morosa, pingui putrescit, gra-
cili omnino non prouenit ; mediam temperiem delicate
quaerit, ob hoc Sabinis collibus familiaris. Uua eius
indecora uisu, sapore iucunda ; nisi matura protinus
rapitur, etiam non putrescens cadit. Contra grandines
eam tuetur foliorum amplitudo atque duritia.

Insignes iam colore inter purpureas nigrasque 29
heluolae saepius uariantes et ob id uarianae a quibus-
dam appellatae. Praefertur in *i*is nigrior ; utraque
alternis annis fertilis, sed melior uino cum parcior. Et
praeciae duo genera magnitudine acini discernuntur,
quibus materies plurima uuaque ollis utilissima ;

26 *Ab* Allobro] gica frigidis *inc. M* || ni] gra — e ni [gris *om. M.*

27 e uetustate *M* || reliquae *EFe* : —qua *Dd* || soli *MDde* : —lis *Ealz* —la *F* || non *codd.* : uino *Jan* || bit (uit— *M*) urigiaca *MDde*^{2}*T* : —riaca *EFe*^{1}*l* || rara *E* || meliores *DEFde* : melior est *M* || algentibus *MD*^{2}*Ed* : aug— *D*^{1}*Fe.*

28 grandi *M* : *om. cett.* || caeli *Md* : *om. cett.* || melior in eligendo *Mdl* : meliori negligendo *DFae* (—geno *E*) || uisu *MEFdl* : —sus *De* || protinus *DEFdel* : pronus *M.*

29 nigrasque *M* : nigrasque medio *cett.* || uariantes *MD* : —ti *cett.* || praeciae *Ma* : pre—*Ee* precie *F* praecu. *D*^{1} —cuae D^2 graeciae *d* || plurima *DEFd* : pru— e prima *M* || ollis *DEFe* : collis *M.*

à celle de l'ache. A Dyrrachium, on vante la *balisca* [3],
que les provinces d'Espagne appellent *coccolobis* ; sa
grappe est peu serrée ; elle supporte bien les chaleurs
et le vent du midi ; son vin monte à la tête ; elle en donne
30 beaucoup. Les Espagnes en distinguent deux variétés,
l'une à grain oblong, l'autre à grain rond. C'est la vigne
que l'on vendange la dernière : plus la *coccolobis* est douce,
meilleure elle est ; son vin, s'il est dur, gagne en douceur
en vieillissant, s'il est doux, en dureté ; il rivalise alors
avec le vin d'Albe. Il est excellent d'en boire, dit-on, pour
31 les maladies de vessie. L'*albuélis* [1] produit davantage au
sommet des arbres, la *visulla* [2] à leur pied ; aussi, plantées
autour des mêmes arbres, les enrichissent-elles par la
diversité de leur nature. Le nom d'*inerticula* [3] a été donné
à un plant noir qui mériterait mieux celui de *sobre* ; il se
recommande par son vin, surtout quand il est vieux ;
malgré sa force, il ne fait pas de mal, puisque c'est
le seul qui n'enivre pas.

32 Leur fécondité recommande les autres plants, et d'abord
l'*helvennaca* [1] dont il est deux variétés : la *grande*, dite
parfois *longue*, la *petite*, dite *marcus*, moins productive,
mais dont le vin est plus agréable à boire ; on la distingue
à sa feuille ronde, mais toutes deux ont le bois grêle. Il
faut les étayer de fourches, sinon elles ploient sous l'abon-
33 dance de la récolte. Elles aiment la brise marine ⟨et⟩
craignent la rosée. Nulle vigne ne se plaît moins en
Italie ; peu fournie, petite, elle y pourrit et le vin qu'elle

folium apio simile. Baliscam Dyrrachini celebrant,
Hispaniae coccolobin uocant ; rarior uua, aestus
austrosque tolerat, capiti inimica, copia larga. His- 30
paniae duo genera eius faciunt, unum oblongo acino,
alterum rotundo. Nouissimas uindemiant : quo dulcior
est coccolobis, hoc melior ; sed et austera transit in
dulcem uetustatem, et quae dulcis fuit in austeri-
tatem ; tunc Albano uino aemulantur. Tradunt
uesicae uitiis utilissimum ex iis potum. Albuelis sum- 31
mis arboribus fertilior est, uisulla imis ; quam ob rem
circa easdem satae diuersitate naturae locupletant.
Inerticulam e nigris appellauere, iustius sobriam
dicturi, inueterato praecipue commendabilem uino,
sed uiribus innoxiam, si quidem temulentiam sola
non facit.

Fertilitas commendat ceteras principemque heluen- 32
nacam. Duo eius genera : maior quam quidam longam,
minor quam marcum appellant, non tam fecundam,
sed gratiorem haustu ; discernitur folio circinato,
uerum utraque gracilis. Furcas subdere iis neces-
sarium ; alioqui ubertatem suam non tolerant. Mari-
timo adflatu gaudent, roscida odere. Nulla uitium 33
minus Italiam amat, rara, parua, putrescens in ea,

simile *Md* : —lis *DEFe* || baliscam *delT* : —scham *DEF* —sca *M* basilicam *Barb. e Col.* || coccolobin D^2d : coco— D^1EFel coccolobotin *M*.

30 Hispaniae *MDFde* : —ni (hysp— *a*) *Eal* || coccolobis *MDFde* : coco— *Eal* || uetustatem *MEFa* : —te *Dde* || albano uino *MDFde* : —num —num *Eal*.

31 albuelis M^2DEFde : —ris M^1 || uisulla *M* : —ula *DFe* uix ulla *d* uisu *Ea* || imis *MDFd* : mis *e* ; *om.* *Eal* || circa ea... sede d.uersitatem natura *M*.

32 heluennacam (ael— *e*) *MDde* : —aicam *El* || maior *MDEde* : maiorque *F* || quam — minor *om.* D^1Fe || marcum *MDFde* : arcum *Eal* || subdere iis *Md* : subdere.s his D^2 subderens D^1Fe —terens *Eal* || necessarium *MDFde* : —rio *Eal* || alioqui *MDFde* : —quin *Eal* || roscida *de* : —dam *MD* —do *Eal* || odere *M* : odore *cett.*

donne ne passe pas l'été ; nulle autre ne s'accommode mieux d'un sol maigre. Graecinus [1], qui d'ailleurs a démarqué Cornélius Celsus, pense qu'elle doit son insuccès en Italie non à sa nature, mais au mode de culture qui donne à ses sarments un développement excessif ; ainsi traitée, elle dépérit du fait de sa propre fertilité, à moins que la richesse d'un sol très gras ne répare son épuisement. On dit qu'elle ne charbonne pas, grand avantage, s'il existe vraiment une vigne qui échappe aux influences atmosphériques [2].

34 La *spionia* — ou, selon certains, *spinea* [1] — supporte les chaleurs et grossit aux pluies d'automne ; elle est même la seule que les brouillards nourrissent et c'est pourquoi elle est particulière au territoire de Ravenne. La *vennuncula*, une de celles qui passent le mieux la fleur et dont le raisin se conserve très bien en pot, s'appelle plutôt *surcula* en Campanie, ailleurs *scapula*, à Terracine *Numisiana* ; sans qualités propres, elle vaut ce que vaut le terroir, mais, dans les amphores de Sorrente, son vin
35 est plein de force en deçà du Vésuve [2]. Là règne en effet la *Murgentina*, originaire de Sicile, que certains nomment *Pompeiana* [1], productive précisément en terrain riche, comme l'*horconia* dans la seule Campanie [2]. Au contraire, l'*arcéraca*, l'*argitis* de Virgile [3], fertilise d'elle-même le sol et supporte bien les pluies et la vieillesse ; elle donne, il est vrai, un vin qui ne dure qu'un an et un méchant

uino quoque quod genuit aestatem non exsuperans; nec alia macro solo familiarior. Graecinus, qui alioqui Cornelium Celsum transcripsit, arbitratur non naturam eius repugnare Italiae, sed culturam auide palmites euocantium; ob id fertilitate sua absumi, si non praepinguis soli ubertas lassescentem sustineat. Carbunculare negatur, magna dote, si uerum est aliqua in uite caelo non esse ius.

Aestus fert spionia, quam quidam spineam uocant, 34
autumnisque imbribus pinguescit; quin immo nebulis
una alitur, ob id Rauennati agro peculiaris. Vennun-
culam inter optume deflorescentis et ollis aptissimam
Campani malunt surculam uocare, alii scapulam,
Tarracina Numisianam, nullas uires proprias haben-
tem, sed totam perinde ac solum ualeat, Surrentinis
tamen efficacissimam testis Vesuuio tenus. Ibi enim 35
Murgentina e Sicilia potentissima, quam Pompei-
anam aliqui uocant, laeto demum feracem, sicut hor-
conia in Campania tantum. E diuerso arceraca, Ver-
gilio argitis dicta, ultro solum laetius facit, ipsa contra
imbres et senectam fortissima, uino quidem uix

33 uino *M*D^1*de* : —num D^2*Eal* || aestate *a* || exsuperans D^2 : exuperans *d* —rant *M* exui errans *E* exui erans D^1*e* || naturam *MEFd* —ra *De* || fertilitate sua *M* : —tem suam *cette.* || adsumi D^1*e* || negatur *MEFd* : nec— *De* || uite *Md* : —tae *cett.* || ius *M* : eius *cett.*

34 aestus *M*D^2 : —tum *e* —tu D^1*EFd* estu eius *a* || spionia *DEFde* : pionia *M* || uennunculam *M* : uenic— *cett.* || optume D^2*Fl* : —time *MEd* obtume D^1*e* || deflorescentis *M* : —tes *cett.* || Campania *M* || surculam *MEdT* : syrc— *l* scirc— *De* || scapulam *M* : stac— *cett.* || Tarracina *MDFe* : —nam *d* —ni *ElT* terracini *a* || efficacissimam *Md* : —ma *cett.*

35 murgentina *M*D^2*Ead* —tin D^1*Fe* || e D^2*d* : est *M* ac D^1*F* hac *e* ; *om. Eal* || Sicilia *M*D^2*Ede* : —liam D^1*F* || potissima *Eal* || pompeianam aliqui *MDF* : —na aliqui *d* —na malique *E, et alii alia* || laeto *M*D^2 : lacto D^1*EFe* laco *d* latio *uett.* || e diuerso — annua *M*D^2 ; *om. cett.* || arceraca *M* : argeica *D* arcelaca *Col.*

raisin de table, mais sa fécondité est extraordinaire. La *mettica* [4] supporte aussi les années et ne ressent l'effet d'aucun astre ; son raisin est noir, son vin jaunit en vieillissant.

36 (**3**). Telles sont les espèces communément cultivées ; les autres sont régionales ou locales ou sont des hybrides obtenus par greffe des précédentes entre elles [1] : ainsi la *Tudernis* particulière à l'Étrurie [2] et d'autres encore dénommées à Florence *sopina* [3], à Arrétium *talpona*, *étésiaca* et *conséminia*. La *talpona* [4], noire, donne un moût blanc. L'*étésiaca* [5] est trompeuse : plus elle produit, meilleur est son vin et, chose étrange, sa qualité baisse avec sa quantité. La *conséminia* [6] est noire ; son vin se conserve très peu de temps, son raisin, très longtemps ; vendangée quinze jours après toutes les autres, elle donne
37 beaucoup, mais pour la table. Ses feuilles, comme celles de la vigne sauvage, prennent avant de tomber la couleur du sang. D'autres espèces présentent aussi cette particularité, indice de très mauvaise qualité [1]. L'*hirtiola* [2] est propre à l'Ombrie, aux territoires du Mévanate et du Picénum, la *pumula* [3] à celui d'Amiterne ; la *bananica* [4],
38 décevante en ces régions, y est pourtant recherchée. La ville de Pompéi a donné son nom à sa vigne dont Clu-

annua ac uilitatis cibariae, sed ubertate praecipua. Tolerat et annos mettica, contra omne sidus firmissima, nigro acino, uinis in uetustate rufescentibus.

(3) Et hactenus publica sunt genera, cetera regio- 36
num locorumque aut ex iis inter se insitis mixta : si
quidem Tuscis peculiaris est Tudernis, atque etiam
nomen iis Florentiae sopina, Arretio talpona et
*e*tesiaca et consemin*i*a. Talpona nigra candidum facit
mustum. Etesiaca fallax : quo plus tulit, hoc lauda-
bilius fundit, mirumque, fecunditate pariter et boni-
tate cessat. Conseminia nigra, uino minime durante,
uua maxime, post XV dies quam ulla alia metitur, fer-
tilis, sed cibaria ; huius folia sicuti labruscae prius- 37
quam decidant sanguineo colore mutantur. Euenit hoc
et quibusdam aliis, pessimi generis argumento. Hir-
tiola Vmbriae Meuanatique et Piceno agro pecu-
liaris est, Amiternino pumula ; isdem bananica fal-
lax est, adamant tamen eam. Municipi*i* suam Pompei 38
nomine appellant, quamuis Clusinis copiosiorem ;

ac *M* : *om. cett.* || ubertatem praecipue *M* || omnes situs *Ealz* || rufescentibus *MDFde* : rub— *Eal.*

36 insitis *M* : —to *DEFe* —tu *d* || atque *Dde* : adque *M* aeque *Ealz* || nomen iis *M* : nominis DE^1de nonumnis E^2 || florentiae *M* : —tia est *cett.* || sopina *M* : opima *DEFde* optima *lz* || arretio MD^2 : —entio D^1 (aren.) *EFde* || talpona MDF^2de —pana *Eal* —pano F^1 || et — talpona *om. M* || tesiaca *DEFe* etesia *d* || consemina *DFde* consem *Eal* || etesiaca *DEFe* : et tesiaca *a* cte— *Md* || tulit *MDFde* : tollit *Eals* || mirumque *Dde* : —raque *alz* —roque *E* nimirumque *M* || pariter et bonitate (—tem D^1) MD^2 : *om. cett.* || conseminia *DEe* : —na *M* cum semina *d* || XII *d* || metitur D^2d : menti— *M* miti— D^1Fe mitti— *El.*

37 sicuti *MEd* : sicut *DFe* || labruscae *MDde* : lamb— *Eal* || hirtiola *ego* : irt— *l* hireiola D^2 (ire— D^1) irciola *EFade* to ytriciae *M* || amiternino $DEFde^1$: —terno *M* — terminio e^2 || pumula *MDFde* : pom-*E* || bananica *M* : banna— *DEFde* || adamant *M* : amant *cett.*

38 municipi *MdT* : munitis *DEFe* || suam *MdT* : uuam *DEFe* || clusinis *uctt.* : —ni *Ml* glusini *Ea* —nis *DFdc.*

sium est pourtant plus riche [1]. A la leur aussi les Tiburtins
ont donné celui de leur ville [2], malgré la récente découverte
de l'*oléagina* nommée d'après sa ressemblance avec
l'olive [3], la dernière des vignes trouvées à ce jour. La
vinaciola est connue des seuls Sabins [4], la *calventina* des
Gaurani [5]. Les plants venus du territoire de Falerne
gardent, je le sais, le nom de Falerne, mais ils dégénèrent
partout très vite. Certains ont obtenu la variété *Sur-*
39 *rentina*, au raisin très doux [6]. La *capnios*, la *buconiatès*
et la *tharrupia*, sur les collines de Thurii, ne se vendangent
pas avant les gelées [1]. Pise aime la *Pariana* [2], Modène la
Pérusinia [3], au grain noir, dont le vin blanchit en moins
de quatre ans. Chose singulière, on y trouve un raisin qui
suit le mouvement du soleil et nommé pour cela *streptis* [4],
et, tandis qu'en Italie on aime la *Gallica* [5], au delà des
Alpes on aime la *Picéna* [6]. Virgile a cité les *Thasiae*, les
Maréotides, les *lagéae* et de nombreuses espèces exotiques
inconnues en Italie [7].

40 Mais il est encore des cépages remarquables non par
leur vin, mais par leur raisin : une variété de *duracinae*,
l'*ambrosia* [1], qui se conserve sur le cep sans mise en pot
— tant elle résiste aux froids, aux chaleurs et aux intem-
péries ; elle ne demande ni arbre ni échalas, se soute-
nant seule à l'inverse des *dactylides* minces comme le
doigt [2] — ; parmi les variétés à grosses grappes, les *colum-*
binae [3] et plus encore les *purpureae* surnommées *bimam-*
miae, quand, en guise de grapillons, elles portent autant

municipii et Tiburtes appellauere, quamuis oleagineam nuper inuenerint a similitudine oliuae ; nouissima haec uuarum ad hoc tempus reperta est. Vinaciolam soli nouerunt Sabini, Caluentinam Gaurani. Scio e Falerno agro tralatas uocari Falernas, celerrime ubique degenerantis. Nec non Surrentinum
genus fecere aliqui praedulci uua. Capnios et buco- 39
niates et tharrupia in Thurinis collibus non ante demetuntur quam gelauerit. Pariana gaudent Pisae, Mutina Perusinia nigro acino, intra quadriennium albescente uino. Mirum ibi cum sole circumagi uuam quae ob id streptis uocatur, et in Italia Gallicam placere, trans Alpis uero Picenam. Dixit Vergilius Thasias et Mareotidas et lageas compluresque externas, quae non reperiuntur in Italia.

Sed sunt etiamnum insignes uua, non uino, ambrosia 40
e duracinis, sine ullis uasis in uite seruabilis — tanta est contra frigora, aestus tempestatesque firmitas, nec [orthampelos] indiget arbore aut palis, ipsa se sustinens, non item dactylides digitali gracilitate —, columbinae e racemosis, et magis purpureae, cogno-

municici *M* || quamuis : uis *M* || oleaginam *MEFd*^{2} olag— *Dd*^{1}*e* || sabini *MD*^{2}*Ed* : —na *D*^{1}*Fe* || e *MDFde* : a *Eal* || tralatas *M* : transl— *cett.* || denerantis *M* degenerantes *cett.* || surrentinum *M* : tarentinum *DEFe* —ticum *d* || fecere aliqui *M* : aliqui fecere *cett.*

39 buconiates *D*^{2} : —niatis *D*^{1}*EFae* —nates *M* || tharrupia *Detl.* : tarrupia *DEFde* tharpupia *M* || demetuntur *Md* : demitt — *De* dimitt— *EF* || pariana *MdT* : paria *DEFe* || gaudet *M* || pisae *DEFde* : pice *M* || perusinia *M*^{2} : —nie *M*^{1} prusiniae *cett.* || ibi *M* : ubi *cett.* || streptis *MT* : —pitis *DFde* —pitus *Ea* || Italia *MEF* : —liam *Dde* || gallicam *MDFde* : —ca *Ea* || picenam *MD* : —na *cett.*

40 sed *om. e* || etiam *D*^{2} || insignes *MD*^{2}*F* — nis *D*^{1}*Ede* || ambrosia e *M* : —siae *de* —siace *F*^{2} —siacae *E* —sioce *DF*^{1} —siaca *uett.* || duracinis *DEFd* : —tinis *e* durrhacinis *M* || seruabilis *D*^{1}*EFa*^{1}*de* : —lis est *a*^{2} —les *D*^{2} seruatur *M* || orthampelos *M* : —lo *Venet.* hort- *cett.* : *secl. Müller ut glossema* || e racemosis *M* : —mosissimis *D*^{2} enacemosissimis *D*^{1}*EFade*^{2} —mos *e*^{1} || purpu(o *e*)reae *DEde* : —ree *F* —rae *M*, *Venet.*

41 d'autres grappes [4] ; de même la *tripédanéa*, nommée d'après sa dimension [1], la *scripula* au grain ridé [2] et la *Raetica* des Alpes Maritimes, différente de celle déjà citée [3], courte, au grain serré, au vin sans vigueur, mais à la peau fine entre toutes, avec un unique pépin minuscule nommé *chius*, un ou deux grains très gros. Il y a encore l'*Aminnéa* noire, dite *Syriaca* [4], et l'*Hispana* [5], la meilleure des espèces inférieures.

42 On plante en treille les raisins dits de table : les variétés de *duracinae* noires et blanches [1], les *bumasti* de mêmes couleurs [2] et des espèces que nous n'avons pas encore citées, l'*Aegia* [3], la *Rhodia* [4] et l'*uncialis*, ainsi nommée comme du poids de son grain [5] ; de même la *picina* [6], la plus noire de toutes, la *stéphanitis*, qu'un jeu de la nature présente en forme de couronne, les feuilles entrelacées aux grains [7], et les vignes appelées *forenses* [8], précoces, de bonne vente grâce à leur aspect, supportant bien le transport. Par contre, la seule vue condamne la *cinéréa*, la *rabuscula*, l'*asinusca* [9] et, à un degré moindre,
43 l'*alopécis* qui ressemble à une queue de renard [10]. On appelle *Alexandrina* une vigne des environs de Phalacra de l'Ida [1], courte, aux sarments d'une coudée, au grain noir de la grosseur d'une fève, au pépin tendre et très petit, aux grappes obliques et très douces, à la feuille menue, ronde et sans divisions. On a découvert, il y a

mine bimammiae, quando non racemos, sed uuas
alias gerunt, item tripedanea, cui nomen a mensura 41
est, item scripula passo acino et Raetica in maritimis
Alpibus appellata, dissimilis laudatae illi ; namque
haec breuis, conferta acino, degener uino, sed cute
omnium tenuissima, nucleo (quod chium uocant)
uno ac minimo, acinum praegrandem unum alterum-
ue habens. Est et nigra Aminnea, cui Syriacae
nomen imponunt, item Hispana, ignobilium proba-
tissima.

In pergulis uero seruntur escariae appellatae : e 42
duracinis albae, nigrae, et bumasti totidem coloribus,
ac nondum dictae Aegia et Rhodia et uncialis,
uelut a pondere acini, item picina, omnium nigerrima,
et coronario naturae lusu stephanitis, acinos foliis
intercursantibus, et quae forenses uocantur, celeres
prouentu, uendibiles aspectu, portatu faciles. Contra
damnantur etiam uisu cinerea et rabu*s*cula et asi-
nusca, minus tamen caudas uulpium imitata alopecis.
Alexandrina appellatur uitis circa Phalacra I*d*ae 43
breuis, ramis cubitalibus, acino nigro fabae magni-
tudine, nucleo molli et minimo, obliquis racemis
praedulcibus, folio paruo et rotundo, sine diuisuris.

bimammiae MD^2d : bibma— *Fe* bibna— *Eal* bibnamam— D^1 *ut uid.*

41 tripedania *M* trepidanea *cett.* || scripula MDE^1F^2de : scrib— E^2F^1al || raetica *M* : retica D^2 —ticae D^1EFa —tice *dl* —tiace *e* || chium *M uett.* : chum d^1 chii *cett.* || praegrandem *MDde* : —de *EFal* || est et *Md* : est *cett.* || nigra aminnea *M* : —am minnea (minea D^2E) *cett.*

42 escariae *M* : est cariae *cett.* || nigrae *M* : —aeque *cett.* || egia et rhodia *M* : aegiae trodia *De* eigie trodia *E* egi trodia *Fa* || acini *ME* : —nis *DFde* || *Post* picina om[nium *def. M* || lusu *d* : —sus *cett.* || portatu *Fdl* : —to *DEe* || rabuscula *Bas.* : rhabusc— *uett.* rabuc— *codd.*

43 phalacra idae *ego e Theoph.* : phalacraiae *d* palacraiae *DFe* —craie *E* Phalacram *Barb.*

sept ans, à Alba Helvia, dans la Narbonnaise, une vigne qui passe la fleur en un jour, ce qui la protège des accidents ; on la nomme *carbunica* et la province entière la plante aujourd'hui [2].

44 V (4). Caton l'Ancien [1], que son triomphe et sa censure surtout ont rendu célèbre, mais plus encore sa gloire littéraire et les préceptes qu'il donne à la nation romaine sur tous les sujets d'utilité et principalement sur l'agriculture, lui en qui son siècle reconnut un cultivateur excellent et sans rival, n'a cité que peu d'espèces de vignes, et les noms de quelques-unes sont même déjà
45 oubliés [2]. La citation d'un passage de son ouvrage nous permettra de connaître, en chaque genre, les plus renommées en 600 de Rome, vers la prise de Carthage et de Corinthe, à l'époque de sa mort [1], et les progrès de la
46 civilisation depuis deux cent trente ans. Voici donc ce qu'il dit des vignes et des raisins [1] : « Dans le terrain ensoleillé estimé le meilleur pour la vigne, plantez la petite *Aminnée* [2] et l'*Aminnée* double, l'*eugénia* et la petite *helvia* [3]. En terrain plus gras ou plus exposé au

Septem his annis in Narbonensis prouinciae Alb*a* *He*luia inuenta est uitis uno die deflorescens, ob id tutissima ; carbunicam uocant, quam nunc tota prouincia conserit.

V (**4**). Catonum ille primus, triumpho et censura 44
super cetera insignis, magis tamen etiamnum claritate litterarum praeceptisque omnium rerum expetendarum datis generi Romano, inter prima uero agrum colendi, ille aeui confessione optimus ac sine aemulo agricola, pauca attigit uitium genera, quarumdam ex
*i*is iam etiam nominibus abolitis. Separatim toto 45
tractatu sententia eius indicanda, ut in omni genere noscamus quae fuerint celeberrima anno DC urbis, circa captas Carthaginem ac Corinthum, cum supremum is diem obiit, et quantum postea CCXXX annis
uita profecerit. Ergo de uitibus uuisque ita prodidit : 46
« Qui locus uino optimus dicetur esse et ostentus solibus, Amin*n*ium minusculum et geminum, eugenium, heluium minusculum conserito. Qui locus crassior aut nebulosior, Amin*n*ium maius aut Murgentinum, apicium, Lucanum serito. Ceterae uites, miscellae maxime, in quemuis agrum conueniunt. In olla uina-

septem his annis *DEFde* : septimo hinc anno *l*, *add. E* || alba *Gelen.* : albo *DEFde* aruo *lsz* || heluia *Hard.* : oluia *DFe* oliua E^1*ad* oliuia E^2*lsz* eluia *Gelen.* || tutissima *uett.* : —mam *codd.* || carbunicam *d* : —cant *DF* carbonicam *El* —cant *e* narbonicam *Colon.*

44 etiamnum *DFde* : —nunc *Eal* || ille D^1*FdeT* : ille uero *Eal* illius D^2 || ex iis iam *uett.* : exisiam D^1*Fe* ex his iam D^2 iam ex his *d* ex asia *Eal.*

45 indicanda est *uett.* || captam D^2 || obiit *Edl* : obit D^2 ob id D^1*Fe* || CC *E* || profecerit *ad* : —ficerit *DFe* —ficere *E* scripsit *add.a.*

46 dicetur *DFde* : —citur *Eal* || soli *Cato* || aminnium *Cato* : —inium D^1*Fde* —ineum D^2*Eal, et infra item* || heluium *DEFl* : —uinum *de* —uolum *Cato* || crassus erit *Cato* || conserito *d* || ceterae *Fd* : —ras *E* —re *De* || *a* maxi[me *inc. M* || olla... musto in *M* : *om. cett.*

brouillard, plantez la grande *Aminnée* ou la *Murgentina* [4], l'*apicia* [5], la *Lucana* [6]. Tous les autres cépages, les *miscellae* surtout [7], conviennent à tous les sols. La petite et la grande *Aminnée* ainsi que l'*apicia* se conservent en pot dans du marc ; elles se conservent aussi fort bien dans la *sapa* [8], le moût et la piquette. Les raisins à suspendre, *duracinae* et grandes *Aminnées*, se conservent également
47 bien à la forge comme raisins secs ». Ce sont les plus anciens préceptes en latin sur ce sujet, tant nous sommes près des origines des choses. L'*Aminnée* citée en dernier lieu est la *Scantiana* de Varron [1].

Notre époque n'a montré que peu d'exemples de parfaits vignerons ; raison de plus pour les citer, afin de faire connaître aussi le profit réalisable, ce profit qui est ce que
48 l'on considère le plus en toute chose. Ainsi Acilius Sthénélus, affranchi plébeien, acquit une très grande gloire en cultivant 60 arpents de vignes au plus, sur le territoire de Nomentum, et en les vendant 400.000 sesterces [1].
49 Vétulanus Aegialus [1], un autre affranchi, acquit également, en Campanie, sur le territoire de Liternum, une grande célébrité qu'accrut encore la faveur publique, car il cultivait le lieu même d'exil de l'Africain ; mais la plus grande, grâce au même Sthénélus, revint à Remmius Palémon [2], autrement grammairien célèbre, qui acheta, voilà vingt ans, 600.000 sesterces une propriété sur ce même territoire de Nomentum, sur le chemin de traverse

ceis conduntur Amin*n*ium minusculum et maius et apicium, eadem in sapa et musto, in lora recte conduntur. Quas suspendas duracinas, Amin*n*ias maiores, uel ad fabrum ferrarium pro passis hae recte seruantur ». Nec sunt uetustiora de illa re Latinae 47
linguae praecepta ; tam prope ab origine rerum sumus. Amin*n*eam proxime dictam Varro Scantianam uocat.

In nostra aetate pauca exempla consummatae huius artis fuere, uerum eo minus omittenda, ut noscantur etiam praemia, quae in omni re maxime spectantur.
Summam ergo adeptus est gloriam Acilius Sthenelus 48
e plebe libertina LX iugerum non amplius uineis excultis in Nomentano agro atque $\overline{\text{CCCC}}$ nummum uenumdatis. Magna fama et Vetuleno Aegialo, 49
perinde libertino, fuit in Campania rure Liternino, maiorque etiam fauore hominum, quoniam ipsum Africani colebat exilium ; sed maxima, eiusdem Stheneli opera, Remmio Palaemoni, alias grammatica arte celebri, in hisce uiginti annis mercato rus $\overline{\text{DC}}$ nummum in eodem Nomentano decimi lapidis ab

uinaceis *M* : in uin— *Cato* || aminnium *Cato* : amminium *M* || et musto *M*. : in musto *Cato* || recto *M* || aminnias *Cato* : —ineas *DEFd* ammineas *Me* || minores *M* || hae *codd.* : eae *Cato*.

47 illa *DEFde* : ulla *M* || praecepta D^2d : recepta *M* praecipua *l* —puam e^2 —piam D^1EFe^1 || sumus *DEFde* : scimus *M* || ammineam *MDFde* : ami— *Eal* || dictam *l* : —ta *DEFde* medicam *M* || praemia *Md* : pre— D^2 pri— D^1Fe prima *Eal* || spectantur *Md* : exp— *DFel* exsp— *E*.

48 sthelenus *DEFel, Sen., Epist. LXXXVI* : sten— *d* helenus *M* || $\overline{\text{CCCC}}$ *M* : CCCC *d* ecce *DFe* eque *Ea* aeque *l*.

49 et *om. M* || Vetuleno MD^1d : —laeno *e* —lano D^2Eal || fuit... liternino *om. F* || Campania *DMFde* : —niae *Eal* || opera *MDFd* : pera *Eeal* || remmio palae (e *D de*) moni *DFde* : —mi —onis *M* —mium (mum E^1) —onem *Eal* || grammaticae *M* || mercatorus *DFde* : —turus *M* —torum *Eau* || decimi *M*. : decumi *DEde* decum *F*.

50 au dixième mille de Rome [3]. Or, nul n'ignore le bas prix
des biens dans toute la banlieue, en ce cas surtout, puis-
qu'il avait acquis une propriété négligée par incurie et
dont le terrain, même parmi les pires fonds, n'aurait pas
été estimé bien haut. C'est ce terrain qu'il entreprit
d'exploiter, non par courage, mais avant tout par vanité,
trait bien connu de son caractère. Ayant fait entièrement
replanter les vignobles sous la direction de Sthénélus,
ce faux semblant d'agriculteur obtint ce résultat,
miracle à peine croyable, qu'au bout de huit ans la récolte
51 fut adjugée sur pied au prix de 400.000 sesterces [1]. Tout
le monde courut voir les monceaux de raisins dans ces
vignes et ses voisins excusaient leur paresse par la supé-
riorité de son instruction [1] ; Sénèque enfin, le premier
des savants de l'époque et que l'excès de sa puissance finit
par écraser dans sa chute, qui n'était certainement pas
un admirateur de frivolités, eut une telle envie de cette
propriété qu'il ne rougit pas de reconnaître la victoire
d'un homme d'ailleurs odieux et qui s'en vanterait,
achetant, au bout d'environ dix ans de soins, les vignes
52 quatre fois le prix qu'elles avaient coûté. De tels efforts
mériteraient d'être appliqués avec succès aux terroirs du
Cécube et de Sétia, puisque l'arpent a souvent encore
donné par la suite sept *cullei*, c'est-à-dire cent quarante
amphores de moût [1]. N'allons pas du reste nous croire

urbe deuerticulo. Est autem usquequaque nota 50
*u*ilitas mercis per omnia suburbana, ibi tamen maxime,
quoniam et neglecta indiligentia praedia parauerat
ac ne in pessimis quidem elegantioris soli. Haec
aggressus excolere non uirtute animi, sed uanitate
primo, quae nota mire in illo fuit, pastinatis de
integro uineis cura Stheneli, dum agricolam imitatur,
ad uix credibile miraculum perduxit, intra octauum
annum $\overline{\text{CCCC}}$ nummum emptori addicta pendente
uindemia. Cucurritque non nemo ad spectandas 51
uuarum in iis uineis strues, litteris eius altioribus
contra id pigra uicinitate sibi patrocinante, nouissime
Annaeo Seneca, principe tum eruditorum ac potentia,
quae postremo nimia ruit super ipsum, minime
utique miratore inanium, tanto praedii huius amore
capto, ut non puderet inuiso alias et ostentaturo tradere
palmam eam, emptis quadruplicato uineis
illis intra decimum fere curae annum. Digna opera 52
quae in Caecubis Setinisque agris proficeret, quando
et postea saepenumero septenos culleos singula
iugera, hoc est amphoras centenas quadragenas,
musti dedere ! Ac ne quis uictam in hoc antiquitatem

50 nota uilitas *Rhen.* : notabilitas $M^{2}DEF^{2}au^{2}$ nuta— M^{1} nobilitas $F^{1}du^{1}$ || maxime *M* : —ma *cett.* || indiligentia *DEFde* : indeligenti *M* || elegantioris *DEFe* : —tior his *d* —tior *M* || nota mire *MDFd* : notamine *Ealu* —minare *e* || pastinatis *Md* : —tas *uett.* fastinatis *DEFe* || stheneli *MF* : steneli *d* —nelli *DEe* || CCCC *D*.

51 non nemo *Md* : non neme *DEFe* neme a || principe tum *M* : —patum *DEFd* prinpatum *e* || eruditorum *M* : traditionis *cett.* || potentia *DEFe* : —tiae *MdTz* || qua *M* || postrema D^{1} || ruit *M* : fuit *cett.* || miratore *Gelen.* : —tori *M* —ture *cett.* —turi *uett.* || inanium : in animum *M* || praedii $MD^{2}d$: —dit $D^{1}Fe$ —dito *au* predito *E* || huius *M* : eius *cett.* || ostentaturo *Md* : —tatur *DEFe* —deretur *a* || eam : ad *M* || quadruplicato *ad* : —cando *M* quadriplicato *DEFe* || annum *MEd* : —nuum *DFe*.

52 caecubis *M* : ceac— d^{1} eac— d^{2} aec— *e* ec— $D^{1}EF$ excubiis D^{2}.

en cela supérieurs aux anciens, car c'est encore Caton qui a noté un rendement de dix *cullei* à l'arpent [2]; preuves décisives que la profanation des mers, que les richesses demandées au rivage de la Mer Rouge ou de l'Océan Indien rapportent moins au marchand qu'un domaine soigneusement tenu.

53 VI. Le vin le plus anciennement célèbre est, au témoignage d'Homère, celui de Maronée, sur la côte de Thrace. Je ne m'arrête pas aux fables et aux diverses traditions touchant son origine, sinon pour rappeler qu'Aristée [1], Thrace lui aussi, fut le premier à mêler le miel au vin, deux produits naturels d'un goût excellent. Homère rapporte qu'on devait mêler au Maronée vingt fois sa
54 quantité d'eau [2]. De nos jours encore, en ce même terroir, ce cru a gardé sa vigueur et sa force indomptable, puisque Mucianus [1], trois fois consul, l'un des auteurs les plus récents, a constaté lui-même sur place qu'à un setier de vin on en mêlait huit d'eau, qu'il était noir, bouqueté et graissait en vieillissant. Le Pramnios [2] également, qu'Homère a vanté aussi, est encore en honneur de nos jours ; il vient sur le territoire de Smyrne, près du temple
55 de la Mère des Dieux. Aucun des autres crus n'a été célèbre ; une année le fut par la qualité de tous ses crus, celle du consulat de L. Opimius et de l'assassinat du tribun C. Gracchus qui soulevait la plèbe [1] ; telle fut la température (on dit « la cuisson ») sous l'effet du soleil

arbitretur, idem Cato denos culleos redire ex iugeribus
scripsit, efficacibus exemplis non maria plus teme-
rata conferre mercatori, non in Rubrum litus Indi-
cumue merces petitas quam sedulum ruris larem.

VI. Vino antiquissimo claritas Maroneo in Thra- 53
ciae maritima parte genito, ut auctor est Homerus.
Neque enim fabulosa aut de origine eius uarie pro-
dita consectamur, praeterquam Aristaeum primum
omnium in eadem gente mel miscuisse uino, suauitate
praecipua utriusque naturae sponte prouenientis.
Maroneum uicies tanto addito aquae miscendum
Homerus prodidit. Durat etiamnum uis in eadem 54
terra generi rigorque indomitus, quippe cum Mucia-
nus ter consul ex iis qui nuperrime prodidere sexta-
rios singulos octonis aquae misceri compererit prae-
sens in eo tractu, esse autem colore nigrum, odoratum,
uetustate pinguescere. Et Pramnio, quod idem
Homerus celebrauit, etiamnunc honos durat ; nas-
citur Zmyrnae regione iuxta delubrum Matris deum.
In reliquis claritas generi non fuit alicui ; anno fuit 55
omnium generum bonitat*e* L. Opimio cos., cum
C. Gracchus tri*bunus* pl*ebem* seditionibus agitans
interemptus *est* ; ea caeli temperies fulsit (cocturam

arbitretur *M* : —traretur *cett.*

53 antiquissimmo *M* : —ssima *cett.* || thraciae *ME* : treciae *de* —cie *DF* || maritimae *M* || genito ut *Md* : —toue *cett.* || fabulosa aut *l* : —sa ut *DEFde* aut fabulosa *M* || eius *M* : *om. cett.* || praeterquam *MDFd* : —quod *Eal* propterquam *e* || preuenientis *E* || tantum *M*.

54 etiamnum *M* : etiam *cett.* etiamnunc *Mayh.* || rigorque : uigorque D^2 *uett.* || octonis *M* : octogenis *cett.* || compererit *MFDde* : —perit *Eal* || *Post* pingues *def. M* || Zmirnae *Ead* zimirnae *DF* —myrne *e* || regione *Barb.* : religione *codd.*

55 bonitate *Urlichs* : —ti *codd.* || tribunus plebem *Gelen* : tr. pl. *d* tripliciter *cett.* tribunus plebis *Colon.* tribunus plebem infeliciter *F. Walter, Wiener Studien, LV,* 193 || quam cocturam *a* || DCXXXIII d^2 : de XXXIII *DFe,* de CXXXIII d^1 DCXXXIIII *El.*

en l'an 633 de Rome, et l'on conserve encore de ces vins, vieux de près de deux cents ans, réduits en une sorte de miel amer. C'est là en effet le propre des vins très vieux, et l'on ne saurait les boire purs ou les tempérer avec de l'eau, car une rancissure rebelle leur donne de l'amertume ; mais on en use pour couper très légèrement les
56 autres vins qu'on désire bonifier [2]. Mettons, d'après l'évaluation de l'époque, l'amphore à cent sesterces ; c'est en partant de ce prix, accru toutefois de la somme des intérêts à six pour cent, taux légal et modique, que s'établissait le prix d'une once de ce vin, sous le principat de C. César, fils de Germanicus, 160 ans après [1], comme nous l'avons montré par un exemple mémorable dans notre récit de la vie du poète Pomponius Sécundus et du dîner qu'il offrit à ce prince [2]. Tant il dort d'argent dans
57 les celliers ! Aucune denrée ne prend plus de valeur jusqu'à la vingtième année ni ne devient ensuite plus coûteuse, le prix n'augmentant plus. Rarement en effet on a vu jusque ici, et seulement par prodigalité, la *testa* se payer mille sesterces [1]. Seuls les Viennois, semble-t-il, demandent un prix supérieur pour leurs vins poissés [2], dont nous avons cité les crus, mais sur le marché intérieur et par amour-propre national ; ce vin, bu frais, passe pour être plus froid que les autres.

uocant) solis opere natali urbis DCXXXIII, dura*n*tque adhuc uin*a* ea ducentis fere annis, iam in speciem redacta mellis asperi — etenim haec natura uinis in uetustate est —, nec potari per se queant peruinci*u*e aqua, usque in amaritudinem carie indomita ; sed ceteris uinis commendandis minima aliqua mixtura medicamenta sunt. Quod ut eius temporis aestima- 56
tione in singulas amphoras centeni nummi statuantur, ex his tamen usura multiplicata semissibus, quae ciuilis ac modica est, in C. Caesaris Germanici filii principatu annis CLX singulas uncias uini constitisse nobili exemplo docuimus referentes uitam Pomponii Secundi uatis cenamque quam principi illi dedit. Tantum pecuniarum detinent apothecae ! Nec 57
alia res maius incrementum sentit ad uicesimum annum maiusue ab eo dispendium, non proficiente pretio ; raro quippe adhuc fuere, nec nisi in nepotatu, singulis testis milia nummum. Viennenses soli picata sua, quorum genera diximus, pluris permutare, sed inter sese amore patrio, creduntur ; idque uinum frigidius reliquis existimatur in frigido potu.

durantque *Barb.* : duratque *codd.* || adhuc... redacta *om. e* || uina ea *Detl.* : uinea *codd.* uina *Barb.* || uinis *DFde* : —ni *Eal* || queant *DEFde* : queunt *a* || peruinciue *Sill. Jan* : prouinciae *DF* —tiae *Ee* sine prouinciae *l uett.* uinciae d^1 unciae d^2.

56 sin (si— *E*) gulas D^2EFde : —is D^1 || centeni nummi *DFde* : —is —is *Ealz* || statuantur *Dde* : acu— *Eaz* aceru — *l* || tm̄ *DEFde* tñ *l* : tantum *May.* || ciuilis *DFde* : caulis *Eal* || annis *DFde, cf.* § 55 : anno *Eal* nummis *Pint.* || singulas *codd.* : —is (*sc. nummis*) *Barb.* || uini *dl* : uini ex *Ea* uinee *F* —eae *De* binis (*sc. nummis*) *Budé et Marq-Mau, II, 94, n. 1* || constitisse *Edl* : constitutis se D^1F^2e —tis e D^2 —tus se F^1 || detinent *d* : dei inue (i *E*) ni *DEFe* detinent uini *uett.*

57 in nepotatu *Gelen.* : —tus *DFde* uini potatus *Eal* importatis *uett.* || uiennenses *dl* : uienses *cett.* || picata *El* : pac— *DF* pacc— *d* pecc— *e*.

58 VII (5). Le vin, en boisson, a la propriété de réchauffer les organes, en lotion, de les refroidir. Il ne sera pas hors de propos de rappeler ici ce que le célèbre sage Androcydès [1] écrivit à Alexandre le Grand pour en réprimer l'intempérance [2] : « Avant de boire du vin, roi, souviens-toi que tu bois le sang de la terre ; la ciguë est un poison pour l'homme, le vin pour la ciguë » [3]. S'il avait écouté ces conseils, il n'eût assurément pas, dans l'ivresse, assassiné ses amis, et l'on peut dire avec raison que rien n'est plus utile aux forces physiques ni plus funeste aux plaisirs, si l'on passe la mesure.

59 VIII (6). Chacun sait qu'il est des crus plus agréables que d'autres, et que, de deux vins frères de même cuvée, l'un est supérieur à l'autre, du fait du récipient ou de quelque circonstance fortuite. Aussi chacun se fera-t-il
60 juge du vin qui mérite le premier rang. Julia Augusta disait devoir ses 86 ans au vin de *Pucinum*, le seul dont elle eût usé [1]. Il vient dans le golfe de la mer Adriatique, non loin de la source du Timave, sur un coteau pierreux où la brise marine en mûrit quelques amphores ; nul autre n'est jugé plus propre aux usages médicaux. Je serais porté à croire que c'est ce vin du golfe Adriatique que les

VII (5). Vino natura est hausto accendendi calore 58
uiscera intus, foris infuso refrigerandi. Nec alienum
fuerit commemorare hoc in loco quod Androcydes
sapientia clarus ad Alexandrum Magnum scripsit,
intemperantiam eius cohibens : « Vinum poturus, rex,
memento bibere te sanguinem terrae ; cicuta hominis
uenenum est, cicutae uinum ». Quibus praeceptis ille
si obtemperauisset, profecto amicos in temulentia
non interemisset, prorsus ut iure dici possit neque
uiribus corporis utilius aliud neque uoluptatibus
perniciosius, si modus absit.

VIII (6). Genera autem uini alia aliis gratiora esse 59
quis dubitet aut non ex eodem lacu aliud praestantius
altero germanitatem praecedere siue testa siue for-
tuito euentu ? Quam ob rem de principatu se quisque
iudicem statuet. Iulia Augusta LXXX*V*I annos 60
uitae Pucino uino rettulit acceptos, non ali*o* usa.
Gignitur in sinu Hadriatici maris non procul Timauo
fonte saxoso colle, maritimo afflatu paucas coquente
amphoras ; nec aliud aptius medicamentis iudicatur ;
hoc esse crediderim quod Graeci celebrantes miris lau-

58 accendendi *Edl* : acced— *DFe* || *ab* Andro]cydes *inc. M* || sapientiae *M* || ad MEd^2 : *om. cett.* || cicuta *Md* : sic— D^1F^1e sicuti D^2EF^2l || hominis *M* : —ni *DFdT* —num *e* ; *om. Eal* || est homini *Eal* || cicutae *MEd* : —te D^1Fel ita et —te D^2 ; *an* sicuti cicuta... ita et cicutae ? || si MD^1Fde : sic D^2Ea || obtemperauisset *Ml* : —uit et D^1d^1 —uit ut *EF* —bit et *e* —bit ut D^2 —rasset et d^2 || posset *M* || uoluptatis M^1.

59 uini alia *MEFd* : uinalia *De* || ˡacu MD^2EF —cum D^1e loco *d* || aliud *l* : aliut *M* alius *DEFde* || praestantius *Ml* : —tior *cett.* || altero *Mde* : —ro altero *cett.* || fortuito *Mdl* : —tu *cett.* || se MD^2Fd : si D^1Eel || iudicem *M* (*F* ?) : ind— *cett.* || statuet *MDEFe* : —it *d* —at *uett.*

60 LXXXVI *Nipp. ad Tac., Ann.* 5, 1 : LXXXII *codd.* || pucino *DEFde* : —tino *M* || non : nam D^2 || alio usa *Gelen.* : alicusa *DFde* aliquosa *E* —so *a* alii *M* || gignuntur *M* || procul *M* : —cul a *DEFd* —culi *e* || timabo *M* || saxoso *M* : saxeo *cett.* || colle *Md* : collo *cett.* || coquente *l* : —tem *DFade* conquente *M* —tem *E*

Grecs ont tant vanté sous le nom de *Praetetianum* [2].
61 Le divin Auguste préférait à tous les autres le vin de Sétia, comme l'ont fait presque tous ses successeurs, l'expérience ayant prouvé que cette saveur prévient les dangers des indigestions ; il vient au-dessus de Forum Appii [1]. Auparavant on louait fort l'excellence du Cécube ; il venait dans les peupleraies marécageuses du golfe d'Amynclae, et doit sa disparition à l'incurie des propriétaires, à l'exiguïté du vignoble, mais plus encore au canal navigable entrepris par Néron du lac de Baïes à Ostie [2].

62 Au second rang venait le terroir de Falerne et surtout son clos Faustinien ; il le devait aux soins et à la culture ; mais il le perd aussi depuis que l'on recherche la quantité plus que la qualité. Le clos de Falerne commence au pont Campanien, à gauche en allant à Urbana, colonie de Sylla dernièrement rattachée à Capoue, le Faustinien à environ 4 milles du bourg de Caedicius, lui-même à 6 milles de Sinuessa [1]. Aucun vin n'est aujourd'hui plus en vogue ;
63 il est le seul à s'enflammer. Il en est trois variétés : le fort, le doux et le léger. Certains font la distinction suivante : au sommet des coteaux le Caucinum, à mi-côte le Faustinien, au bas le Falerne. N'oublions pas qu'aucun

dibus Pra*et*etianum appellauerint ex Hadriatico
sinu. Diuus Augustus Setinum praetulit cunctis et 61
fere secuti principes, confessa propter experimenta,
non temere cruditatibus noxiis ab ea saliua ; nas-
citur supra Forum Appi. Antea Caecubo erat genero-
sitas celeberrima in palustribus populetis sinu Amyn-
clano, quod iam intercidit incuria coloni locique
angustia, magis tamen fossa Neronis, quam a Baiano
lacu Ostiam usque nauigabilem incohauerat.

Secunda nobilitas Falerno agro erat et ex eo 62
maxime Faustiniano ; cura culturaque id collegerat ;
exolescit haec quoque copiae potius quam bonitati
studentium. Falernus ager a ponte Campano laeua
petentibus Vrbanam coloniam Sullanam nuper
Capuae contributam incipit, Faustinianus circiter IIII
milia passu*u*m a uico Caedicii, qui uicus a Sinu-
essa VI M passu*u*m abest. Nec ulli nunc uino maior
auctoritas ; solo uinorum flamma accenditur. Tria eius 63
genera : austerum, dulce, tenue. Quidam ita distin-
gunt, summis collibus Caucinum gigni, mediis Faus-
tinianum, imis Falernum. Non omittendum autem

praetetianum *Sillig* : prausetianum *M* praicia— *DFe* praicta— *Eals* praitia— *d.*

61 temere MD^2Ee : ti— D^1Fd || cruditatibus *MDFe* : —delitatibus *Ed* || appi *MDde* : appii *Eal* || amynclano *M* : amin— *d* amy— *DFe* ani sunt clano *Eal* || incuria *M* : et inc— *DFde* et curia *Eal* || ostiam *M* : —ia *DEFde* || nauigabilem *DEFde* : —le *M*.

62 ex *om. M* || faustiniano *M* : —tino *DFde* —tini *Eal* || exolescit *DEel* : exsol— M^2 excol— *d* exsolecit M^1 exoleuit *uett.* || haec *M* : hoc. *cett.* || nimietate copiae *l uett.* || bonitati *MEF* : —tes *e* —tis *Dd* || ponte *DEFde* : monte *M* || Faustinianus *M* : —tianus autem *cett.* || milia passum *M* : *om. cett.* || a uico *M* : a uico prope *DEel* prope a uico *dT* || caedicii *M* : caedias *DFe* cedias *Eal* cecidis *d* caedicio *Jan, cf.* 11, 241 || $\overline{\text{VI}}$ *l* VI *DEde* $\overline{\text{VM}}$ passum *M* || nunc *M* : in *cett.*

63 faustinianum *M* : —tianum *cett.*

des raisins qui donnent tous ces crus célèbres n'offre un goût agréable.

64 Au troisième rang venaient divers vins d'Albe [1] voisins de Rome, très doux et rarement forts, avec ceux de Sorrente [2], tous de vignes non arbustives, excellents pour les convalescents par leur légèreté et leurs propriétés bienfaisantes. Selon Tibère César, les médecins s'étaient accordés pour donner de la célébrité au Sorrente, qu'il disait être un vinaigre de qualité ; C. César, son successeur, l'appelait, lui, une illustre piquette. Ce rang est disputé par le Massique [3] et par les vignobles qui, sur le penchant du Gaurus, font face à Pouzzoles et
65 Baïes [4]. Quant aux vins de Stata [1], qui touchent au Falerne, ils ont incontestablement tenu jadis le premier rang et ont fourni la preuve que tout terroir a son époque, son succès et sa décadence. On leur préférait à l'ordinaire les vins voisins de Calès [2], ceux de Fondi qui viennent en vignes et sur arbres [3], et d'autres crus du voisinage de Rome, ceux de Vélitrae [4], de Privernum [5]. Quant au vin de Signia, que son âpreté excessive rend propre à resserrer le ventre, il se range parmi les remèdes [6].

66 Le quatrième rang fut donné dans les banquets publics par le divin Jules — c'est lui qui les mit en vogue, comme le montre sa correspondance — aux Mamertins des

nulli eorum quae celebrentur iucundum saporem
uuae esse.

Ad tertiam palmam uarie uenere Albana urbi uicina, 64
praedulcia ac rara in austero, item Surrentina in
uineis tantum nascentia, conualescentibus maxime
probata propter tenuitatem salubritatemque. Tiberius
Caesar dicebat consensisse medicos ut nobilitatem
Surrentino darent, alioqui esse generosum acetum;
C. Caesar, qui successit illi, nobilem uappam. Certant
Massica atque a monte Gauro Puteolos Baiasque
prospectantia. Nam Falerno contermina Statana ad 65
principatum uenere non dubie palamque fecere sua
quibusque terris tempora esse, suos rerum prouen-
tus occasusque. Iuncta *ii*s praeponi solebant Calena
et quae in uineis arbustisque nascuntur Fundana
et alia ex uicinia urbis, Veliterna, Priuernatia. Nam
quod Signiae nascitur, austeritate nimia conti-
nendae utile aluo, inter medicamina numeratur.

Quartum curriculum publicis epulis obtinuere a 66
Diuo Iulio — is enim primus auctoritatem *ii*s dedit,
ut epistulis eius apparet — Mamertina circa Mes-

nulli eorum *MDde* : nonnulla earum *Eal* || celebrentur *MDEF*a^1*d* : —antur a^2*el*.

64 urbi uicina *om. M* || consensisse *DEFe* : —sessisse *M* —senuisse *d* || ut *MEd* : ui *DFa* sin *e* || nobilitatem *Ml* : —te *DEFde* || alioqui *Mdl* : —quin *DEFe* || C *MEl* : *om. cett.* || a *M* : e *DEde* || gauro *MDE*F^2*de* : —lo F^1 || baiasque *MDl* : baitasque *EFade*.

65 statana *DEFde* : — tiana *M* || principatum *M* : —tus *cett.* || esse *MEdl* : esses D^1*Fe* esset D^2 || suos *M* : quod *DEFde* sicut *Gelen.* secundum quod *uett.* || calena *MDde* : —lentia *Eal* || fundana *MDFde* : —data *Eal* || et alia *M* : alia *d* ex alia *cett.* || ueliterna D^2*deT* : —ternia D^1*F* —terrana *M* —ter *E* || priuernatiaque *uett.*

66 optinuere M^2 : —nere M^1*El* obtinere D^2*d* —tenere D^1*e* || dedit *M* : tribuit *cett.* || epistulis : epulis *dl* || mamertina *Edl* : mammar— *DFe* || circa *M.* : circica D^1 circīca D^2*Fe* circumca *Eadl* || *Post* circa *def. M.*

environs de Messine[1], en Sicile ; le *Potulanum*, ainsi nommé d'après son créateur, le plus proche de l'Italie, est le plus renommé d'entre eux[2]. On loue encore le Taormine[3], sicilien lui aussi, dont on fait souvent passer les flacons pour du Mamertin.

67 On peut citer parmi les autres crus : sur la mer Supérieure, ceux de Praetutia et d'Ancône[1] et ceux que la naissance fortuite d'un palmier sur le même clos a fait appeler « vins du palmier »[2] ; à l'intérieur, les vins de Caeséna[3] et de Mécène[4] ; dans le Véronais, le Rhétique auquel Virgile n'a préféré que le Falerne[5] ; puis, au fond du golfe de la mer Adriatique, les vins d'Adria[6] ; sur la côte de la mer Inférieure, les Latiniens[7], ceux de Gra-
68 visque[8] et de Statonia[9]. Luna donne le meilleur vin d'Étrurie[1], Gênes, de Ligurie[2], Marseille, des Pyrénées aux Alpes, avec ses deux qualités, dont l'une, plus chargée, qu'elle appelle vin de sève, sert aussi aux coupages[3]. La réputation du vin de Béziers ne dépasse pas les Gaules[4]. Des autres vins de la Narbonnaise on ne peut rien affirmer, car il s'en est monté des fabriques, où l'on le maquille à la fumée ; plût au ciel que ce ne fût pas aussi avec des herbes et des ingrédients nocifs, puisque les négociants usent même d'aloès pour en altérer le goût et la couleur[5] !

69 Mais les vins des régions d'Italie éloignées de la mer

sanam in Sicilia genita ; ex *i*is Potulana, ab auctore
dicta illo cognomine, proxima Italiae laudantur
praecipue. Est in eadem Sicilia et Tauromenitanis
honos lagonis pro Mamertino plerumque subditis.

Ex reliquis autem a supero mari Praetutia atque 67
Ancone nascentia, et quae a palma una forte enata
palmensia appellauere, in mediterraneo uero Caese-
natia ac Maecenatiana, in Veroniensi item Raetica,
Falernis tantum postlata a Vergilio, mox ab intimo
sinu maris Hadriana, ab infero autem Latiniensia,
Graui*s*cana, S*ta*toniensia. Etruriae Luna palmam 68
habet, Liguriae Genua, inter Pyrenaeum Alpesque
Massilia gemino sapore, quando et condiendis aliis
pinguius gignit, quod uocat sucosum. B*ae*terrarum
intra Gallias consistit auctoritas. De reliquis in Nar-
bonensi genitis adseuerare non est, quoniam officinam
eius rei fecere tinguentes fumo, utinamque non et her-
bis ac medicaminibus noxiis ! Quippe etiam aloe mer-
cator saporem coloremque adulterat.

Verum et longinquiora Italiae ab Ausonio mari 69

messanam D^2*Fde* : messi— *Eal* messana D^1 || potulana *codd.* : potitiana *Detl.* || dicta *EadT* : dic *DFe* || illo cognomine *dT* : illo comine *DFe* in loco *Eal uett.* || proxima *DEF*d^2e^2 : —me *a*d^1e^1*T* —mo *Colon.* || laudantur *dl* : —datur *a* ludantur *DEFe* || tauromenitanis *d* : —minitanis *cett.* || lagonis *Jan, cf.* § 85 : —goenis *DFe* —genis *Eadl.*

67 praetutia *Ed* : praeuitna *DFe* || ancone *E* : aneone *DFade* || palmensia *Hard.* : —mesia *codd.* || in ueroniensi (—nisi *F*) item raetica (retita *Fe*) in ueroniensi *DEFde* || postlata *dT* : postulata *DEFe* || ab intimo *d* : abtimo *De* optimo *EFal* optima ab intimo *uett.* || sinu *Ede* : —um *DF* || Latiniensia *D*F^2*de* : —nensia *Eal* latiensia F^1 || grauiscana *Barb. e* 3, 69 : grauicana *codd.* || statoniensia *Barb.* : stoniensia D^2*EFde* —sa D^1.

68 luna *d* : —am *cett.* || uocat *DEFde* : —cant *l uett.* || beterrarum *DF*d^1*e* : ueternarum *Eal* eter— d^2 || intra *d* : inter *cett.* || genitis *EFde* : —tas *D* || tingentes *Eal* —guentis *DFde* || mercator *DdeT* : —tur *EFa.*

Ausonienne ne sont pas non plus sans réputation : vins de Tarente [1], de Servitia [2], vins de Consentia [3], de Tempsa [4] et de Babbia [5], et vins de Lucanie dont les premiers sont ceux de Thurii [6]. Mais les plus célèbres de tous, pour avoir guéri Messala Potitus, sont ceux de Lagaria, près de Grumentum [7]. La Campanie a, depuis peu, fait accéder de nouveaux noms à la célébrité, soit par la culture, soit par hasard : le *Trébellicum* [8], à quatre milles de Naples, le *Caulinum* [9], près de Capoue, et le *Trébulanum*, dans le territoire du même nom [10] ; du reste, dans les vins communs, elle n'a cessé de tirer gloire aussi du *Trifolinum* [11].

70 Les vins de Pompéi [1] atteignent en dix ans le summum de la qualité ; les laisser vieillir n'y ajoute rien ; on constate aussi qu'ils provoquent des maux de tête jusqu'à la sixième heure du lendemain. Ces exemples, si je ne m'abuse, prouvent que c'est la région et le terroir qui importent, non le raisin, et qu'il est superflu de vouloir énumérer les espèces, puisque la même vigne donne,
71 suivant les lieux, des produits différents. Dans les Espagnes, les vins de Léétanie sont renommés pour leur abondance, ceux de Tarragone et de Lauron pour leur qualité ; ceux des îles Baléares se comparent aux premiers crus d'Italie [1]. La plupart des lecteurs, je ne l'ignore pas, me reprocheront beaucoup d'omissions, car chacun tient à son vin et, où qu'on aille, c'est toujours la même histoire :
72 un affranchi du Divin Auguste, grand expert au goût subtil, chargé de choisir les vins de sa table, dit à un hôte

non carent gloria, *T*arentina et Seruitia et Consen-
tiae genita et Tempsae ac Babbiae Lucanaque ante-
cedentibus Thurinis. Omnium uero eorum maxime
inlustrata Messalae Potiti salute Lagarina, non
procul Gr*u*mento nascentia. Campania nuper excitauit
nouis nominibus auctoritatem siue cura siue casu ad
quartum a Neapoli lapidem Trebellicis, iuxta
Capuam Caulinis et in suo agro Trebulanis, alioqui
semper inter plebeia et Trifolinis gloriata. Nam 70
Pompeianis summum decem annorum incrementum
est, nihil senecta conferente; dolore etiam capitum
in sextam horam diei sequentis infesta deprehen-
duntur. Quibus exemplis, nisi fallor, manifestum
est patriam terramque referre, non uuam, et superua-
cuam generum consectationem in numerum, cum
eadem uitis aliud aliis in locis polleat. Hispaniarum 71
La*e*etana copia nobilitantur, elegant*i*a uero Tarra-
conensia atque Lauronensia et Baliarica ex insulis
conferuntur Italiae primis. Nec ignoro multa praeter-
missa plerosque existimaturos, quando suum cuique
placet et, quocumque eatur, fabula eadem reperitur,
Diui Augusti iudiciorum ac palati peritissimum e liber- 72
tis censuram uini in epulas eius facientem dixisse

69 tarentina *uett.* : car— *codd.* || tempsae *d* : —siae *DEe* —sie *F* || ac babbiae *DFde* : ac babiae *Eal* ac Bari ac *Detl.* calabriae *Mayh.* || antecadentibus *DF* || potiti *Ed* : ponti *DFae* || lagarina *d* : —ria *l* —ri *DEFe* || grumento *uett.* : gro— *codd.* || trebellicis (*F* ?) : treue— *DEde* || plebeia *EF* : —bea *d* pleutia *De.*

70 diei sequentis infesta *Edl* : die sequenti sint festa *DFe* || de—prehenduntur *l* : —dantur D^1 —datur D^2EF —ditur *d* —dat *e* || referre *Dde* : referri res *El* || polleat *d* : —lluat DFe^2 —luit e^1 pullulat *El* —let *a.*

71 laeetana *Hübner ex* 3, 21 : laset — D^2de lasit— *EF* lusit— *lz* lasitania D^1 || elegantia *uett.* : —ture *de* —ter e *DF* —ter hae *Eal* || uera e^1 || baliarica *Dde* : —riciaca *l* baliriciaca *E* || cuique genti *d* || reperitur *DEFd* —rit *e* —riatur *uett.*

72 palati *DFde* : —tii *El.*

de l'empereur à propos du vin du pays : « Je lui trouve un goût nouveau et il n'est pas des plus connus, mais César n'en boira pas d'autre ». Je ne nierais pas que d'autres vins aussi soient dignes de réputation, mais j'ai cité ceux qui rallient l'unanimité des suffrages du temps.

73 IX (7). Nous traiterons maintenant, selon la même méthode, des vins d'outre-mer, Les plus célèbres après ceux qu'Homère a nommés et dont nous avons parlé [1] furent le Thasos [2] et le Chio et, dans le Chio, le cru d'Ariusia [3]. Le Lesbos [4] leur fut adjoint par l'autorité du célèbre médecin Érasistrate [5], vers l'an 450 de Rome. Aujourd'hui on préfère à tous le Clazomène [6] depuis qu'il est
74 moins mêlé d'eau de mer. Le Lesbos a un goût d'eau de mer naturel. Le *Tmolitès* [1] n'est pas estimé pour lui-même comme vin, mais, étant liquoreux, il sert à couper les vins durs qu'il adoucit et vieillit à la fois, puisqu'ils paraissent aussitôt plus âgés. Après eux, on apprécie le Sicyone [2], le Chypre [3], le Telmessos [4], le Tripoli [5],
75 le Béryte [6], le Tyr [7] et le Sébennytique [8]. Ce vin d'Égypte est fourni par trois cépages très renommés en ce pays, le Thasien, l'*aethalus* et le *peuce*. Puis on attache du prix à l'*Hippodamantium* [1], au *Mysticum* [2], au *cantharitès* [3], au *protropos* de Cnide [4], au *Catacécauménitès* [5], au Pétra [6], au Myconos [7]. Il est reconnu que le *Mésogitès* [8] donne des maux de tête et que l'Éphèse [9] est nuisible à la santé, coupé qu'il est d'eau de mer et de *défrutum*. L'Apamée [10]

hospiti de indigena uino, nouum quidem sibi gustum
esse eum atque non ex nobilibus, sed Caesarem non
aliud poturum. Nec negauerim et alia digna esse fama,
sed de quibus consensus aeui iudicauerit haec sunt.

IX (7). Nunc simili modo transmarina dicemus. 73
In summa gloria post Homerica illa, de quibus supra
diximus, fuere Thasium Chiumque, ex Chio quod
Ariusium uocant. His addidit Lesbium Erasistrati
maximi medici auctoritas, circiter CCCCL anno urbis
Romae. Nunc gratia ante omnia est Clazomenio,
postquam parcius mari condiunt. Lesbium sponte 74
naturae suae mare sapit. Nec Tmoliti per se gratia
ut uino, sed cuius dulci admixto reliquorum duritia
suauitatem accipiat simul et aetatem, quoniam
uetustiora protinus uidentur. Ab his dignatio est
Sic*y*onio, Cyprio, Telmesico, Tripolitico, Ber*y*tio,
Tyrio, Sebenn*y*tico. In Aegypto hoc nascitur tribus 75
generibus uuarum ibi nobilissimis, Thasio, *a*eth*h*alo,
peuce. Post haec auctoritas Hippodamantio, Mystico,
cantharitae, prot*r*opo Cnidio, Catacecaumenitae,
Petritae, Myconio. Nam Mesogiten capitis dolores
facere compertum est, nec Ephesium salubre esse,
quoniam mari et defruto condiatur. Apamenum mulso

indigena *E*D^2*Fd* : —gina *l* —gna D^1*e* || eum *dl* : cum *DEFae* || atque *DFde* : aeque *El* || iudicauerit *Jan* : —rint *DEFde* —runt *lz*.

73 ariusium *DFd* : —ssium *e* arusium *Eal* || *post* Erasistrati *def. e* || CCCCL *EadT* : CCCC·I· *DF* DC *Colon.*

74 tmoliti *Gelen.* : timo— *T* tymo— *Eadl* tymolyti *DF* || dulci *DFd* : —cis *Eal* || admixto *d uett.* : —tio *DEF* || sicyonio *uett.* : sycionio *d* sicsonio *DF* sixonio *Eal* || berytio *Colon.* : berritio *DEFd* —cio *a* || sebennitico *d* sebentico *cett.*

75 nobilissimis *dT* : —lis *DEF* —lius *uett.* || thasio *codd.* —sia *Gelen. Mayh.* || aethalo *Gelen.* : et allo *codd.* || peuce *Edl* : —cem *DF* et alopece *uett.* || protropo *Barb.* ; *cf.* § 85 : —topo *codd.* || cata- (caia *d*) cecaumenite D^2*d* : —mente D^1*EFal*.

convient parfaitement, dit-on, pour faire du vin miellé, comme en Italie le *Praetutium*[11], car les substances offrent encore cette particularité : les douces tout au
76 moins ne s'accordent pas entre elles. Le *protagion* est oublié, que les écoles d'Asclépiade[1] avaient placé tout près des vins italiens. Le médecin Apollodore[2], dans l'ouvrage où il indiqua au roi Ptolémée quels vins il devait boire, à une époque où ceux d'Italie n'étaient pas encore connus, a prôné le *Naspercénitès* du Pont[3], puis l'*Oréticum*[4], l'*Oenéatès*[5], le Leucade[6], l'Ambracie[7] et le Péparèthe[8] qu'il préférait à tous, mais qui, disait-il, était moins renommé parce qu'il n'était agréable qu'au bout de six ans.

77 X (**8**). Les vins cités jusqu'ici doivent leur qualité au terroir. En Grèce, c'est la préparation qui a fait la renommée du vin appelé *bios*[1], imaginé pour servir dans nombre de maladies, comme nous l'indiquerons dans la partie traitant de la médecine. En voici la recette : les grappes, cueillies un peu avant la maturité, sont mises à sécher à un soleil ardent ; trois fois par jour, on les retourne pendant trois jours ; on les presse le quatrième,
78 puis on laisse vieillir au soleil dans des jarres. Les gens de Cos[1] ajoutent une forte dose d'eau de mer ; ce procédé inventé par un esclave voleur qui rétablissait ainsi la mesure, et appliqué ensuite au moût blanc, porte le nom de *leucocoum*. Chez d'autres peuples, on nomme *téthalassoménos* le vin ainsi préparé, et *thalassitès* le moût mis dans des vases plongés dans la mer, procédé qui assure un

praecipue conuenire dicitur, sicut Praetutium in Italia ; est enim et haec proprietas generum : dulcia utique inter se non congruunt. Exoleuit et protagion, 76
quod Italicis proximum fecerant Asclepiadis scholae. Apollodorus medicus in uolumine, quo suasit Ptolem*a*eo regi quae uina biberet, Italicis etiam tum ignotis, laudauit in Ponto Naspercenitem, mox Oreticum, Oeneaten, Leucadium, Ambracioten et, quod cunctis praetulit, Pepareth*h*ium, sed minoris famae esse dixit, quoniam ante sex annos non placeret.

X (**8**). Hactenus bonitas uini nationibus debetur. 77
Apud Graecos cur*a* clarissimum nomen accepit quod appellauerunt bion, ad plurimos ualitudinum usus excogitatum, ut docebimus in parte medicinae. Fit autem hoc modo : uuae paulum ante maturitatem decerptae siccantur acri sole, ter die uersatae per triduum, quarto exprimuntur, dein *in* cadis sole inueterantur. Coi marinam aquam largiorem miscent, 78
a serui furto origine orta sic mensuram explentis, quae translata in album mustum leucocoum appellatur. In aliis autem gentibus simili modo factum tethalassomenon uocant, thalassiten autem uasis musti deiectis in mare, quo genere praecox fit uetust*as*.

praetutium *uett.* : —tuitium *d* —totium *DF* —cotium *Eal* || congruunt *DE²Fd* : —uuntur *E¹* —uant *uett.*

76 proximum fecerant *DFd* : —ma —rat *Eal* || ptolemeo *Ead* : pt (pi *D*) olem cor *DF* || oreticum *Hard.* : oree— *D* oroe— *Edl* oroae— *F* || oeneaten *Colon* : oneathen *l* aene— *D* eneaten *d* —then *Ea* —chen *F* || peparethium *Hard.* : praeparentium *DFd* pre— *Eal* || ante *codd.* : post *Colon.*

77 cura *Hard.* : —rae *adl* —re *DEF* iure *uett.* || in cadis *Hard.* : cadis *codd.*

78 coi *dT* : cui *DEFal* || explentis quae *DFd* : explent idque *al* expellunt (—llent *E²*) idque *E* explentis idque *uett.* —tis qua re *Mayh.* || translata *DFd* : —tum *Eal uett.* || leucocoum *DF* : —cocum *d* —cooum *Eal* —cochrun *uett.* || uetustas *Gelen.* : —tus *DFd* —tum *Eal* —tius *uett.*

79 vieillissement prématuré. Caton a donné la recette [1] pour faire chez nous aussi du vin de Cos avec de l'Italien, en recommandant en outre de le faire mûrir quatre ans au soleil. Le Rhodes [2] est semblable au Cos, le *Phorinéum* [3], plus salé. Tous les vins d'outre-mer parviennent, estime-t-on, en sept ans à une vieillesse moyenne.

80 XI (**9**). Les vins doux ont moins de bouquet ; plus un vin est léger, plus il en a. Les vins ont quatre couleurs : blanche, jaune, rouge, noire [1]. Le *psithium* et le *mélampsithium* sont des sortes de vins de raisins passerillés, ayant leur goût propre, qui n'est pas celui du vin [2], tandis que le *Scybélitès* de Galatie a celui du vin miellé [3], ainsi que l'*Haluntium* de Sicile [4]. Quant au *siraeum* ou *hepséma*, notre *sapa*, il est un produit de l'art, non de la nature : on réduit le moût jusqu'au tiers par la cuisson. Quand la réduction est de moitié, c'est le *défrutum* [5]. Tous ont été imaginés pour falsifier le miel [6], mais les

81 premiers cités [7] sont dus au raisin et au terroir. Après le *passum* de Crète, on estime ceux de Cilicie et d'Afrique [1]. On sait qu'en Italie aussi et dans les provinces limitrophes on le fait avec le raisin que les Grecs nomment *psithia* et nous *apiana*, et aussi avec la *scripula*, en laissant se confire longtemps les grappes sur pied au soleil ou en les trempant dans l'huile bouillante. Certains le font avec

Nec non apud nos quoque Coum uinum ex Italico 79
faciendi rationem Cato demonstrauit, super cetera
in sole quadriennio maturandum praecipiens. Rho-
dium Coo simile est, Phorineum salsius Coo. Omnia
transmarina septem annis ad uetustatem mediam
peruenire existimantur.

XI (9). Vinum omne dulce minus odoratum ; quo 80
tenuius, eo odoratius. Colores uinis quattuor : albus,
fuluus, sanguineus, niger. Psithium et melampsithium
passi genera sunt suo sapore, non uini, Sc*y*belites uero
mulsi, in Galatia nascens, et Hal*u*ntium in Sicilia.
Nam siraeum, quod alii hepsema, nostri sapam appel-
lant, ingeni, non naturae opus est, musto usque
ad tertiam mensurae decocto. Quod ubi factum ad
dimidiam est, defrutum uocatur. Omnia in adulte-
rium mellis excogitata, sed priora uua terraque
constant. Passum a *C*re*ti*co Cilicium probatur et Afri- 81
cum. Et in Italia finitimisque prouinciis fieri certum
est ex uua, quam Graeci psithiam uocant, nos
apianam, item scripula, diutius *uuis* in uite sole
adustis aut feruenti oleo. Quidam ex quacumque

79 *a* quo]que Coum *inc. M* || ratione *D* || quadriennio *codd.* : biennio *Barb. e Catone, Agr.* 105, 2 || phorineum *uett.* : phormeum *DEFd* —maeum *M* fermeum *a* || sal]sius — transmari [na *om. M* || choo *l* : coon *DEFd* || annis *M* : in sex annis *DFd* uel in sex annis *Eal* aut sex annis *Colon.*

80 psithium et *DEFd* —ium uel *M* || uini *DFd* : ...ni *M* uinici *a* uicinis *El* || scybelites *Dalec.* : ciscibilites *Dd* —tis *F* .cib.....s *M* ciuilitas *Eal* || siraeum *D* —reum *EFad* : psitaeum M^1 —thaeum M^2 || sapam *Md* : —pan *DEF* —pon *l* —ban *a* || tertiam *M* : —iam partem *cett.* || uocatur *M* : —mus DE^2d uoca... E^1 || constant *DEFd* : —tat *M*.

81 Cretico *Barb. e Diosc.* 5, 9 : graeco *ME* greco *DFad* || fieri *om. Eal* || psithiam *M* : sticam *cett.* || apianam *El* : aphia-*d* appia— *DFa* api— *M* || scripula *ego* : —lam *M* scirpula *d Barb.* —lam *DEF* || diutius uuis *Sillig* : diuitius M^1 diutius *cett.* || aut feruenti (ferti D^1 *F*) oleo MD^2Fd : adferunt dolio *Eal.*

tout raisin doux, pourvu qu'il soit très mûr et blanc : on le laisse sécher au soleil jusqu'à ce qu'il perde un peu moins de la moitié de son poids, on l'écrase et on le presse
82 légèrement. On ajoute ensuite au marc une quantité d'eau de puits égale à celle du jus exprimé, pour obtenir encore un *passum* de seconde qualité. Si l'on y veut apporter plus de soin, après avoir employé la même méthode de séchage, on égrène les raisins, on les fait tremper sans la rafle dans d'excellent vin, jusqu'à ce qu'ils gonflent, on les presse (c'est, de tous, le *passum* le plus estimé) et, comme pour l'autre, on ajoute de l'eau
83 pour faire un *passum* de seconde qualité [1]. L'*aigleucos* des Grecs — mot qui signifie « toujours moût » — est intermédiaire entre les vins de liqueur et le vin [1]. On l'obtient en empêchant la fermentation — on appelle ainsi la transformation du moût en vin — ; pour cela, dès la sortie de la cuve, on plonge les jarres dans l'eau jusqu'au solstice d'hiver et à la période des gelées. Il en existe aussi une espèce naturelle, dite « liqueur » dans la province Narbonnaise et en particulier chez les Voconces [2] ; pour l'obtenir, on garde plus longtemps sur pied la grappe
84 dont on tord le pédoncule. D'autres fendent le sarment lui-même jusqu'à la moelle, d'autres font sécher le raisin sur des tuiles, mais on prend toujours de l'*helvennaca* [1]. A cette liste on ajoute parfois le *diachytos* [2] : les raisins sèchent au soleil, mais en lieu clos, pendant sept jours, sur des claies à sept pieds du sol, protégés de l'humidité la nuit ; le huitième jour ils sont foulés ; on obtient ainsi un vin d'un bouquet et d'un goût excellents.

dulci, dum praecocta, alba, faciunt siccantes sole, donec paulo amplius dimidium pondus supersit, tunsasque leniter exprimunt. Dein quantum expressere 82
adiciunt uinaceis aquae puteanae, ut et secundarium passum faciant. Diligentiores eodem modo siccatis acinos eximunt ac sine sarmentis madefactos uino excellenti, donec intumescant, premunt (et hoc genus ante cetera laudant) ac simili modo aqua addita secundarium faciunt. Medium inter dulcia uinumque 83
est quod Graeci a*i*gleucos uocant, hoc est semper mustum. Id euenit cura, quoniam feruere prohibetur — sic appellant musti in uina transitum — ; ergo mergunt e lacu protinus in aqua cados, donec bruma transeat et consuetudo fiat algendi. Est etiamnum aliud genus per se, quod uocat dulce Narbonensis prouincia et in ea maxime Voconti ; adseruatur eius gratia uua diutius in uite pediculo intorto. Ab aliis ipse palmes 84
inciditur ad medullam, ab aliis uua torretur in tegulis, omnia ex heluennaca uite. His adiciunt aliqui quod uocant diachyton, uuis in sole siccatis loco cluso per dies septem in cratibus, totidem pedes a terra alte, noctibus ab umore defensis, octauo die calcatis :

dum *MDFd* : tum *Eal* || praecocta *DEFd* : —coctam *a* —cotu *M* || tunsasque *MEF* : tusasque *Dd*.

82 passum *Ml* : pastum *DEFd* || faciant *MDF* : —ciunt *Ed*.

83 media *M* || uinumque *MDFd* : uinum *Ealz* || quod *MEl* : *om. DFd* || aigleucos *Hard.* : agleucos *Ed* agleueos *DFa* gleucos *M* || cura *om. M* || in aqua cados *DEFd* : cados aqua *M* aquos cada *Mayh.* || transeat — etiamnum *def. M* || etiamnum *DFd* : —nunc *Eal* || genus *Ml* : genus eius *DEFd* || uocat *MDF²d* : —cant *EF¹a* || uoconti *M* : —tia *cett.* —tii *Gelen.* || ad (as— *d*) seruatur *MDFd* : ad (as— *l*) seruantur *Eal* || uua *MDd* : una *F* uina *Eal* || uite *M* : auite *DFd* ea uite *Eal*.

84 ad medullam *Md* : in med— *DEF* || heluennaca *MDFd* : — —ica *El* eluennica *a* || diachyton *uett.* : —chiton *d* —chiaton *l* —cymton *M* dyachiaton *DEF* || a terra *Ml* : ad —am *DEFd* || ab umore *M* : a rore *cett.* || octauo *DEFd* : ab oct— *M*.

85 Le *mélititès* est aussi un vin de liqueur ; il diffère du vin miellé en ce qu'il est fait de moût [1] : on fait bouillir ensemble cinq conges de moût âpre, un conge de miel et un cyathe de sel. Malgré son âpreté, le *protropos* [2] doit être aussi rangé dans cette catégorie ; c'est le nom donné par certains au moût rendu naturellement par les raisins avant le foulage. On le met immédiatement en flacons, on l'y laisse fermenter, puis on le cuit au soleil quarante jours l'été suivant, à partir du lever de la canicule.

86 XII (**10**). On ne peut vraiment donner le nom de vins à ce que les Grecs appellent *deutéria*, Caton et nous *lora*, qu'on obtient par macération du marc dans l'eau ; on les compte pourtant parmi les vins d'ouvrier. Il en est trois sortes ; pour la première, on ajoute en eau le dixième du moût exprimé, on laisse macérer ainsi le marc un jour et une nuit, puis on le reporte au pressoir ; pour la deuxième, selon le procédé grec, on ajoute en eau le tiers du moût exprimé et, après pressurage, on réduit au tiers par la cuisson ; pour la troisième, on pressure la lie du vin ; c'est le vin de lie de Caton. Aucun ne passe l'année [1].

87 XIII (**11**). Mais, ce faisant, je remarque que, sur environ 80 espèces célèbres de vin proprement dit reconnues dans le monde entier, l'Italie en produit les deux tiers et l'emporte en outre de loin sur tous les ⟨autres⟩ pays [1]. Et, poursuivant mes réflexions, je m'aperçois que leur réputation ne date pas de leur origine, mais que le

ita fieri optimi odoris saporisque. E dulci genere est 85
et melitites ; distat a mulso quod fit e musto, cum
quinque congiis austeri musti congio mellis et salis
cyatho subferuefactis. Austerum, sed inter haec
genera poni debet et protropum ; ita appellatur a
quibusdam mustum sponte defluens ante quam
calcentur uuae ; hoc protinus diffusum in lagonis
suis deferuere passi postea in sole XL diebus torrent
aestatis secutae ipso canis ortu.

XII (**10**). Non possunt iure dici uina quae Graeci 86
deuteria appellant, Cato et nos loram, maceratis
aqua uinaceis, sed tamen inter uina operaria numerantur. Tria eorum genera : decima parte aquae addita quam musti expressa sit et ita nocte ac die madefactis uinaceis rursusque prelo subiectis ; alterum, quomodo Graeci factitauere, tertia parte eius quod expressum sit addita aquae expressoque decocto ad tertias partes ; tertium est faecibus uini expressum, quod faecatum Cato appellat. Nullum ex his plus quam annui usus.

XIII (**11**). Verum inter haec subit mentem, cum 87
sint genera nobilia, quae proprie uini intellegi possint, LXXX fere in toto orbe, duas partes ex hoc numero Italiae esse, praeterea longe ante cunctas terras. Et hinc deinde altius cura serpit, non a pri-

85 e dulci *M* : dulci *DFd* dulcique *Eal* || sufferuefactis *Dd* : subuer— *M* sufferuere facis *E* || poni debet *M* : ponere debeo *Eal* potui debeo *DFd* || in *M* : *om. cett.* || lagonis *MDEF* : —enis *Eadl* || secutae *MD* : —te *Fd* —ti *Ea* || ortu *MEd* : —to *DFa*.

86 genera *om. M* || decima *Md* : —cuma *DEF* || prelo *MEdl* : —lio *F* praelio *D* || subiectis *MEdl* : —lectis *DF* || faecatum *uett.* : fec— *d* fac— *M* paec— *D* pecc— *EF* || nullum *MDFd* : —llo *Ea* —lli *l* || annui *MdT* : anno *cett.*

87 proprie *Ead*[2] : —iae *DF* —ia *M*, *om. d*[1] || possunt *E* || fere *DEFd* : fuere *M* || praeterea longe *M* : longe praeterea *dl* longe propterea *DEF* || *post* fuisse *def. M.*

début de leur renommée est postérieur à l'an 600 de
88 Rome [2]. XIV (**12**). Romulus faisait des libations de
lait, non de vin [1], comme le prouvent les cérémonies
religieuses qu'il institua et dont le rite demeure aujourd'hui. Une loi du roi Numa, son successeur [2], porte :
« N'arrose pas de vin le bûcher. » On ne peut douter que
le motif d'une telle prescription n'ait été la rareté de cette
denrée. Dans la même loi, il déclara impies les libations
faites aux dieux avec des vins de vigne non taillée,
moyen de contraindre à la taille ces purs laboureurs peu
désireux de se risquer sur les arbres qui la portent [3].
M. Varron rapporte que le roi d'Étrurie Mézence secourut
les Rutules contre les Latins [4] en échange du vin qui se
89 trouvait alors sur le territoire du Latium. (**13**). A Rome,
il n'était pas permis aux femmes d'en boire [1]. Nous
voyons, entre autres exemples, que la femme d'Égnatius
Maetennius [2], pour avoir bu du vin au tonneau, fut
bâtonnée à mort par son mari et qu'il fut absous du
meurtre par Romulus. Fabius Pictor a écrit dans ses
Annales qu'une dame, pour avoir fracturé le coffret où
l'on rangeait les clefs du cellier, fut contrainte par les
90 siens à mourir de faim [3]. Selon Caton, les parents embrassaient les femmes pour savoir si elles sentaient le *temetum* [1]. C'était alors le nom du vin, d'où vient aussi
temulentia (ivresse). Le juge Cn. Domitius [2] prononça
qu'une femme lui paraissait avoir bu, à l'insu de son mari,
plus de vin que ne l'exigeait sa santé, et la condamna à
l'amende de sa dot. Pendant longtemps on fit de cette
91 denrée un usage très modéré. L. Papirius imperator [1],

mordio hanc gratiam fuisse, auctoritatem post DC
urbis annum coepisse. XIV (**12**). Romulum lacte, 88
non uino libasse indicio sunt sacra ab eo instituta,
quae hodie custodiunt morem. Numae regis pro*x*umi
lex est : « Vino rogum ne respargito. » Quod sanxisse
illum propter inopiam rei nemo dubitet. Eadem
lege ex imputata uite libari uina diis nefas statuit,
ratione excogitata ut putare cogerentur alias aratores
et pigri circa pericula arbusti. M. Varro auctor est
Mezentium Etruriae regem auxilium Rutulis contra
Latinos tulisse uini mercede quod tum in Latino agro
fuisset.

(**13**). Non licebat id feminis Romae bibere. 89
Inuenimus inter exempla Egnati Maetenni uxorem,
quod uinum bibisset e dolio, interfectam fusti a marito,
eumque caedis a Romulo absolutum. Fabius Pictor
in annalibus suis scripsit matronam, quod loculos in
quibus erant claues cellae uinariae resignauisset, a
suis inedia mori coactam, Cato ideo propinquos 90
feminis osculum dare, ut scirent an temetum olerent.
Hoc tum nomen uino erat, unde et temulentia appel-
lata. Cn. Domitius iudex pronuntiauit mulierem uideri
plus uini bibisse quam ualitudinis causa, uiro ins-
ciente, et dote multauit. Diuque eius rei magna par-
simonia fuit. L. Papirius imperator aduersus Sam- 91

auctoritatem *DF* : —tate uerum *d* —tas est *Eal*.

88 proxumi *ego e Mayh. in appar.* : portumi *DFd* postumi E^{2}*al* —me E^{1} postumia *Barb. e Cat.* 28, 3 || putare *d* : puse F^{1} pure *cett.* || M. Varro *d* : Varro *cett.* || mezentium D^{2}*Eal* : medentium D^{1}*Fd* || rutulis *Edl* : —tilis *DF* || fuisse *D*.

89 maetenni *DFd* : metentini *Eal* || fusti D^{1}*EFd* : —te D^{2}*l* || cellae uinariae *DFd* : uin— cellae *Eal*.

90 dare *l* : dari *Ead* duris sed *DF* || hoc *DFd* : haec *Eal* || nomen uino erat unde *d* : nomenu inuerat unde D^{1}*F* nomine in uerecundia (—da *a*) *Eal* roma monuerat unde D^{2} || temulentia *dl* : —ta *Ea* tumulentia *DF*.

avant de livrer bataille aux Samnites, fit vœu d'offrir à Jupiter, en cas de victoire, une petite coupe de vin. Enfin nous voyons figurer parmi les dons des setiers de lait, jamais de vin. Caton encore [2], quand il naviguait vers l'Espagne, d'où il revint avec le triomphe, « Je n'ai bu, dit-il, d'autre vin que les rameurs », tant il différait de ceux qui même à leurs convives servent d'autres vins que les leurs propres ou en substituent d'autres au cours du repas [3].

92 XV. Les vins les plus estimés des anciens étaient parfumés à la myrrhe, ainsi qu'on le voit dans les pièces de Plaute, bien que, dans celle intitulée « Le Persan », il recommande aussi d'y ajouter du roseau odorant [1]. Aussi certains en concluent-ils qu'ils aimaient surtout le vin aromatisé. Mais Fabius Dossennus [2] tranche la question par ces vers :

J'envoyais de bon vin *murrina*

et dans l'*Acharistio*,

Du pain, de la polente, du vin *murrina*.

93 Tel fut aussi le point de vue de Scaevola [1], de L. Aelius [2] et d'Ateius Capito [3], à ce que je vois, puisqu'on lit dans le *Pseudolus* :

Et s'il doit tirer de la douceur du même fonds, a-t-il de quoi ? — Tu le demandes ?

nites dimicaturus uotum fecit, si uicisset, Ioui pocillum uini. Denique inter dona sextarios lactis datos inuenimus, nusquam uini. Idem Cato cum in Hispaniam nauigaret, unde cum triumpho rediit, « Non aliud uinum, inquit, bibi quam remiges », in tantum dissimilis istis qui etiam conuiuis alia quam sibimet ipsis ministrant aut procedente mensa subiciunt.

XV. Lautissima apud priscos uina erant m*u*rrae 92
odore condita, ut apparet in Plauti fabul*is*, quamquam in ea quae Persa inscribitur et calamum addi iubet. Ideo quidam aromatite delectatos maxime credunt. Sed Fabius Dossennus his uersibus decernit :

Mittebam uinum pulchrum murrinam,

et in Acharistione,

Panem et polentam, uinum murrinam.

Scaeuolam quoque et L. Aelium et Ateium Capi- 93
tonem in eadem sententia fuisse uideo, quoniam in Pseudolo sit :

Quod si opus est ut dulce promat *ind*idem, ecquid habet ? — Roga*s* ?

91 lactis datos *l uett.* : datos *cett.* datos lactis *Mayh.* || nauigaret *codd.* : —gasset *Mayh.* || rediit *dl* : —dit *DEF* || inquit *Ed* : in quid *DF* || bibi *uett.* : bibit *DEF* || remiges *l* : remans *cett.* || conuiuis *El* : —uiuiis *DFd.*

92 murrae, *cf.* § 107 : myrrae *d* myre *DF* miro *Eal* || fabulis quamquam in ea quae persa inscribitur *Schöll ad Pers.* 88 : fabula quae persa inscribitur quamquam in ea *codd.* || aromatite *DFd* : —ce *a* —cae *E* || dossennus D^2Fd(*M in indice*) : dors— D^1 doscennius E^1 dossen— E^2 || *post* decernit *inc. e* || murrinam *DFde* : —na *Eal* || uinum *Eal* : uisum *DFde* || murrinam *DFde* : —na *Eal.*

93 L. Aelium *Sillig* : laelium *DF* le— *Ede* || quid *Plaut., Pseud.* 740 || opus sit *Plaut.* || promat indidem *Plaut.* : promant idem *dl* —mant id est *DEFe* || ecquid *Plaut.* : et quid *d* et qui *DFe* que *E* || habet *Plaut.* : habeat *Ed* habitat *DFe* || rogas *Plaut.* : roga *DEFde* roget *a*,

Murrina, *passum*, *défrutum*, miel,

ce qui prouve que l'on rangeait la *murrina* non seulement parmi les vins, mais aussi parmi les vins de liqueur [4].

94 XVI (**14**). L'existence d' « apothèques » [1] et l'usage de soutirer le vin [2], en l'an 633 de Rome, sont prouvés sans conteste par le vin opimien. Bien que déjà l'Italie prît conscience de sa richesse, il n'était pas encore de crus célèbres ; aussi tous les vins de cette année portent-ils
95 le seul nom du consul [3]. De même, encore après, la vogue des vins d'outre-mer dura longtemps et jusqu'à nos grands-pères, même après la découverte du Falerne, comme le montre ce vers d'une comédie [1] :

J'en prendrai cinq de vin de Thasos, deux de Falerne.

Les censeurs P. Licinius Crassus et L. Iulius Caesar [2], en 665 de Rome, prirent l'édit suivant : « Il est interdit de vendre le vin grec et l'Aminnéen huit as le quadrantal. » Je cite textuellement. Le vin grec était si estimé qu'il n'en
96 était servi qu'une fois dans chaque banquet. XVII. M. Varron nous expose en ces termes quels vins étaient prisés dans sa jeunesse : « L. Lucullus [1], dans son enfance, ne vit jamais chez son père un dîner de gala où l'on servît plus d'une fois du vin grec ; lui-même, à son retour d'Asie, distribua en largesses plus de cent mille *cadi*.

Murrinam, passum, defrutum, mella.

quibus apparet non inter uina modo murrinam, sed inter dulcia quoque nominatum.

XVI (**14**). Apothecas fuisse et diffundi solita uina 94
anno DCXXXIII urbis apparet indubitato Opimiani
uini argumento. Iam intellegente suum bonum Italia
nondum tamen ista genera in claritate erant ; itaque
omnia tunc genita unum habent consulis nomen.
Sic quoque postea diu transmarina in auctoritate 95
fuerunt et ad auos usque nostros, quin et Falerno
iam reperto, sicut apparet ex illo comico uersu :

Quinque Thasi uini depromam, *b*ina Falerni.

P. Licinius Crassus, L. I*u*lius Caesar censores anno
urbis conditae DCLXV edixerunt ne quis uinum
Graecum Amin*n*eumque octonis aeris singula quadrantalia
uenderet. Haec enim uerba sunt. Tanta
uero Graeco uino gratia erat, ut singulae potiones
in conuictu darentur. XVII. Quibus uinis auctori- 96
tas fuerit sua i*uu*en*t*a M. Varro his uerbis tradit :
« L. Lucullus puer apud patrem numquam lautum
conuiuium uidit in quo plus semel Graecum uinum
daretur ; ipse cum rediit ex Asia, milia cadum congia-

murrinam *DFde* : —na *Ea* || passum *Ed* : passitum *DFe* || defrutum D^2E : —frictum *d* —fritum D^1Fe || mella *codd.* mellam *Plaut.* || murrinam *DFe* : —na *Eal.*

94 fuisse *om. De* || indubitato *d* : —tu *DF* et —tu *e* in consulatu *Eal* || opimiani *uett.* : opti— *codd.* || intellegente *l* : —tes *DEFd* —tis *Mayh.* || italia *l* : —liae *DFde* —li *Ea.*

95 quin et *EF* : qui et *Dde* || comico *DFde* : —ci *Eal* || thasi F^2d : —ssi *cett.* || bina *Hard.* : uina D^2 uini *cett.* || L. Iulius *Gelen. e* 13, 24 : L. Icilius *Ea* licilius *DFde* || ammineumque D^2d —niumque D^1Fe ami— *Ea* || ut octonis *Müller, II*, 36 || singula quadrantalia *DEFe* : —la quadrante alia *d* —los quartarios *T. Franck, AJPh.*, LII, 278 || conuictu *d uett.* : quo uectu *DF* quo uecto *e* uno uictu *Eel.*

96 iuuenta *Mayh. e* 10, 154 ; 17, 5 ; 35 ; 125 ; 147 : in mensa *codd.* || lautum *EF* : latum *Dde* || rediit *EF* : —dit *Dde* || cadum *DFde* : —um in *E.*

C. Sentius [2], que nous avons vu préteur, disait que le vin de Chio était entré chez lui pour la première fois sur ordonnance du médecin pour sa maladie cardiaque. Hortensius [3] laissa plus de 10.000 *cadi* à son héritier ».
97 Tel est le texte de Varron. (**15**). Hé quoi ! César dictateur n'a-t-il pas aussi, au festin donné pour son triomphe, distribué à chaque table des amphores de Falerne, des *cadi* de Chio [1] ? Pour son triomphe sur l'Espagne encore, il donna du Chio et du Falerne et, comme épulon, lors de son troisième consulat, du Falerne, du Chio, du Lesbos et du Mamertin ; c'est la première fois qu'on servit quatre sortes de vin. C'est donc plus tard que tous les autres prirent la vogue, vers l'an 700 de Rome.

98 XVIII (**16**). Je ne m'étonne donc pas que l'on ait imaginé, il y a des siècles, des variétés presque sans nombre de vin artificiel que nous allons énumérer maintenant, toutes destinées à l'usage médical. Le procédé de préparation de l'*omphacium* [1] a été exposé à propos des parfums dans un livre précédent. La lambruche ou vigne sauvage fournit ce qu'on appelle *oenanthinum* [2] : on en fait macérer deux livres de fleurs dans un *cadus* de moût et l'on attend 30 jours avant de l'utiliser. La racine et les grains de lambruche servent en outre au tannage des
99 cuirs [3]. Ces grains, peu après la chute de la fleur, sont un excellent remède pour faire tomber la fièvre des malades, étant, dit-on, de nature très froide [1]. La chaleur en fait

rium diuisit amplius centum. C. Sentius, quem praeto-
rem uidimus, Chium uinum suam domum inlatum dice-
bat tum primum, cum sibi cardiaco medicus dedisset.
Hortensius super $\overline{X}$ cadum heredi reliquit. » Hacte- 97
nus Varro. (**15**). Quid ? non et Caesar dictator trium-
phi sui cena uini Falerni amphoras, Chii cados in
conuiuia distribuit ? Idem Hispaniensi triumpho
Chium et Falernum dedit, epulo uero in tertio consu-
latu suo Falernum, Chium, Lesbium, Mamertinum,
quo tempore primum quattuor genera uini apposita
constat. Postea ergo reliqua omnia in nobilitatem
uenere et circiter DCC urbis annum.

XVIII (**16**). Itaque non miror innumerabilia paene 98
genera ficticii reperta multis ante saeculis, quae nunc
dicemus, omnia ad medicinae usum pertinentia.
Omphacium quomodo fieret, propter unguenta
diximus priore libro. Fit e labrusca, hoc est uite
siluestri, quod uocatur oenanthinum, floris eius
libris duabus in musti cado maceratis ; post dies
XXX utuntur. Praeter hoc radix labruscae, acini 99
coria perficiunt. Hi, paulo postquam defloruere, sin-
gulare remedium habent ad refrigerandos in morbis
corporum ardores, gelidissima, ut ferunt, natura.

congiarium *DEF*^{2}*de* : —iarum *F*^{1}*T* —iorum *uett.* —iariorum *Gelen.* || centum *F* : C *D*^{2} *in marg., om. cett.* || C *om. DF* || cardiaco *DFde* : —us *Eal* || *a* de]disset *inc. M* || super *codd.* : supra *Non.* 495, 35 ; 544, 14 || $\overline{X}$ *Detl.* : X *DEFad* decem *Me* decem milia *Non.*

97 sui cena *D* (cae-)*EFe* : uicenas *Md* || chii *DEFde* : uini chii *M* || tempore primum *M* : primum tempore *cett.* || reliqua *MD*^{2}*dT* : liqua *D*^{1}*Fe* alia *Ecl* || uenere et *MEa* : —runt et *dz* uenere *DFe* || annum *MDFde* : —no *Ealz.*

98 miror *M* : minor *DFde* minora *Ealz* || facticii *D*^{2} || omphacium *Md* : ophacium *D* —tium *Ee* || floris *MDFde* : —res *Eal* || maceratis *DEFde*^{2} : —tos *e*^{1} ceratis *M*^{1} celatis *M*^{2} || utuntur *M* : —antur *cett.*

99 defloruere *Md* : —fluere *DEFe* —fluxerint *a* || singulare *d* : singula *cett.* || morbis : modis *M* || per se eorum *post* gelidissima *add. M* || natura *MEFd* : natu *De.*

périr une partie avant les autres que l'on nomme solsticiaux. Aucun ne parvient jamais à maturité [2] et si, avant dessication complète, on en donne à manger une grappe cuite aux poules, elle leur fait passer l'envie du raisin [3].

100 XIX. Le premier des vins artificiels se fait avec le vin lui-même (on l'appelle *adynamos*) [1] selon la recette suivante : on fait bouillir 20 setiers de moût blanc avec la moitié d'eau jusqu'à réduction d'une quantité égale à celle de l'eau. On peut aussi faire chauffer au soleil 10 setiers d'eau de mer, autant d'eau de pluie pendant 40 jours. Il se donne aux malades pour lesquels on craint un effet nocif du vin.

101 Le vin suivant se fait avec du grain de millet mûr pris avec sa paille [1], à raison d'une livre et quart pour deux conges de moût ; après macération, on transvase au bout de sept mois. Quant aux vins de lotus, arbre, arbrisseau ⟨ou⟩ herbe, nous avons indiqué où se préparait chacun d'eux [2].

102 On fait aussi des vins de fruits ; nous les énumèrerons en n'ajoutant que les explications indispensables : d'abord celui de dattes [1], en usage chez les Parthes, les Indiens et dans tout l'Orient, obtenu par macération d'un *modius* de dattes douces dites *chydées* dans trois conges d'eau et pressurage. Par le même procédé on obtient aussi un vin de figues, le *sycitès* [2], appellé aussi *pharnuprium* ou *trochis*, ou bien, si on le veut plus fort, on ajoute au lieu d'eau une quantité égale de marc de

Pars eorum aestu moritur prius quam reliqua, quae solstitiales dicuntur. Vniuersi nunquam maturescunt, et, si priusquam tota inarescat, uua incocta detur cibo gallinaceo generi, fastidium gignit uuas adpetendi.

XIX. Ficticiorum primum fit ex ipso uino (quod 100
uocant adynamon) hoc modo : albi musti sextarii XX, aquae dimidium feruent, donec excoquatur aquae mensura. Alii marinae sextarios X, tantumdem pluuiae in sole XL diebus torrent. Dant aegris quibus uini noxiam timent.

Proximum fit e milii semine maturi cum ipsa 101
stipula, libra quadrante in congios duos musti, macerato et post septimum mensem transfuso. Ex loto arbore, frutice, herba dictum est ubi quaeque fierent.

Fiunt et e pomis, quae dicemus interpretationibus 102
non nisi necessariis additis, primumque e palmis, quo Parthi, Indi utuntur et Oriens totus, mitiorum quas uocant chyd*a*eas modio in aquae congiis tribus macerato expressoque. Sic fit et sycites e fico, quem alii pharnuprium, alii trochin uocant, aut si dulce esse non libeat, pro aqua tantumdem uinaceorum adicitur.

reliqui *l* || quae *Ma* : qui *DEFde* || inarescat *MD*F^2*Tde* : marescat F^1 marcescat *Ea* || detur : edetur *M*.

100 adynamon *M* : adsyn— *DEF* adsin— *e* assyn— *dl* || sextarii *uett.* : —rios *e* —riis *cett.* || feruent *M* : —uet *cett.* || excoquantur *M* || ex sole *M* || uini *MEdT* : sui *DFe* || noxiam *M* : —xam *dT* innoxiam *DEFe*.

101 milii *M* : —lio *DEFe* —lius *d* || maturi *MDFde* : —ro *Eal* || libra quadrante *Pint.* : —ram —tem *codd.* || macerato *M* : —atos D^2*de* —ator D^1*F* —atur *E* —antur *a*.

102 primumque *M* : —musque *cett.* proximumque *Barb.* || e palmis *MDde* : a pal— *F* ei a pal— *Eal* || totus *M* : motus *DEFde* || mitiorum *Jan* : —tiarum *M* —tearum *cett.* || thydeas *M* cydeas *cett.* *cf.* 13, 46 || in aqua *M* || sycites *M* : sici— *DFe* siti— *d* fici— *Eal* || pharnuprium *M* : parnuprinum *De* —mum *Eadl* || trochin *M* : —cin *cett.* catorchiten *Barb.* e *Diosc.* 5, 42.

raisin. Avec la figue de Chypre on fait aussi un excellent
103 vinaigre, meilleur encore que l'Alexandrin [3]. On fait aussi du vin de caroubes [1], de poires [2], de toutes les variétés de pommes [3] (mais le vin de grenade se nomme *rhoitès*) [4], de cornouilles [5], d'épines blanches [6], de sorbes [7], de mûres sèches [8], de pignons de pin [9] ; ces derniers sont attendris dans le moût et pressurés ; les vins précédents sont natu-
104 rellement doux. Nous donnerons un peu plus loin la recette de Caton pour le *myrtitès* [1]. Celle des Grecs est différente : les rameaux tendres avec leurs feuilles sont cuits dans du moût salé et pilés ; on en fait bouillir une livre dans trois conges de moût jusqu'à réduction aux deux tiers. Le vin obtenu par le même procédé avec les baies du myrte sauvage s'appelle *myrtidanum*. Il tache les mains.

105 Avec les produits des jardins [1], on fait du vin de racine d'asperge, de sarriette, d'origan, de semence d'ache, d'*habrotonum* de menthe sauvage, de rue, de calament, de serpolet, de marrube : on en met deux poignées dans un *cadus* de moût, un setier de *sapa* et une hémine d'eau de
106 mer. On fait du vin de navet [1] en en jetant deux deniers dans deux setiers de moût et, selon le même procédé, de racine de scille [2] ; parmi les fleurs, ⟨on fait⟩ du vin de roses [3] : les pétales pilés, placés dans un linge, sont mis dans du moût avec un petit poids pour les faire aller au fond, à raison de 50 deniers pour vingt setiers de moût

E Cypria fico et acetum fit praecellens atque Alexan-
drino quoque melius. Vinum fit et e siliqua Syriaca 103
et e piris malorumque omnibus generibus (sed e Puni-
cis rhoiten uocant) et e cornis, mespilis, soruis,
moris siccis, nucleis pineis ; hi musto madidi expri-
muntur ; superiora per se mitia. Myrtiten Cato quem- 104
admodum fieri docuerit mox paulo indicabimus.
Graeci et alio modo : ramis teneris cum suis foliis in
salso musto coctis, tunsi*s*, libra*m* in tribus musti
congiis deferuefaciunt, donec duo supersint. Quod
ita e siluestris myrti bacis factum est, myrtidanum
uocatur ; hoc manus tinguit.

Ex his quae in hortis gignuntur fit uinum e radice 105
asparagi, cunila, origano, api semine, habrotono,
mentastro, ruta, nepeta, serpyllo, marrubio : mani-
pulos binos condunt in cadum musti et sapae sex-
tarium et aquae marinae heminam. E napis fit duum 106
denariorum pondere in sextarios binos musti addito,
item e scillae radice ; inter flores ex rosae foliis tusis
in linteolo in mustum collatis cum ponduscule, ut
sidat, ✕ L pondere in sextarios musti uicenos (*uetant*

103 syriaca et e *Md* : —ca et *El* —ce et *a* —cae et *DFe* || rhoiten *M* : —ton *DEFd* rhioton *e* || soruis *M* : —bis *DEFe.*

104 myr(mir— *e*) titen *DEFde* : —cen *M* || fieri docuerit *MDFde* fierit *E* fuerit *a* || salso *M* : salmo *d* psalmo $D^1F^1e^2$ palmo $D^2E F^2 e^1$ || coctis *M* : decoctis *cett.* || tunsis *uett.* : —si *Mal* tusi *DEFde* || libram *Colon.* : —a *codd.* || deferuefaciunt *MDFde* : deferuere faciunt *Eal* || ita e MF^2e : ita *Eal* ite D^1F^1 item D^2d || tangit *a.*

105 asparagi *M* : —go *cett.* || cunila *MDFde* : cumela *Eal* || api *M* : apii *cett.* || serpyllo *M* : —pillo *cett.* || marrubio *Eal* : —uuio *MDFe* marubio *d* || condunt — binos (§ 106) *om. M* || musti *d* : —tum *cett.* || sapae *uett.* : —peae *DF* —pee *al* —piae *E* —paeae *e* sepe *d* saepe *Lugd.*

106 duum *EFd* : dum *De* || e scillae *M* : e sciliae *DFde* esculi e *Eal* || radices *M* || ex rosae *Md* : et —ae *cett.* || tusis *M* : usus *cett.* || collatis *Eadl* : cola— DFe^2 —tum e^1 galatis *M* || ✕L *M* : XL *cett.* || musti uicenos *M* : uicenos musti *Eal* —os multi *d* —um multi *DFe* || uetant *Mayh.* : nec *codd.*

(défense est faite d'ouvrir le vase avant trois mois) ; on prépare de même un vin de nard gaulois et un autre de nard sauvage [4].

107 Je vois aussi qu'on avait l'habitude de faire un vin aromatique [1] préparé presque comme les parfums, d'abord de myrrhe, comme nous l'avons dit [2], puis aussi de nard celtique, de roseau, de bitume, en boulettes jetées dans le moût ou le vin doux ; ailleurs de roseaux, de jonc, de costus, de nard syriaque, d'amome, de cannelle, de cinname, de safran, de palmier [3], d'asarum [4], en boulette
108 également. D'autres mettent aussi une demi-livre de nard et autant de malobathre dans deux conges de moût [1], comme se préparent encore aujourd'hui, par addition de poivre et de miel, les vins dits tantôt « relevés », tantôt « poivrés » [2]. On trouve aussi mentionné le *nectaritès* [3], fait avec l'herbe nommée *Hélénion* ou Médique ou *symphyton* ou Idéenne ou *Orestion* ou *nectaria* : dans six setiers de moût, on met 50 deniers de racine, également dans un
109 linge. Avec les autres herbes, on prépare l'*absinthitès* [1], en faisant bouillir dans 40 setiers de moût une livre d'absinthe du Pont jusqu'à réduction au tiers, ou bien en ajoutant au vin des bouquets d'absinthe ; de même façon l'*hyssopitès* [2] avec l'hysope de Cilicie, en en jetant trois onces dans deux conges de moût ou, pilées, dans du vin. Ces deux vins s'obtiennent encore autrement, en semant ces plantes autour des racines de la vigne [3].
110 C'est la recette de Caton pour faire aussi l'*elléboritès* avec l'ellébore noir [1]. C'est aussi celle du *scammonitès* [2],

ante tres menses uas aperiri), item *e* nardo Gallico et
aliud e siluestri.

Aromatiten quoque inuenio factitatum tantum non 107
unguentorum compositione, primo ex murra, ut
diximus, mox et nardo Celtico, calamo, bitumine,
offis in mustum aut dulce uinum deiectis, alibi
calamo, iunco, costo, nardo Syriaco, amomo, casia,
cinnamo, croco, palma, a*s*aro, similiter in offa. Apud 108
alios nardi etiam et malobathri selibris in musti con-
gios duos additis, qualia nunc quoque fiunt pipere et
melle addito, quae alii condita, alii piperata appellant.
Inuenitur et nectarites ex herba quam alii *H*elenion,
alii Medicam, alii symphyton, alii *I*d*a*eam, alii
Orestion, alii nectariam uocant, radice ponderis
✕ L in sextarios sex musti addita, similiter in linteo.
Ex ceteris herbis fit absinthites in XL sextariis musti 109
absinthi Pontici libra decocta ad tertias partes uel
scopis absinthi in uinum additis. Similiter hyssopites
e Cilicio hyssopo unciis tribus in duos congios musti
coiectis aut tusis in uinum. Fiunt utraque et alio
modo, circa radices uitium sato. Sic et elleboriten 110
fieri ex ueratro nigro Cato docet. Sic fit et scammo-

uas aperiri *M* : uase aperto *cett.* || e nardo *Barb.* : nardo *M* magro *E* in agro *cett.* || gallico *M Barb.* : caligo *cett.*

107 tantum *om. M* : non tantum *uett.* || bitumine — calamo *om. M* || mustum *MEa* : fustum *DFe* fusum *d* || deiectis *M* : defectis *cett.* || alibi *M* : alii de *Eal* alio de *DFde* alibi de *Jan* || casia *M* : cassia *cett.* || asaro *Barb. e Diosc.* : acaro *MDFe* agaro *Eal* caro *d* || in *MdT* : et *DEFe* || offas *M*.

108 nardo *M* || etiam *M* : *om. cett.* || musti *Md* : —to *DEFe* || appellant — helenion *om. M* || helenion *Barb. e Diosc.* : menelion *codd.* || alii Idaeam *Basil.* : alii deam *DEFade* deam *M* || alii *MdT* : alit *De*, *om. Eal* || orestion *Md* : —tium *cett.* || ✕ L *M* : XL *cett.* || addita *ME* : —tam *DFd*.

109 e cilicio *M* : elicio *DFd* salicio *Eal* ; *om. e* || coiectis *M* : coniectis *cett.*

110 ueratro *Ml* : aerato *DFde* erato *E* || docet *om. M*.

car la vigne a la merveilleuse propriété de prendre le goût d'une autre plante, et c'est pourquoi la vendange des marais de Padoue sent le saule. On sème également ainsi l'ellébore, à Thasos, ou le concombre sauvage ou la scammonée ; ce vin se nomme *phthorium*, parce qu'il provoque l'avortement [3].

111 On fait aussi du vin d'herbes dont nous exposerons les propriétés en leur lieu : lavande, racine de gentiane, tragorigan, dictamne, asaret, daucus, élélisphacos, panax, acorus, « thym », mandragore, jonc [1]. On appelait aussi *scyzinum*, *itaeomelis* et *lectisphagitès* des vins dont la recette est aujourd'hui perdue [2].

112 Les vins d'arbrisseaux [1] sont ceux des deux variétés de cèdre, de cyprès, de laurier, de genévrier, de térébinthe, de..... [2], de lentisque [3], dont on fait bouillir les baies ou le bois frais dans du moût ; de même le bois de *chamélaea* [4], de *chamaepitys* [5] et de *chamaedrys* [6] ; suivant le même procédé, on emploie aussi les fleurs, à la dose de dix deniers dans un conge de moût.

113 XX (**17**). On fait aussi du vin d'eau et de miel seulement [1]. On recommande de garder pour celà pendant cinq

nites, mira uitium natura saporem alienum in se trahendi, quare et salicem redolent Patauinorum in palestribus uindemiae. Sic et elleborum seritur in Thaso aut cucumis siluester aut scammonia, quod uinum p*h*thorium uocatur, quoniam abortus facit.

Fit et ex herbis, quarum naturae suo loco dicentur, 111
e stoechade et radice gentianae et tragorigano et dictamno, asaro, dauco, elelisphaco, panace, acoro, thymo, mandragora, iunco. Vocarunt et scyzinum et itaeomelin et lectisphagiten, quorum iam oblitterata ratio est.

E fruticum uero genere cedri utriusque, cupressus, 112
laurus, iuniperi, terebinthi, † callen †, lentisci bacae aut lignum recens in musto decocuntur, item chamelaeae et chamaepityis, chamaedryis lignum. Eodem modo et ex flore, in congium musti decem ✕ pondere addito.

XX (**17**). Fit uinum et ex aqua ac melle tantum. 113
Quinquennio ad hoc seruari caelestem iubent. Alii

mira : uera *M* || alieni *M* || quare *M* : qualem *cett.* || *Post* siluester aut *uerba* scamonites — siluester aut *praue iterant* D^1F || scamonia *MDEae* : scammonites *d* scamo— *F* || phthorium *Gelen.* : pthorium *Md* itho— *cett.*

111 et *om.* *M* || e stoechade *Barb. e Diosc.* : e stoc— *M* est et oc— *cett.* || et radice *M* : radice *cett.* || tragoriganiodo *M* —guritano *cett.* —goriano *uett.* || dauco *MDFd* : d.... *e* ; *om.* *Eal* || elelisphaco *M* : elebisph(f *e*)agora *DEFde* || panace *MEd* : —nece *DFe* || thymo : conyza thymo *Barb.* || scyzinum *DEFdel*² : sty— *l*¹ ithy— *M* || itaeomelin : itaco— *a* || lectispagiten *d* —pagitem *DEFd*, letisphagiten *M*.

112 e *MdT* : et *DEFe* || uero *MdT* : uero a *DFe* uerum a *Eal* || cupressus *M* ; —essi *Eade* —aessi *D* || iuniperi D^2d : —piri MD^1e piniperi *E* || terebenthi *M* therebinthini *DEFd* —tini *e* || callen *M* : —im *d* —ini *T uett.* —in *l* —ia *z* challin *DEFe* calami *Barb.* in Gallia *Hard.* ; *an* thalliae ? || decocuntur *M* : —cunt *d* —quunt *Eal* —qunt D^2 —gunt D^1Fe || chamelaeae *M* : —leae *DEde* || chamaepytiis *DFe*: —pythiis *d* —phyis *M* chamepytiis *e* —pytus *Ea* || chamaedrye *M* : chamedrisis *cett.* || et *del.* M^2 || ✕ *M* : denariorum *cett.*

113 alii *M* : alii qui *d* aliqui *cett.*

ans de l'eau de pluie. D'autres, plus avisés, la réduisent tout de suite au tiers par la cuisson, ajoutent le tiers de vieux miel, puis laissent au soleil pendant 40 jours à partir du lever de la canicule ; d'autres soutirent en cet état et bouchent au dixième jour. C'est l'hydromel, qui, en vieillissant, prend le goût du vin ; aucun ne vaut celui
114 de Phrygie. XXI. On a même mêlé le miel au vinaigre, tant il n'est rien que n'ait tenté l'homme. C'est l'oxymel [1], fait de dix livres de miel, de cinq hémines de vinaigre vieux, d'une livre de sel marin et de cinq setiers d'eau de pluie bouillis à dix reprises ; on soutire ensuite et laisse vieillir ainsi. Tous ces vins ont été condamnés par Thé-
115 mison [2], une des plus grandes autorités. Et, ma foi, il peut sembler que leur usage a quelque chose de forcé, à moins de croire que c'est la nature qui a fait le vin aromatique et les vins composés de parfums, ou qu'elle a créé les arbustes pour être bus. On a plaisir à les connaître comme témoignages de la continuelle recherche de l'activité humaine. Mais aucun d'eux ne dure plus d'un an, sauf ceux que le temps lui-même, avons-nous dit, concourt à faire, et plusieurs se gardent moins de trente jours, on en peut être assuré [1].

116 XXII (**18**). Le vin est aussi matière à merveilles. Un vin d'Arcadie [1] rend, dit-on, les femmes fécondes et les hommes enragés ; un vin d'Achaïe [2], en particulier des environs de Cérynia, provoque l'avortement, une femme enceinte n'eût-elle mangé que son raisin, qui a le même

prudentiores statim ad tertias partes decocunt
et tertiam ueteris mellis adiciunt, dein XL diebus
canis ortu in sole habent ; alii diffusa ita decimo die
obturant. Hoc uocatur hydromeli et uetustate
saporem uini adsequitur, nusquam laudatius quam in
Phrygia. XXI. Quin et acetum melle temperabatur : 114
adeo nihil intemptatum uitae fuit ; oxymeli hoc
uocarunt, mellis decem libris, aceti ueteris heminis
quinque, salis marini libra, aquae pluuiae sextariis
quinque sufferuefactis decies, mox elutriatis atque
ita inueteratis. Omnia ab Themisone summo auctore
damnata. Et Hercules coactus usus eorum uideri 115
potest, nisi si quis naturae opus esse credit aromatiten
et ex unguentis uina composita, aut ut biberentur
genuisse eam frutices. Ita sunt cognitu iucunda
sollertiae humanae nomine omnia exquirentis.
Nihil quidem ex *i*is anno durare, praeterquam quae
uetustate ipsa fieri diximus, et plura ne tricenis
quidem diebus, non erit dubium.

XXII (18). Sunt et in uino prodigia. Dicitur in 116
Arcadia fieri quod fecunditatem feminis importet,
uiris rabiem, at in Achaia maxime circa Cer*y*niam
abigi partum uino atque etiam si uuam edant graui-

post statim ad *def. M* || dein XL *DFd* : dein CL *e* deinde XL E^1 deinde in XL E^2al || decimo D^2d : decu— D^1EFe || hydromeli *DFde* : —lli *E*.

114 temperabatur DFe^2 : —rebatur Ee^1 —rabant *ad* || uitae *DFde* : —ta *Ea* in uita *lz* || oxymeli *DFe* : —melli *Ed* || sextariis *l* : —rius D^1F^1 —rios D^2EF^2de || sufferue (ae *e*) factis *DFde* : —uere factis *El* uere fac *a* || themisone *d* : —ssone *D* —sione *El* —ssione *Fe*.

115 ita *Ed* : sta *Fe* ista *Dal* || cognitu *l* : —ta D^2e —to D^1EFda || solertiae *DFde* : —tia *E* sollertia *al* || humanae *d* : —ne *e* —na *DEF* —ni *uett.* || nomine *DFde* : homine *Ea* —ni *l* animi *uett.* || exquirentis *DFde* : —ti *Eal*.

116 achaia *dl* : athia *DEFe* || Ceryniam *Mayh.* e *Theophr.* : chariniam *codd.* Caryniam *Barb.* || abigi D^2EFd : amb— D^1e.

117 goût que les autres. Le vin de Trézène passe pour rendre impuissant [1]. On rapporte que Thasos [2] produit deux qualités de vin d'effet contraire, l'une provoquant, l'autre chassant le sommeil. On y donne aussi le nom de thériaque [3] à une vigne dont le vin et le raisin guérissent les morsures de serpents. Le *libanodès* [4], au parfum d'encens, est offert en libations aux dieux ; l'*aspendios* [5], par contre, est écarté des autels ; on dit même qu'aucun oiseau n'y touche. L'Égypte [6] nomme *thasia* un raisin du pays très doux et laxatif ; le lycien [7], au contraire, constipe. L'Égypte possède aussi l'*ecbolas* qui provoque
118 l'avortement [8]. Certains vins tournent dans les celliers au lever de la Canicule pour se rétablir ensuite [1]. La navigation sur mer a le même effet, mais ceux qui en ont supporté l'agitation donnent l'impression d'avoir doublé leur âge [2].

119 XXIII (**19**). Comme la religion est la base de la vie, sont interdits dans les libations aux dieux le vin non seulement de vigne non taillée, mais de vigne frappée de la foudre et auprès de laquelle un cadavre est resté pendu, le vin d'un raisin foulé par des pieds blessés, le vin de marc taillé ou souillé par la chute de quelque ordure et les vins grecs, puisqu'ils contiennent de l'eau [1]. La vigne se mange aussi elle-même : on fait cuire les sommités des tiges ou bien encore on les confit dans le vinaigre et la saumure [2].

120 XXIV. Mais nous devons aussi traiter de la façon

dae, cum differentia in gustatu non sit. Troezenium 117
uinum qui bibant negantur generare. Thasos duo genera uini diuersa facere proditur, quo somnus concilietur, alterum uero quo fugetur. Apud eosdem uitis theriaca uocatur, cuius et uinum et uua contra serpentium ictus medetur ; liba*n*odes turis odore, ex qua diis prolibant ; e diuerso aspendios damnata aris ; ferunt eam nec ab alite ulla attingi. Thasiam uuam Aegyptus uocat apud se praedulcem, quae soluit aluum ; est contra Lycia, quae solutam firmat. Aegyptus et ecbolada habet abortus facientem. Vina in apothecis canis ortu mutantur quaedam 118
posteaque restituuntur sibi. Sic et mari nauigato, cuius iactatus *i*is quae durauerint tantum uetustatis adicere sentitur quantum habuerint.

XXIII (**19**). Et quoniam religione uita constat, 119
prolibare diis nefastum habetur uina, praeter imputatae, uitis fulmine tactae quamque iuxta hominis mors laqueo pependerit aut uulneratis pedibus calcata, et quod circumcisis uinaceis profluxerit aut superne *de*ciduo immundiore lapsu aliquo polluta, item Graeca, quoniam aquam habeant. Vitis ipsa quoque manditur decoctis caulibus summis, qui et condiuntur in aceto ac muria.

XXIV. Verum et de apparatu uini dixisse conue- 120

117 troezenium *DFde* : troef— *E* || bibunt *al* || thasos *codd.* : —sios *uett. Mayh.* || unum quo *uett. ante Sillig* || theriaca *E* : —ce *DFde* || libanodes *Mayh.* : liba deor *DEFe* liba deos *d* libaneos *Barb.* —nios *Gelen.* —dios *Jan* || aris *Gel.* : auaris *DEFe* ab aris *d Sil.* a feris *uett.* || lycia *DFd* : —am *Ea* || solutam *l* : —ta *cett.* || abortus *d* : —tuus $D^{1}Fe$ —tiuos $D^{2}Ealz$.

118 mari nauigato *DEFde* : —ris —tio *lz uett.*

119 uina *DEFde* : —no *lz* || calcata *DEFd* : conculcata *e* calcatae *Dalec. Mayh.* || profluxerit *l* : prolu— *cett.* || deciduo *uett.* : ciduo *DEFde* || summis *DFde* : *om. Eal* || condiuntur *Ed* : —duntur *DFe.*

d'apprêter le vin, car les Grecs ont édicté des règles spéciales et en ont fait un art, par exemple Euphronius, Aristomaque, Commiadès et Hicésius [1]. L'Afrique tempère son âpreté avec du plâtre [2] et aussi, en certaines régions, avec de la chaux [3]. La Grèce emploie l'argile [4], le marbre [5], le sel ou l'eau de mer [6] pour donner du montant aux vins plats, une partie de l'Italie la poix de *crapula* [7] ; l'apprêt des moûts à la résine y est commun, comme dans les provinces voisines [8] ; en certains lieux, on apprête avec de la lie de vin d'une autre année [9] ou avec du vinaigre [10]. Le moût lui-même peut aussi servir d'ingré-
121 dient ; pour l'adoucir, on le réduit par la cuisson à proportion de sa force [1], mais, ainsi apprêté, il ne se conserve pas, dit-on, plus d'un an. En quelques endroits, on réduit les moûts en *sapa* dont l'addition brise l'âpreté du vin [2]. Toutefois, pour ce dernier vin, comme pour tout autre, on apprête les vases eux-mêmes avec de la poix [3] dont nous dirons dans un prochain volume comment on la fabrique [4].

122 XXV (**20**). Parmi les arbres distillant un suc, ceux qui donnent la poix et la résine croissent, les uns en Orient, les autres en Europe. L'Asie, par sa position centrale, possède des espèces de ces deux régions. En Orient, la résine la meilleure et la plus fine provient du térébinthe [1], suivie de celle de lentisque dénommée aussi mastic [2], puis de celle de cyprès à la saveur très âcre [3]. Toutes sont liquides et demeurent à l'état de résine, tandis que celle du cèdre [4] est plus épaisse et propre à faire de la poix. La résine d'Arabie, blanche, à l'odeur âcre, incommode ceux qui la font cuire ; celle de Judée est plus dure et plus parfumée aussi que celle de térébinthe ; celle de Syrie res-
123 semble au miel attique. Celle de Chypre [1] l'emporte sur

niat, cum Graeci priuatim ea praecepta condiderint
artemque fecerint, sicut Euphronius et Aristomachus
et Commiades et Hicesius. Africa gypso mitigat asperi-
tatem nec non aliquibus partibus sui calce. Graecia
argilla aut marmore aut sale aut mari lenitatem
excitat, Italiae pars aliqua crapulana pice, ac resina
condire musta uolgare ei est prouinciisque finitimis ;
nonnusquam prioris uini faece acetoue condiunt. Nec
non et ex ipso musto fiunt medicamina : decoquitur 121
ut dulcescat portione uirium, nec durare ultra
annuum spatium tale proditur. Aliquibus in locis deco-
cunt ad sapas musta infusisque iis ferociam fran-
gunt. Et in hoc tamen genere et in omni alio submi-
nistrant uasa ipsa condimentis picis, cuius faciendae
ratio proximo dicetur uolumine.

XXV (**20**). Arborum suco manantium picem resi- 122
namque aliae ortae in Oriente, aliae in Europa ferunt ;
quae interest Asia utrimque quasdam habet. In
Oriente optimam tenuissimamque terebinthi fun-
dunt, dein lentisci, quam et mastichen uocant, postea
cupressi, acerrimam sapore, liquidam omnes et tan-
tum resinam, crassiorem uero et ad pices faciendas
cedrus. Arabica resina alba est, acri odore, difficilis
coquenti, Iudaea callosior et terebinthina quoque
odoratior, Syriaca Attici mellis similitudinem habet.

120 euphronius $DF^{2}de$: —phonius EF^{1} —phenius *a* || hitesius D^{1} || gypso *l* : cypso *DEFad* cyppo *e* || aliqua *Ed* : —quae *De* —que *F* || crapulana *d. cf.* § 124 : rapu— *De* rabu— *EF* || nonnusquam *Dd* : —quae *e* non usquam *F* —que *Ea* || nec non : nec nec *E*.

121 aliquibus *El* : liquibus *a* quibus *DFe* quibusdam *dT* || iis *Fe* : his *Dd* eius *Eal*.

122 ortae *Ea* : arta $D^{1}Fe^{2}$ —te e^{1} asta $D^{2}dT$ || asia *l* : a ia *E* asiae *Dde* asie *F* alia a^{1} alias a^{2} || tenuissimamque *EF* : —mam *De* || mastichem d^{2} —cen *DFae* —cem *E* machem d^{1} || acerrima *E* || liquida *E* || et tantum *E* : et —a *DFde* || resinam *DFde* : —na *Ea* || crassiorem *D*(uasio—) *EFe* : crassior est *adl*.

toutes ; elle est couleur de miel et charnue. Celle de Colophon [2], d'un jaune plus foncé que toutes les autres, devient blanche quand on l'écrase ; son odeur est plus forte ; aussi ne l'emploie-t-on pas en parfumerie. Celle de l'épicéa d'Asie, très blanche, s'appelle *psagdas* [3]. Toutes les résines sont solubles dans l'huile — certains croient qu'elles le sont aussi dans la craie des potiers [4] — et je rougis de confesser qu'aujourd'hui son plus grand titre de gloire est de servir à l'épilation des hommes [5].

124 On procède à l'apprêt des moûts [1] lors de la première fermentation, qui dure neuf jours au plus, en les saupoudrant de poix, pour donner au vin de l'odeur et une pointe de saveur. L'effet de la fleur de résine crue est, croit-on, plus énergique et donne du montant aux ⟨vins⟩ plats ; au contraire, la *crapula* adoucit les vins trop durs et brise leur amertume ou donne de l'âpreté aux vins inertes et plats, surtout aux moûts de Ligurie et des environs du
125 Pô [2]. Voici les distinctions à faire dans leur emploi : on met plus de *crapula* dans les moûts nerveux, moins dans les moûts plats ; certains veulent être apprêtés avec ces deux produits, d'autres même avec, en plus, de la poix. Le moût offre encore en certains lieux le défaut naturel de fermenter spontanément une seconde fois, accident qui le prive de sa saveur : on le nomme alors *vappa* (piquette), terme injurieux donné même aux hommes dont le cœur s'est abâtardi [1] ; le vinaigre, malgré son peu de valeur, a au moins le mérite d'importants

Cypria antecedit omnes ; est autem melleo colore, 123
carnosa. Colophonia, praeter ceteras fulua, si teratur, alba fit, grauior odore ; ob id non utuntur ea unguentarii. In Asia quae fit e picea, admodum candida, psag*d*as uocatur. Resina omnis dissoluitur oleo — quidam et creta figulinarum hoc fieri arbitrantur —, pudetque confiteri maximum iam honorem eius esse in euellendis uirorum corpori pilis.

Ratio autem condiendi musta in primo feruore, qui 124
nouem diebus cum plurimum peragitur, adspersu picis, ut odor uino contingat et saporis quaedam acumina. Vehementius id fieri arbitrantur crudo flore resinae excitarique lenitatem, e diuerso crapula compesci feritatem nimiam frangique uirus aut, ubi pigra lenitas torpeat, uirus addi, Liguriae maxime
Circumpadanisque mustis. Vtilitas discernitur hoc 125
modo : pugnacibus mustis crapulae plus inditur, lenibus parcius ; sunt quae ex utroque condiri uelint, nec non alia quae simul et pice. Est et natura uitiumque musto quibusdam in locis iterum sponte feruere, qua calamitate de*p*erit sapor ; uappae accipit nomen, probrosum etiam hominum, cum degenerauit animus ; aceti enim nequitiae inest uirtus

123 est autem *dl* : autem *DEFe* item *Mayh.* || e picea DE^2F : a p— E^1 o p— *a* e pice *d* || psagdas *Detl. ex Athen. XV* 690[e] : spagas *DEFde* spargas *lz* spagos *uett.* || figulinarum *Jan, cf.* 15, 60 : figlin— *DFde* fuligin— *Ea.*

124 *post* musta in *def.e, extat tantum paginarum extrema margo uel dextra uel sinistra usque ad* § 132 || acumina *DFd* : —ne *Elz* || crapula *DFd* : —am *Eal* || mustis *DFde* : mustis crapulae *Eals.*

125 quae ex D^2d : que ex D^1F ex E^2a ; *om.* E^1 qui et *Mayh.* || alia quae *DEFd* : aliqua *Detl., Mayh.* || simul et pice est et d^1 (est *del.*d^2) : est mulsi (—ci *DFe*) pice et *cett.* est musti picea *Detl. Mayh.* || deperit *Gelen.* : deferit *DFd* —ruit *Ea* || probosum D^1d || degenerauit *dl* : degerauit *DEF* —bit *a* || aceti *Verc.* : —tis *codd.*

usages sans lesquels la vie perdrait de sa douceur [2].
126 Du reste, l'apprêt des vins est l'objet de tant de soins qu'on les rétablit en les traitant, dans certains endroits, avec de la cendre, ailleurs avec du plâtre et par d'autres procédés que nous avons indiqués [1] ; mais on préfère la cendre de sarments de vigne ou de chêne [2]. Bien plus, on recommande, pour le même objet, l'eau de mer puisée au large et conservée depuis l'équinoxe de printemps, ou du moins recueillie la nuit au solstice d'été et par vent du nord, ou encore recueillie à l'époque de la vendange et bouillie [3].

127 La poix d'Italie la plus estimée pour les récipients vinaires est celle du Bruttium [1]. On la fait avec de la résine d'épicéa commun ; celle des pins maritimes d'Espagne a fort peu de valeur, car leur résine est amère, sèche et d'une odeur forte [2]. Nous traiterons des variétés et du procédé de fabrication dans un prochain volume au chapitre des arbres sauvages [3]. Aux défauts déjà mentionnés s'ajoutent l'acidité ou l'amertume de la fumée et, pour la poix, le goût de brûlé [4]. On reconnaît qu'elle est bonne si les morceaux sont brillants et se ramollissent sous la dent en laissant une agréable saveur piquante.
128 L'Asie estime surtout la poix de l'Ida, la Grèce celle de Piérie, Virgile celle de Naryca [1]. Les gens plus soigneux y mêlent du mastic noir du Pont qui ressemble au bitume [2], de la racine d'iris et de l'huile [3]. Il est avéré que le vin aigrit dans les vases enduits de cire [4]. Mais mieux vaut le mettre dans des vases ayant contenu du vinaigre que dans ceux qui ont contenu du moût ou du vin miellé [5].
129 Caton recommande de « parer » le vin [1] (c'est son propre

magnos ad usus et sine quis mitior uita degi non
possit. Cetero uinorum medicaminis tanta cura est, 126
ut cinere apud quosdam, ceu gypso alibi et quibus
diximus modis instaurentur ; sed cinerem e uitis sar-
mentis aut quercu praeferunt. Quin et marinam
aquam eiusdem rei gratia ex alto peti iubent serua-
rique ab aequinoctio uerno, aut certe nocte solstitio
et aquilone flante hauriri uel, si circa uindemiam
hauriatur, decoqui.

Pix in Italia ad uasa uino condendo maxime 127
probatur Bruttia. Fit e pice*a*e resina, in Hispania autem
e pinastris minime laudata ; est enim resin*a* earum
amara et *ar*ida et graui odore. Differentiam ratio-
nemque faciendi proximo uolumine demonstra-
bimus inter arbores feras. Vitia praeter supra dicta
acor aut fumidum uirus, picis autem adustio ;
experimentum uero, si fragmenta subluceant ac sub
dente lentescant acore iucundo. Asia picem Idaeam 128
maxime probat, Graecia Piericam, Vergilius Nary-
ciam. Diligentiores admiscent nigram mastic*h*en,
quae in Ponto bitumini similis gignitur, et iris radi-
cem oleumque. Nam ceram accipientibus uasis
compertum uina acescere. Sed transferre in ea uasa, in
quibus acetum fuerit, utilius quam in ea in quibus
dulce aut mulsum. Cato iubet uina concinnari (hoc 129

magnos *d* : —nus *DFe* —na *Ealz* || quis *DFd* : quo *a* ; *om. El.*

126 cetero *DFd* : —rum *Eal.*

127 piceae *Gelen., cf.* 16, 53 : picea *codd.* || pinastris *T* : pima— *d* picina— *DF* pici nostris *Eal* || resina earum *Mayh.* : resinearum *DF* —narum *Eal* || arida *uett.* : auida *codd.* || feras *DFd* : feraces *Ealz* || acor aut *DEd* acore ut *l* acaro ut *F* || uirus *dl* : uiros *DEFa* || uero *DFd* : *om. Eal.*

128 idaeam *T* : ideam *d* idacam *DF* indicam *Eal* || masticen *codd.* || bitumini *Eal* ; *cf.* 12, 72 : —nis *DFd* || iris *l* : iri *DEF* irim *d* || acetum *DFd* ; dulce acetum *Eal* || fuerit *DFd* : *om. Eal.*

terme) avec de la cendre de lessive bouillie dans du *défrutum* à la dose d'un quarantième par *culleus* ou avec une demi-livre de sel, parfois aussi avec de la poudre de marbre ; il mentionne aussi le soufre et, en dernier lieu
130 seulement, la résine. Il recommande surtout d'ajouter, quand le vin commence à se faire, du moût qu'il appelle *tortiuum*, c'est-à-dire notre dernier vin de presse [1]. Nous savons qu'on y ajoute aussi pour le teinter des substances colorantes [2], comme une sorte de fard pour le vin, et qu'il s'en trouve épaissi. Tant de poisons pour le contraindre à plaire et nous nous étonnons de sa nocivité ! On reconnaît qu'il commence à se gâter lorsqu'une lame de plomb y change de couleur [3].

131 XXVI. Seul parmi les liquides, le vin graisse ou tourne au vinaigre, maladies dont le traitement fait l'objet de volumes [1]. La lie de vin desséchée s'enflamme et brûle seule sans autre aliment [2]. Sa cendre a la nature et les propriétés du nitre, et d'autant plus qu'elle est plus grasse au toucher.

132 XXVII (21). Les méthodes pour garder le vin une fois récolté diffèrent beaucoup suivant le climat. Dans la région des Alpes, on le met dans des tonneaux de bois cerclés [1] et même, au fort de l'hiver, on allume des feux pour l'empêcher de geler. Fait extraordinaire, mais observé parfois, les vases, en éclatant, ont laissé debout des masses de glace, sorte de prodige, puisqu'il n'est pas

enim utitur uerbo) cineris lixiui cum defruto cocti
parte quadr*a*gesima *in* culleum uel salis sesquilibra,
interim et tuso marmore. Facit et sulphuris men-
tionem, resinae uero in nouissimis. Super omnia 130
addi maturescente iam uino iubet mustum, quod
ille tortiuum appellat, nos intellegimus nouissime
expressum. Et addi scimus tinguendi gratia colores,
ut pigmentum aliquod uini, atque ita pinguius fieri.
Tot *u*eneficiis placere cogitur, et miramur noxium
esse ! In uitium inclinantis experimentum est lamnae
plumbeae mutatus in eo colos.

XXVI. Proprium autem inter liquores uino muces- 131
cere aut in acetum uerti, extantque medicinae uolu-
mina. Faex uini siccata recipit ignes ac sine alimento
per sese flagrat. Cinis eius nitri naturam habet eas-
demque uires, hoc amplius quod pinguior sentitur.

XXVII (21). Magna et collecto iam uino diffe- 132
rentia in caelo. Circa Alpes ligneis uasis condunt
circulisque cingunt, atque etiam hieme gelida ignibus
rigorem arcent ; rarum dictu, sed aliquando uisum,
ruptis uasis stetere glaciatae moles, prodigii modo,

129 defruto D^2*Eal* : —frito D^1*Fd* || quadragesima *Barb. e Catone*, 23, 2 : quadringentesima *codd.* || in culleum *Cato, Ibid.* : culleum *DEad* culeum *F* || sulphuris *E* : —phori D^1*F* —phuri D^2 subphoris *al.*

130 tortiuum *d* : —num *cett.* || addi scimus *Mayh.* : addiscimus *codd.* adiicimus *Hard.* || colores ut *d* : —ris ut *DEF* —risue *a* || fieri tot *d* : —rit ut D^1*F* —ret ut D^2*E* —ri ut *a* || ueneficiis *uett.* : ben— *codd.* || cogitur *DFd* : —gatur *Eal* || noxium *Gel. Mayh.* : —xiam *DEFd* —xia *uett.* || *ab* in]clinatis *inc.* *M* || <in>clinatis *M* || lamnae *M* : —mna *DFd* —mina *Ealz* || plumbeae *MDFd* : —ea *Ealz* || colos *MDEF* : —lor *adT*.

131 liquores *MDFd* : reliquo res *E* || mucescere *MD*F^1*d* : mulces— *E*F^2*a* || faex *M* : fex *d* ta ex *DF* tam ex *Ea* || per sese *M* : per se *cett.*

132 ligneis *Md* : licineis D^1*F* ilicineis D^2 liniceis *Ea* || circulisque *DEFd* : tectisque *M* tectis circulisque *Fels* || cingunt *DEFd* : gignunt *M* || arcent rarum *M*D^2*Fd* : arcendarum *Ea* (—rarum D^1) || dicto *M* || stetere *M*D^2*d* : statere D^1*F* —rae *Ea* || moles : modo *E*.

dans la nature du vin de se congeler [2] ; d'habitude, le
133 froid ne fait que l'engourdir. Dans les contrées plus tempérées [1], on le met en jarres qu'on enterre entièrement ou à proportion de la situation du pays ; ainsi le protège-t-on contre le climat. Ailleurs l'abri d'un toit l'en défend [2]. On donne encore les prescriptions suivantes : un des côtés du cellier ou du moins les fenêtres doivent être tournées vers l'aquilon ou, en tout cas, vers le levant équinoctial [3]. Il faut écarter les fumiers, les racines d'arbres et tous les objets dont il faut éviter l'odeur [4], car le vin la prend très facilement, les figuiers surtout, cultivés et sauvages [5].
134 Il faut aussi laisser des intervalles entre les jarres [1], pour éviter que les maladies ne se communiquent, car, dans les vins, la contagion est toujours rapide. La forme des jarres même a son importance : celles à grosse panse et large orifice sont moins bonnes [2]. Il faut les poisser dès le lever de la Canicule, puis les rincer à l'eau de mer ou à l'eau salée, ensuite les saupoudrer de cendre de sarments ou d'argile, les essuyer et les parfumer à la myrrhe, ainsi qu'à plusieurs reprises les celliers eux-mêmes [3]. Les vins faibles seront gardés en jarres enfouies en terre, les vins
135 forts en jarres exposées à l'air [4]. Elles ne seront jamais pleines [1] et la partie vide sera enduite de *passum* ou de *défrutum* additionné d'un mélange de safran ou d'iris broyé et de *sapa* [2] ; on apprêtera de même façon les couvercles des jarres en ajoutant du mastic ou de la poix du Bruttium. On ne doit ouvrir que par beau temps ; on

quoniam uini natura non gelascit ; alias ad frigus stupet tantum. Mitiores plagae doliis condunt info- 133
diuntque terrae tota aut ad portionem situs ; it*a* caelum prohibent. Alibi uero impositis tectis arcent ; traduntque et haec praecepta : latus cellae uinariae aut certe fenestras obuerti in aquilonem oportere uel utique in exortum aequinoctialem. Sterculina et arborum radices procul abesse omniaque odoris euitandi, facillimo in uina transitu, ficos utique et caprificos. Doliis etiam interualla dari, ne inter sese 134
uitia serpant contagione uini semper ocissima. Quin et figuras referre : uentriosa ac patula minus utilia. Picari oportere protinus a canis ortu, postea perfundi marina aqua aut salsa, dein cinere e sarmentis aspergi uel argilla, abstersa murra suffiri ipsasque saepius cellas. Imbecilla uina demissis in terram doliis seruanda, ualida expositis. Numquam implan- 135
da, et quod supersit passo aut defruto perunguendum admixto croco pistaue iri cum sapa. Sic opercula doliorum medicanda addita mastiche aut pice Bruttia. Aperiri uetant nisi sereno die, uetant austro

stupet *M* : —pens *cett.*

133 terrae *MDe* : —e *F* —a *d* tepre *E*¹*a* tempore *E*²*l* || situs *DEFd* : sinus *M* || ita *Mayh.* : item *codd.* || prohibent *M* : praebent *cett.* || alibi uero *DEFd* : alibero *M* alii uero *cett.* || arcent *Md* ardent *Ea* argeni *DF* || traduntque *M* : —turque *cett.* || utique *M* : usque *cett.* || sterculina *M* : —culonia *EF* —qulonia *D*¹ —quilinia *D*²*Fd* || ficos *MDFde* : — cus *Ea.*

134 ne *Mdl* : nec *DEF* || uentriosa *M* : — truosa *cett.* || perfundi *MEd* : pro— *DF* || cinere e *MD*¹*dT* : cinerce *F*¹ —cae *e* cinere ea *Ea* cinere *D*²*F*² || cellas *d* : stellas *M* ; *om. DEFa* || demittis *M* || ualida *om. M.*

135 pistaue iri *Fels* : pistauerri *DF* peitaueri (*uel* putancri) *M* pisaue iri *d* —uetri *Ea* || opercula *ME* : cop— *DFd* || mastiche *M* : —ce *cett.* || aut *MF* : ac *cett.* || aperiri *M* : —re *cett.* || uetant austro *DEFd* : austro *Ml.*

ne le doit pas par vent du sud ou par pleine lune [3].
136 Blanche, la fleur du vin est de bon augure ; rouge, elle est un mauvais signe si ce n'est pas déjà la couleur du vin ; mauvais signe aussi les vases qui s'échauffent ou les couvercles qui suent [1] ; un vin qui s'est mis à fleurir rapidement et à contracter une odeur ne sera pas de longue durée. On recommande aussi de cuire le *défrutum* ou la *sapa* lorsque le ciel est sans lune, c'est-à-dire dans la conjonction de cet astre, et non un autre jour [2], d'user en outre de récipients de plomb [3], non de cuivre, et d'ajouter des noix qui absorbent en effet la fumée. En Campanie, les crus les plus renommés sont placés en plein air dans des *cadi* et l'on juge excellent de les exposer au soleil, à la lune, à la pluie, aux vents.

137 XXVIII (22). A bien y réfléchir, il n'y a pas de domaine où l'homme déploie plus grande activité — comme si la nature ne nous avait pas donné l'eau, la plus saine des boissons, dont usent tous les autres êtres vivants, alors que nous, nous forçons même nos attelages à boire du vin [1] ; — tant de travail, de peine et de dépense pour obtenir ce qui fait perdre à l'homme la raison, le rend furieux, cause de mille crimes, et dont l'attrait ne laisse
138 trouver à beaucoup d'autre plaisir dans la vie ! Bien plus, afin d'en absorber davantage, on brise sa force en le filtrant [1], on imagine de nouveaux moyens de provoquer la soif et, pour boire, on va jusqu'à prendre des poisons ; certains avalent d'abord de la ciguë, pour que ⟨la crainte de⟩ la mort les force à boire [2], d'autres, de la poudre de pierre ponce et des produits dont j'aurais honte d'enseigner
139 l'usage en les indiquant [3]. Nous voyons les plus prudents

flante lunaue plena. Flos uini candidus probatur ; 136
rubens triste signum est, si non is uini colos sit,
item uasa incalescentia operculaue sudantia ; quod
celeriter florere coeperit odoremque trahere, non fore
diutinum. Ipsa quoque defruta ac sapa*s*, cum sit caelum
sine luna, hoc est in sideris eius coitu, neque alio die
coqui iubent, praeterea plumbeis uasis, non aereis,
nucibusque iuglandibus additis ; eas enim fumum exci-
pere. Campaniae nobilissima exposita sub diu in cadis
uerberari sole, luna, imbre, uentis aptissimum uidetur.
XXVIII (22). Ac si quis diligentius reputet, in nulla 137
parte operosior uita est — ceu non saluberrimum
ad potus aquae liquorem natura dederit, quo cetera
omnia animalia utuntur ; at nos uinum bibere et
iumenta cogimus — tantoque opere, tanto labore et
impendio praestat quod hominis mentem mutet ac
furorem gignat, milibus scelerum ob id editis, tanta
dulcedine, ut magna pars non aliud uitae praemium
intellegat ! Quin immo, ut plus capiamus, sacco fran- 138
gimus uires, et alia irritamenta excogitantur ac
bibendi causa etiam uenena concipiuntur, aliis cicutam
praesumentibus, ut bibere mors cogat, aliis pumicis
farinam et quae referendo pudet docere. Cautissimos 139

lunaue *DEFd* : luna M.

136 candidus *DEFd* : —dius *M* || triste *Ml* : —tis *Dd* —ti *E* || est *codd.* : esse *Mayh.* || sudant ita *M* || defruta *M*D^2*E* : defrita D^1*Fd* || sapas *uett.* : —a *codd.* || coitu *M*D^2*d* : coetu D^1*EF* caetu *a* || iubent *DEFad* : debent *M* debent. Iubent *Müller* || aereis *ME* : aeris *DFd* || iuglandibus *Ml* : iugand— *E* nuglant— *D* iuglant— *d* || diu *MDEd* : diuo *Eal* dio *Gelen.*

137 potus *MDFd* : —tum *Eal* || animalia *M* : —mantia *cett.* || praestat *M* ; *cf.* 4, 39 ; 15, 2 : constat *cett.* || quod : quot *M* || hominis *M*D^2*E*F^2*d* : —nes D^1F^1 || mente F^1 || milibus ob id scelerum D^2 || ob id editis *M* : ubi deditis *d* —distis *Ea* —diti *D* huic deditis *uett.* ||

138 etiam uenena *om.* D^1F || concipiuntur *M*D^2 : conscipi— *d* conspici— D^1EF.

se cuire aux bains et en être emportés inanimés [1], d'autres
ne pouvoir attendre le lit, voire même leur tunique ;
encore nus et haletants, ils saisissent d'énormes vases,
comme pour faire étalage de leur force, et les entonnent
entiers, pour vomir aussitôt et les vider à nouveau, deux
fois, trois fois, comme s'ils étaient nés pour perdre du
vin [2] et qu'il ne pût s'écouler que par le corps humain !
140 Voilà pourquoi l'on pratique des exercices étrangers,
l'on se vautre dans la boue [1], l'on bombe le torse et ren-
verse la nuque [2]. Tout cela, on le proclame, pour provo-
quer la soif. Ajoutons les défis des buveurs, les vases aux
ciselures obscènes [3], comme si l'ivresse seule n'enseignait
pas assez la débauche ! Ainsi l'ivrognerie trouve sa source
dans la lubricité, on l'excite même par des prix et, s'il
plaît aux dieux, on l'achète. L'un, après avoir mangé
autant qu'il a bu, reçoit, suivant la loi [4], le prix de l'ivro-
gnerie, l'autre boit autant ⟨de coupes⟩ qu'il a fait de
141 points aux dés. Alors des yeux avides convoitent la femme
mariée, tandis que les yeux appesantis du mari le laissent
sans défense ; alors se révèlent les secrets de la pensée [1].
Les uns dévoilent leur testament, d'autres prononcent
des paroles qui tuent et ne retiennent point des mots
qui leur rentreront dans la gorge — combien sont morts
ainsi ! — et déjà un proverbe impute au vin la vérité [2].

ex iis in balineis coqui uidemus exanimesque efferri,
iam uero alios lectum exspectare non posse, immo
uero nec tunicam, nudosque ibi protinus et anhelos
ingentia uasa corripere, uelut ad ostentationem
uirium, ac plena infundere, ut statim uomant rur-
susque hauriant, idque iterum tertiumque, tam-
quam ad perdenda uina geniti et tamquam effundi
illa non possint nisi per corpus humanum ! H*u*c per- 140
tinent peregrinae exercitationes et uolutatio in caeno
ac pectorosa ceruicis repandae ostentatio ; per
omnia haec praedicatur sitis quaeri. Iam uero quae
in bibendo certamina, quae uasa adulteriis caelata,
tamquam per se parum doceat libidines temulentia.
Ita uina ex libidine hauriuntur, atque etiam praemio
inuitatur ebrietas et, si dis placet, emitur. Alius, ut
quantum biberit, tantum edit, pretium uinolentiae
lege accipit, alius quantum alea quaesierit, tantum
bibit. Tunc auidi matronam oculi licentur, graues 141
produnt maritum, tunc animi secreta proferuntur.
Alii testamenta sua nuncupant, alii mortifera *e*locun-
tur redituras que per iugulum uoces non continent —
quam multis ita interemptis ! — uolgoque ueritas iam

139 in *M* : immo *cett.* || balineis *MDFd* : balneis *El* || nudosque *Md* : nudos *l* —dus *Ea* nodos *DF* || et *MdT* : *om. DEF* || anhelos *Ml* : —lus *Ea* hanelos D^2d —lus D^1F || plena *M* : —ne *DEF* plane *d* || ad perdenda — tamquam *om. M* || ad effundi *D* || possunt *M*.

140 huc *Gelen.* : hoc *MDFd* ad hoc *Eal* || caeno *Dd* : ceno *EF* caeco *M* ; *om. a* || repandae *MDF* : —di *Ea* || in bibendo certamina quae *M* D^2mg (*om.* quae) ; *om. cett.* || dis placet *MDEF* : displicet *adl* || emitur *Mdl* : et emitur *DEF* || edit *MDEFd* —at et *l uett.* edat *Hard.* || uinolentiae D^2E : uinu— MD^1Fd || quantum alea — bibit *om. M* || alea *d* : alia *cett.*

141 licentur *DEF* : inlicentur *M* licenter *adlz* || maritum MD^2 : —to D^1EFd || animi *MEdl* : —mis *DF* || mortifera *Eal* : —re *MDFd* || elocuntur *Sillig, Jan, Mayh.* : loc— *Mdl* loqu— *DEFa*.

Cependant, en admettant que tout se passe fort bien, les buveurs ne voient pas se lever le soleil et abrègent
142 leur vie [3]. De là la pâleur [1] et les paupières ⟨inférieures⟩ pendantes, les yeux ulcérés, les mains tremblantes qui répandent le contenu des vases pleins — punition immédiate —, les sommeils troublés par les Furies, l'insomnie nocturne et, récompenses suprêmes de l'ivresse, la monstrueuse lubricité et le plaisir du mal. Le lendemain, l'haleine sent le tonneau, tout a été oublié, la mémoire est morte. C'est là ce qu'ils nomment enlever la vie [2], et, tandis qu'on ne perd chaque jour que celui de la veille, eux per-
143 dent aussi celui qui vient. Sous le principat de Tibère, il y a 40 ans, s'établit l'usage de boire à jeun et de préférence le vin avant le repas, usage étranger et recommandé par les médecins qui se font toujours valoir par quelque
144 nouveauté [1]. A cette vaillance ⟨au boire⟩ les Parthes demandent la gloire [1] ; chez les Grecs, Alcibiade lui dut sa renommée [2], et, chez nous, c'est d'elle que tint son surnom le Milanais Novellius Torquatus [3] qui exerça les charges depuis la préture jusqu'au proconsulat : il avait vidé d'un seul trait trois conges — d'où son surnom — sous les yeux émerveillés de l'empereur Tibère, dont la vieillesse fut austère et même d'ailleurs cruelle.
145 Mais lui-même, dans sa jeunesse, avait montré assez

attributa uino est. Interea, ut optime cedat, solem
orientem non uident ac minus diu uiuunt. Hinc pallor 142
et genae pendulae, oculorum ulcera, tremulae manus
effundentes plena uasa — quae sit poena praesens —,
furiales somni et inquies nocturna praemiumque
summum ebrietatis libido portentosa ac iucundum
nefas. Postero die ex ore halitus cadi ac rerum
omnium obliuio morsque memoriae. Rapere se ita
uitam praedicant, cum priorem diem cotidie perdant,
illi uero et uenientem. Tiberio Claudio principe ante 143
hos annos XL institutum ut ieiuni biberent potius-
que uinum antecederet cibos, externis et hoc artibus
ac medicorum placitis nouitate semper aliqua sese
commendantium. Gloriam hac uirtute Parthi quae- 144
runt, famam apud Graecos Alcibiades meruit, apud
nos cognomen etiam Nouellius Torquatus Mediola-
nensis, ad proconsulatum usque praeturae honoribus
gestis, tribus congiis — unde et cognomen illi fuit —
epotis uno impetu, spectante miraculi gratia Tiberio
principe, in senecta iam seuero atque etiam saeuo
alias. Et ipsi iuuenta ad merum pronior fuerat, eaque 145

attributa *MDFd* : —to *Ea* || cedat *MEd* : —dant *a* caedat *DF* || uidet *M* || uiuunt *M* : bibunt *cett.*

142 hinc pallor *Mdl* : hic pallore *DEFa* || pendulae *MDFd* : —lo *Ea* || quae *codd.* : et quae *uett.* || praemiumque *DEFd* : praeum quam *M* || portentosa *MDEFd* : —tentuosa *alz* || postero *MDFd* : —ra *Eal* || cadi *DEFd* : candi *M* || rerum *MD^2dT* : fe rerum *E* ferrum *D^1Fa* || morsque *M* : moxque *DEd* moxuae *F* || rapere *DEFd* : parere *M* || uita *F* || cum *om. M.*

143 potiusque *Mayh.* : potius *M* potusque *cett.* || uinum *M* : —ni *cett.* || cibo *D^1* cibus *F* || semper *MD^2* : *om. cett.*

144 hac uirtute *DEFd* : ac uirtutem *M* || famam *DEFd* : iam *M* || albiade merui *M* || proconsulatum *DEFd* : consul— *M* || praeturae *M* : —ra *d* e praetura *DEF* praefecturam *a* || principe *DEFd* : —pem *M* || senecta *Md^2* : —to *d^1* senata *D^1F* —tu *D^2* —tum *Eal* || iam *MEd* : iamiam *DF* || atque *MDFd* : aequeue *Ea* || saeuo alias *Eal* : —ia *MD^1F* saeuola *D^2* sceuola *d.*

145 et *M* : sed *cett.* || ipsi *MdT* : ipsa *DEF.*

de goût pour le vin pur [1] et, lorsqu'il choisit L. Pison pour la préfecture de Rome [2], on pensa que son titre de recommandation était une beuverie ininterrompue de deux jours et deux nuits à la table de Tibère qui était déjà empereur. C'est en cela, disait-on, que Drusus César
146 rappelait le plus son père Tibère [3]. Torquatus eut une gloire peu commune, car cet art aussi a ses lois : il ne bredouillait pas, ne se soulageait pas en vomissant ou d'autre façon, étant à boire, faisait normalement ses rondes du matin [1], vidait la plus grande quantité d'un seul trait, la plus grande encore par dessus à petits coups, se montrait le plus loyal à ne pas respirer en buvant et à ne pas cracher [2], ne laissait pas dans sa coupe assez de vin pour faire du bruit sur le pavé [3], observateur consciencieux des règles
147 contre les supercheries des buveurs. Tergilla reproche à Cicéron, fils de Marcus, son habitude de boire deux conges d'un trait et la coupe qu'il jeta, dans son ivresse, à la tête de M. Agrippa [1]. C'est bien là œuvre d'ivrogne, mais peut-être voulut-il enlever ce titre de gloire à Marc-
148 Antoine, l'assassin de son père [2]. C'est que Marc-Antoine avait, avant lui, jalousement tenu la palme et même publié un livre sur son ivrognerie, où, en osant se justifier, il a, selon moi, mis en claire évidence la grandeur des maux que

commendatione credidere L. Pisonem urbis curae ab eo delectum, quod biduo duabusque noctibus perpotationem continuasset apud ipsum iam principem. Nec alio magis Drusus Caesar regenerasse patrem Tiberium ferebatur. Torquato rara gloria, quando et haec 146
ars suis legibus constat, non labasse sermone, non leuatum uomitione nec alia corporis parte, dum biberet, matutinas obisse ⟨sine⟩ iniuria uigilias, plurimum hausisse uno potu, plurimum praeterea aliis minoribus addidisse, optima fide non respirasse in hauriendo neque expuisse nihilque ad elidendum in pauimentis sonum ex uino reliquisse, diligenti scito legum contra bibendi fallacias. Tergilla Ciceronem M. f. 147
binos congios simul haurire solitum ipsi obicit Marcoque Agrippae a temulento scyphum impactum. Etenim haec sunt ebrietatis opera, sed nimirum hanc gloriam auferre Cicero uoluit interfectori patris sui M. Antonio. Is enim ante eum auidissime appre- 148
henderat hanc palmam, edito etiam uolumine de sua ebrietate, quo patrocinari sibi ausus approbauit plane, ut equidem arbitror, quanta mala per temulentiam

pisonem *Mdl* : —ne *DEF* persone *a* || urbis *M* : urbis romae *cett.* || delectum d^1 *uett.* : di— *cett.* || regenerasse *MDFd* : degen— *Ealu* || ferebatur *DFd* : refer— *M* ferebat *Eau.*

146 rara *MEd* : —ro *DF* || sermone *ME* : —nem *DFd* || uomitionem *E* || nec alia *M* : non alia *d* non alta *DEF* || biberet *DFd* : uiueret *M* .iberet *E* || sine iniuria *Detl.* : iniuria *M*, *om. cett.* in curia *Mone, Madv.* inebriatum *Volckmar, Philol., XII*, 471 || hausisse — plurimum *om. M* || praeterea *Md* : propterea *DF* ; *om. Eal* || aliis : ab his *M* || sonum *M* : somnum *cett.* || diligenti *MEl* : —tis *DFd* || bibendi *Md* : —dum *DEFae.*

147 Ciceronem *MDFd* : —ni *Ea* —nis *lz* || agrippae *DFd* : —ppa *M*, *om. Ealz* || a DEF^2d : ac F^1lz ; *om. M* || scyphum *ME* : —pum *d* sciphum *a* —pum *DF* || etenim : adenim *M* || interfectori MD^2Ed : —ris D^1F^2 —res F^1 || patris *MDd* : —tri *F* —tria *Ea* || sui MD^2 : sui a *d* sua *EFa* suo D^1.

148 ante *DEFd* : inter *M* || palmam *DEd* : peralmam *F* primam *M* || quo DEF^2d : quod MF^1 || patrocinari sibi *DEFd* : atrocinari tibi *M*.

dut l'univers à son ivresse. Cet ouvrage, vomi peu de temps avant la bataille d'Actium, nous fait aisément comprendre que, ivre déjà du sang de ses concitoyens, il en était d'autant plus altéré. Telle est en effet la conséquence nécessaire de ce vice : l'habitude de boire en accroît l'envie et l'on connaît le mot d'un ambassadeur Scythe que « plus les Parthes ont bu, plus ils ont soif. »[1]

149 XXIX. Les peuples de l'Occident ont aussi leur ivresse[1], grâce à la macération des grains. Les Gaules et les Espagnes en font de très nombreuses boissons dont les noms sont divers, mais la technique identique[2]. Les Espagnes nous ont même appris que ces breuvages pouvaient vieillir. L'Égypte aussi s'est donné de semblables boissons de grains, et l'ivresse ne néglige aucune partie du monde, puisqu'on prend purs de tels sucs, sans les tempérer en les diluant comme on fait pour le vin. C'était pourtant, ma foi, des céréales que la terre y paraissait produire. Las ! Admirable génie du vice ! On a trouvé le moyen de rendre aussi l'eau enivrante.

150 Il y a deux liqueurs très agréables au corps humain, à l'usage interne le vin, externe, l'huile[1], deux excellents produits d'arbres, mais l'huile est indispensable et l'homme ne lui a pas ménagé sa peine. Pourtant il fut bien plus ingénieux pour les boissons, puisqu'il a créé cent quatre-vingt-cinq sortes de vins, près du double si l'on tient compte des variétés, et tellement moins d'espèces d'huiles, dont nous parlerons dans le livre suivant.

terrarum orbi intulisset. Exiguo tempore ante proelium Actiacum id uolumen euomuit, quo facile intellegatur ebrius iam sanguine ciuium et tanto magis eum sitiens. Namque et haec necessitas uitium comitatur, ut bibendi consuetudo augeat auiditatem, scitumque est Scytharum legati, quanto plus biberint, tanto magis sitire Parthos.

XXIX. Est et Occidentis populis sua ebrietas 149
fruge madida, pluribus modis per Gallias Hispaniasque, nominibus aliis, sed ratione eadem. Hispaniae iam et uetustatem ferre ea genera docuerunt. Aegyptus quoque e fruge sibi potus similes excogitauit, nullaque in parte mundi cessat ebrietas, meros quippe hauriunt tales sucos nec diluendo ut uina mitigant. At Hercules illic tellus fruges parere uidebatur. Heu mira uitiorum sollertia! Inuentum est quemadmodum aquae quoque inebriarent.

Duo sunt liquores humanis corporibus gratissimi, 150
intus uini, foris olei, arborum e genere ambo praecipui, sed olei necessarius ; nec segniter in eo uita elaborauit. Quanto tamen in potu ingeniosior fuerit, apparebit ad bibendum generibus centum octoginta quinque, si species uero aestimentur, paene duplici numero excogitatis tantoque paucioribus olei, de quo sequenti uolumine dicemus.

orbi *DEFd* : —bis *M* || uolumine uomuit quod *M* || sanguinem *M* || sentiens D^1.

149 est et *DEFd* : et et M^1 est eo M^2 || frugi D^2 || aliis sed *DEFd* : aliud *M* || ratione MD^2Ed : —nem D^1F || hispaniae iam et *MDd* : —nia etiam *E* || uetustate *M* || aegyptos *M* || e fruge *ME* : et fruge *Fd* et fruges *D* || potus : potu *M* || similes *MEd* : —lis *DF* || sucus *M* || diluenda *M* || parere Md^2 : —rare D^2 patere D^1EFd^1 || aquae *M* : aqua *cett.*, *cf.* 11, 179.

150 gratissimi *M* : graui— *cett.* || in eo uita *Md* : uita in eo *DEF* || fuerit MD^2d : *om.* D^1EF || centum octoginta quinque *M* ; CLXXXXV F^2Ea CLXXX DF^1dT.

COMMENTAIRE

COMMENTAIRE

N. B. — I) Les références au *De agricultura* de Caton et au *De re rustica* de Varron sont données sans mention de l'ouvrage. Celles aux autres œuvres de ces auteurs sont complètes.

II) Billiard = R. Billiard, *La vigne dans l'antiquité*, Lyon, Lardanchet, 1913.

Renaud = J. Renaud, *Biologie du vin*, Paris, P. U. F., 1950.

Vaisière = F. Vaisière, *Étude sur le traitement des vins grecs*, Diss. doctorale de l'Université de Louvain, 1941, dactyl.

***

§ 1.

1. La culture de la vigne fera l'objet d'une grande partie du livre 17, §§ 19-24 (l'exposition des vignobles) ; 115-117 (la greffe) ; 152-215 (la plantation et les modes de culture) ; 226-228 (les maladies). Pour l'influence des modes de culture sur les caractères des arbres, Pline songe surtout à la greffe.

§ 7.

1. Cf. livres 8-11.

2. *Spatiis exclusus iniquis*, dit Virgile, *G.* 4, 147. Les quinze variétés de vigne citées sont, au l. 2 des *Géorgiques* : *Methymnea*, v. 90 ; *Thasia*, *Mareotis*, 91 ; *psithia*, *lageos*, 93 ; *purpurea*, *precia*, 94 ; *Raetica*, *Falerna*, 96 ; *Aminnea*, 97 ; *Tmolia*, *Phanaea*, 98 ; *argitis minor*, 99 ; *Rhodia*, *bumastus*, 102. Les trois variétés d'olive, *Ibid.* 86, *orchades*, *radii* et *pausia* ; de poire, *Ibid.* 88, *Crustumia*, *Syria*, *uolema*. Les vers 125-126 font allusion au cédrat, *malum Assyrium*.

§ 8.

1. La suprématie de l'Italie dans le domaine viticole est soulignée par les *Scriptores rerum rusticarum* à partir de Varron, *R. R.* 1, 2, 7 ; cf. Pline, 14, 87 ; Col. 3, 8, 5.

2. Sur l'utilisation de la fleur de vigne sauvage en

parfumerie, cf. Pline, 12, 132-133. Voir aussi la comparaison de Mart. 3, 65, 3, où les baisers de Diadumenus embaument la vigne en fleur.

§ 9.

1. Les anciens rangeaient la vigne parmi les arbres : cf. Xénophon, *Écon.* 19, 1-12 ; Théophr., *H. P.* 1, 3, 1. Columelle, après avoir dit qu'elle n'est ni arbre ni arbrisseau (3, 1, 2), en traite cependant aussi avec les arbres (*De arb.* 1-17). C'était également le point de vue des juristes : Gaius, *Instit.* 4, 11 ; *Digest.* 47, 7, 3, 1. Sur la taille que peut atteindre le bois de vigne, cf. R. Billiard, *La vigne...*, pp. 47 ; 307.

2. *Populonia* ou *Populonium*, ancienne ville étrusque sur la côte en face de l'île d'Elbe. Les artistes taillaient des statues dans toutes sortes de bois (cèdre, cyprès, *lotus*, buis, etc.) et jusqu'à des statuettes dans des racines d'olivier (Théophr., *H. P.*, 5, 3, 7). Pline, 13, 53, signale des statues de dieux en bois de cèdre. Selon Mucianus *ap.* Pline, 16, 214-215, la statue de Diane dans son temple d'Éphèse aurait été de bois de vigne.

3. Pline, 16, 213-215, parle longuement, après Théophr., *H. P.* 5, 4, 2, du temple de Diane à Ephèse, qui passait pour avoir été consacré par les Amazones (Mela, 1, 88). Les poutres du toit et les portes étaient en bois de cyprès.

4. Théophraste, *H. P.* 5, 4, 2, prétend que le bois de cyprès est le plus durable, et Pline, 16, 53, le dit être éternel. Il en dit d'ailleurs autant du *citrus*, 13, 101.

§ 10.

1. La culture de la vigne sur arbre (*uites arbustiuae*) était alors très considérée et tous les grands crus en provenaient ; cf. Pline, 17, 199. Athénée, 31 d, cite l'οἶνος ἀναδενδρίτης de Capoue. Mais cette technique avait été blâmée par les Saserna père et fils, Pline, *Ibid.* Florentinos la préfère à toute autre, *Géop.* 4, 1, 1.

§ 11.

1. Cornelius Valérianus n'est pas autrement connu. Pline le cite dans ses *indices* parmi les sources des l. 8, 10, 14 et 15. Un Valérianus est encore cité dans 3, 108 ; cf. Stein, *R. E.*, IV[1], 1591 ; Schanz-Hosius, II, 784-785.

2. Ce portique, élevé par Auguste sur l'emplacement de la maison de Védius Pollion, fut dédié à Livie en 7 avant J.-C. (Suét., *Aug.* 29, 6). Il s'étendait entre le *cliuus suburanus* et les futurs bains de Trajan, sur la pente Nord du Mt Oppius (cf. Platner-Ashby, *A topographical Dict. of Rom*, p. 423 ; P. Grimal, *Les jardins romains*, pp. 188-189 ; L. Homo, *Rome impériale*, pp. 449-450). Il s'agit de vigne conduite en tonnelle (*uitis pergulana*). Columelle, 3, 9, 2,

cite le cas de ceps de vignes Aminnées donnant trois *urnae* de vin (39 l, 39) sur joug, mais dix amphores (262 l, 60) sur treille. Douze amphores font 315 l, 12.

§ 12.

1. Aricie, ville du Latium au pied des M[ts] Albains. Allusion à l'Ambassade de Cinéas après Héraclée. On croyait que le vin de la vigne arbustive gagnait en qualité avec la hauteur du cep, cf. Pline, 18, 199 ; Col. 5, 6, 24 ; Pallad. 3, 13, 1.

2. *Opulus* est le nom cisalpin de l'érable-ayart ou duret (*Acer opalus* Mill.). Les espèces d'arbres utilisées comme support, énumérées dans Pline 17, 199-203, sont pour cette région l'ormeau, le cornouiller, le peuplier, le tilleul, l'érable-ayart, l'orne, le charme et le frêne. *Rumpotinus* n'est pas le nom d'une espèce, comme le semble croire Pline, mais de tout arbre taillé spécialement de façon à recevoir la vigne. *Rumpi* ou *traduces* désignent les sarments de vigne passant d'un arbre à l'autre, selon Varron, *R. R.* 1, 8, 4 ; cf. Pline, 17, 211, *Gallica in traduces porrigitur* (*arbor*). Columelle, 5, 7, 1, donne l'explication correcte : « Il existe une autre espèce d'arbre-support de Gaule, appelé *rumpotinus*. Il réclame un arbre bas et peu feuillu. L'*opulus* y paraît le plus convenable... Beaucoup de gens disposent même ainsi le cornouiller, le frêne, l'orne et parfois même le saule. » La taille formait dans ces arbres des étages circulaires superposés (*tabulata*, Col. 5, 6, 11-12 ; *scamna*, Pline 17, 201). Pour le détail de cette opération, cf. Pline, 17, 199 sq. ; Col. 5, 6-7. Selon V. Bertoldi, *D. Nat. Schr.*, pp. 295-300, *rumpus* serait d'origine ligurienne et *rumpotinus* son dérivé gaulois. *Draco* désigne par image un vieux cep, cf. Pline, 17, 182 ; 206.

§ 13.

1. La vigne échalassée, dont Pline traitera plus en détail dans 17, 174 ; cf. aussi Varron, 1, 8, 1-4.

2. Les vignes dites *compluuiatae* pour leur ressemblance avec les *compluuia*, plantées au pied de quatre piliers ou perches en carré reliés deux à deux à leur sommet par une traverse ; cf. Varron, 1, 8, 2 ; Pline, 17, 164-166. Le dôme de feuillage, dégagé en son centre, donne l'impression d'un *atrium* ; cf. Pline, 17, 166, (*compluuiata*) *dicta a cauis aedium compluuiis*.

3. La vigne en gobelet, se soutenant sans échalas, Pline, 17, 165 ; 184. Les sarments, liés ensemble, restaient droits et ne se recourbaient pas vers le sol. On donnait à ces vignes un tuteur de roseau jusqu'au moment où elles étaient assez fortes pour se passer de support ; elles ne devaient pas dépasser une hauteur de trois pieds (Pline, 17, 184 ; d'un pied 1/2 même, selon Col. 5, 5, 8). Selon Pline, 17, 165,

ce mode de culture n'était adopté que faute de bois à échalas. Pour Palladius, 3, 11 et 14, c'était le meilleur type de vigne de province. Ç'aurait été en particulier une technique en usage chez les Carthaginois, si l'on adopte la correction de Col. *arb.* 4, 1, *tertia est aponi usurpata, more arborum in se consistens* en *a Poenis*, proposée par M. Lundström, *Eranos*, II, 1897, pp. 65-66.

§ 14.

1. La vigne rampante était cultivée en Afrique, en Égypte, en Syrie, dans toute l'Asie et en de nombreuses contrées d'Europe (Pline, 17, 186). On supprimait la tige du cep pour ne laisser que les rameaux latéraux, soutenus en général par de courts roseaux ou appliqués au sol quand la violence du vent était trop grande. La raison principale, non donnée par Pline, était de soustraire, dans les régions torrides, le raisin à la chaleur en lui donnant la protection des feuilles. Sur ce mode de culture, cf. Varron, 1, 8, 1, qui le signale en Espagne seulement ; Col. 5, 4, 2 ; 5, 17 ; Pallad. 3, 11. Il est encore pratiqué dans l'Aunis, d'après Billiard, p. 357. Strabon, 826, signale en Maurétanie des grappes d'une coudée.

Comme les sarments se traînaient à terre autour des ceps ras, le vignoble gardait toujours l'aspect d'une vigne nouvelle (*semperque pastinatis similes*). En effet, avant de planter les boutures, on défonçait profondément le terrain à la houe, travail que l'on préférait à celui de l'araire qui grattait seulement le sol (cf. la comparaison des deux techniques dans F. Benoit, *La Provence*, p. 160). L'opération, appelée *pastinatio*, est longuement décrite par Col. 3, 13, 6 sq. Le sol était fouillé de 2 pieds 1/2 à 4 suivant la pente du terrain. On laissait en général le plant se développer librement et étaler ses sarments au ras du sol avant de les attacher à un échalas, ce qui se faisait parfois seulement dans la 5e année (Col., *arb.* 5, 6). La vigne nouvelle non échalassée était dite *uinea (uitis) pastinata (repastinata)* ; cf. log. *pástinu* « vigne nouvellement travaillée », corse *păštunu* « vigne nouvellement plantée » (M. L. Wagner, *Wörter u. Sachen*, IV, 1921, p. 76).

2. C'était, de l'avis de Varron, Columelle et Palladius, la pire des vignes. Son vin, abondant, était de mauvaise qualité (Col. 5, 5, 17 ; *de arb.* 4, 2) ; le raisin était la proie des renards et des rats et pourrissait au contact du sol (Varron, 1, 8, 5). Le nom de *duracinus* ne doit pas, comme le fait Pline, être rapporté au seul raisin de la vigne rampante, mais désigne une variété de raisin de table. Le terme s'applique d'ailleurs, d'une façon générale, aux fruits à la chair ferme, cerises, pêches, poires. Les *duracinae*, à grosses grappes à variétés noire et blanche, à grain dur, récoltées sur treille, se conservaient bien (Caton, 7, 2 ; Varron, 1, 58 ; Col. 12,

44, 1 et 5 ; Mart. 13, 22 ; Macr. 3, 20, 7). Le mot n'est pas une déformation populaire de *Dyrrachinus*[1] ; il demeure dans certaines formes romanes (P. Aebischer, *Vox Rom.* II, 1937, pp. 364-365). Une variété de *duracina* était l'*ambrosia*, Pline, 14, 40.

§ 15.

1. Cf. Macr., *Sat.* 3, 20, 7, *bumamma aut, ut Graeci aiunt,* βούμασθος : le raisin « pis de vache », nommé d'après la forme de ses grappes, raisin de table (Virg., *G.* 2, 102 ; Col. 3, 2, 1) ; diverses identifications possibles sont citées par Billiard, p. 310 : le *menna-vacca* de Naples, le *poumestre* de Provence, le *verjus* : cf. § 40, n. 4.

2. Les *dactyli* sont également cités par Col. 3, 2, 1, parmi les raisins de table ; l'*uva digitella* de Naples, selon Billiard, p. 310 (ne pas confondre avec le *dactylis* de 14, 40, qui doit son nom à la minceur de son sarment).

3. De λεπτός « menu » et ῥάξ « grain » ; le *gingliere* d'après Porta *ap.* Billiard, p. 316.

§ 16.

1. L'*uua pensilis.* La grappe était pendue au plafond du grenier sans plus de précaution (Cato, 7, 2 ; Varro, 1, 58 ; au-dessus d'un tas de blé, Col. 12, 44, 4 ; cf. aussi Plaute, *Poen*, 312 ; Hor., *Sat.* 2, 2, 121).

2. C'est-à-dire avec la chaleur qu'elles avaient lorsqu'elles étaient encore en vie sur l'arbre ; pour ce sens de *anima*, v. Pline, 13, 48 ; 31, 3.

3. L'*uua ollaris* ou *ex olla.* Les grappes, séchées sur des claies, puis débarrassées des grains gâtés, étaient placées dans de petits pots de terre à couvercle et lutés de poix ; on déposait ces pots dans de grandes jarres en bourrant de marc de raisin les intervalles (Col. 12, 45). Selon Dioscoride, 5, 3, les raisins ainsi conservés étaient bons pour l'estomac.

4. Le raisin séché et fumé dans les forges : cf. Caton, 7, 2 ; Hor., *Sat.* 2, 4, 72, pour celui d'Albe. Les celliers à vin (*apothecae*) étaient situés au-dessus des pièces offrant des foyers, de façon à recevoir la fumée qui vieillissait et bonifiait les vins (Col. 1, 6, 20 ; Pline, 14, 94).

5. Le plant rhétique (*uitis Raetica*) mentionné par Virg., *G.* 2, 95-96 et Col. 3, 2, 27, qui, transplanté hors de son pays d'origine, dégénérait (Pline, 14, 26). Les ampélographes italiens modernes le limitent aux collines du Véronais (C. Ceccarelli, *Riv. di vit. e di enol.*, V, 9, 1952, pp. 332-335). Il donnait un excellent cru dans le Véronais (Pline,

1. Point de vue de O. Keller, *Volksetym.*, p. 232 sq. et Th. Reinach, *Duracinum*, *R. E. G.*, XII, 1899, pp. 48-52, combattu par Olck, *R. E.*, V, 2, 1850 ; cf. J. André, *R. E. L.*, XXX, 1953, p. 143.

14, 67). Le vin de Rhétique est cité par Martial, 14, 100, 2, célébré par Strabon, 206, et recommandé dans les affections d'estomac par Celse, 4, 12, 8. Le terme est resté dans le vocabulaire viticole du H[t] Valais qui distingue la *rèze verte* et la *rèze jaune*, cf. P. Aebischer, *Vox Rom.* II, 360 ; 363.

6. Etymologie fausse : *passa uua* « raisin craquelé (au soleil) » vient de *pando*, non de *patior*, *passus sum*.

§ 17.

1. Caton seul, 7, 2, fait mention de raisins conservés dans la *sapa*, le moût et la piquette. Plus tard, la technique sera la suivante : après avoir mis une amphore de moût cuit (non cuit dans *Géop.* 4, 15, 16) au fond d'une jarre, on suspend les grappes ou bien on les place au-dessus sur une claie, en ayant bien soin qu'elles ne touchent pas le liquide (Col. 12, 44, 3). Les raisins conservés dans le moût cuit sont mauvais pour l'estomac, *Géop.*, *Ibid.* Conservés dans le moût non cuit, ils sont bons pour cet organe, mais resserrent le ventre, Diosc. 5, 3.

2. Deux méthodes de conservation de la grappe sur le cep : *a*) Col. 12, 44, 7-8, et Pallad. 12, 12, 2, conseillent de la laisser suspendue au sarment en la plaçant dans un vase de terre à quatre anses muni d'un couvercle en deux parties et poissé — *b*) Les Grecs creusaient au pied du cep une fosse dont ils sablaient le fond. Ils y guidaient les sarments à fruits de sorte que les grappes ne reposent pas sur le sol et recouvraient la fosse d'une protection. Le raisin se conservait ainsi jusqu'au printemps (Pallad. 12, 12, 1 ; *Geop.* 4, 11).

3. Cette remarque vaut pour la conservation du raisin en lieu clos, pour l'*uua pensilis*. Aussi pensons-nous, contre Littré, que Pline compare l'effet de ce procédé à celui de la conservation en jarre, et non pas à celui du poissage des récipients sur le vin. Le poissage de la partie tranchée du pédoncule devait se faire immédiatement, à la vigne même, cf. Col. 12, 44 ; Pallad. 10, 17 ; *Géop.* 4, 15, 4. Caton ne mentionne pas cette technique. Caton, 7, 2 et Col. 3, 2, 1 ; 12, 45, 1, donnent la liste des variétés de raisins de garde.

§ 18.

1. Pline, 14, 26, *Allobrogicaque (uitis), quam supra picatam appellauimus*, renvoie à ce passage. Il s'agit donc ici d'un plant appelé *uitis Allobrogica*, cultivé sur le territoire de Vienne, à raisin noir (Pline, *Ibid.*) qui donnait trois crus, le *Sotanum*, le *Taburnum* et l'*Heluicum* suivant le terroir. Le dernier semble avoir été le plus recherché ; les vins de Vienne sont loués par Plutarque, *Q. conu*, 5, 1, 676 c, selon qui les Romains les estimaient fort. Ils avaient un goût naturel de poix ; cf. aussi Pline, 23, 47, pour qui l'*Heluicum (id quod sponte naturae suae picem resipit picatumque appel-*

latur Heluico in pago) est un remède à certaines maladies, mais, pris en excès, donne des maux de tête. Ce goût de poix, mentionné aussi par Plutarque, *Ibid.*, n'est pas naturel. Ce peut être une supercherie des Viennois qui vendaient leur vin très cher (Pline, 14, 57).

§ 19.

1. Le cep de vigne, insigne du centurion, avec lequel étaient seuls punis les soldats Romains fautifs, tandis que les auxiliaires étaient frappés de verges, Liv., *Epit.* 57. *Aquila* désigne le centurion primipile, à qui est confiée la garde de l'aigle, cf. Juv. 14, 197.

2. Allusion aux mantelets de protection, en forme de tonnelles, pour l'approche d'une place assiégée, cf. G. Lafaye, *Dar.-Saglio*, IV, 911-912, s. v. *uinea* ; Fest. 465 L.

3. Les médecins anciens attribuaient de grandes vertus au vin. Ils avaient étudié les propriétés de chaque cru et ne les prescrivaient pas indifféremment ; cf. Diosc. 5, 6 ; Celse, *passim* ; Pline, 23, 31 *sq.* Plut., *Q. Conv.* 3, 1, 647 *a*, juge le vin le meilleur des remèdes ; cf. aussi Macr., *Sat.* 7, 6, 7. On le considérait comme un désinfectant : on en arrosa les rues lors de la peste d'Athènes, Lucien, *Scyth.* 2 ; cf. aussi Virg., *G.* 3, 509-510 où, lors de l'épizootie du Norique, on donne au bétail du vin pur.

§ 20.

1. La déclaration de Démocrite devait figurer dans son Περὶ γεωργίης ἢ Γεωμετρικῶν que cite Col. 11, 3, 2. Par contre, Théophraste affirmait déjà qu'il était autant d'espèces de vignes que de variétés de terrains, *H. P.* 2, 5, 7 ; *C. P.* 4, 11, 6. Les auteurs latins renoncent à fixer le nombre des cépages (Virg., *G.* 2, 103-108 ; Col. 3, 2, 29-30) et, plus pratiques, énumèrent ceux dont la culture est profitable ; cf. Caton, 6, 4 ; Col. 3, 2 (voir le nombre des variétés citées par chaque auteur dans Billiard, pp. 307-308).

2. Cf. *infra*, §§ 116-118.

§§ 21-22.

1. La vigne Aminnéenne, la plus célèbre de toute l'antiquité, presque seule connue au temps de Caton (Col. 3, 9, 3), formait le fond des cépages de la péninsule méridionale. D'après Aristote, fr. 495 Rose (= Philarg., *ad* Virg., *G.* 2, 97), ce serait un cépage apporté par les Aminéens, d'origine Thessalienne, la plus ancienne population connue du golfe de Posidonia, au sud de Salerne (J. Bérard, *Mél. d'arch. et d'hist.*, LVII, 1940, pp. 29-30). La Campanie semble avoir été le centre de diffusion de ce cépage. Pline fait allusion aux vignobles d'Aminnées des flancs du Vésuve et Varron cite les *Aminneae Scantianae*. Or la Campanie avait aussi

une *silua Scantia* (Cic., *Leg. agr.* 1, 3 ; cf. *infra*, § 47, n. 1). Ce serait le *chasselas*, selon von Gock, les *pinots* de Bourgogne, d'après Odart (Billiard, p. 311). Le nom du cépage a survécu dans vha. *uminiu* (Eero Alanne, *Die deutsche Weinbauterminologie in ahd. und mhd. Zeit*, Helsinski, 1950, p. 24) et valaisan *amigne* (L. Gauchat, *Gloss. Patois de la Suisse Romande*, I, 348 ; P. Aebischer, *Vox Rom.* II, 1937, p. 355)[1].

Le nombre des variétés diffère suivant les auteurs (3 dans Caton, 5 dans Pline, 6 dans Columelle, 2 seulement dans Palladius) :

1° *germana minor* (l'*aminneum minusculum* de Caton, 7, 2 ; Varron, 1, 25), propre à la culture sur joug et sur arbre ; supporte bien le vent, donne beaucoup de fruit ; petits grains, floraison hâtive (Col. 3, 2, 8 ; Pallad. 3, 9, 4).

2° *germana maior* (l'*aminneum maius* de Caton et Varron, *l. c.*), à sarments plus longs et plus nombreux, à feuilles plus larges et grains plus gros. Moins productive, elle vaut seulement en terre grasse et sur arbre, bonne pour les raisins de table et l'*uua pensilis* (Cato, *l. c.* ; Col. 3, 2, 9 ; Pallad. 3, 9, 4).

3° *gemina minor*, à grappes jumelles, mais à petits grains (Col. 3, 2, 11). Columelle, *Ibid.* 10, donne les mêmes renseignements que Pline sur les effets des vents, les vignobles du Vésuve et de Sorrente, ainsi que sur son mode de culture dans le reste de l'Italie. Les vins du Vésuve étaient renommés, les vignes des reliefs volcaniques étant favorisées par la richesse du terrain en acide phosphorique (cf. A. Perrin, *La civilisation de la vigne*, p. 107 ; Strabon, 247, fait la même remarque pour Catane, au voisinage de l'Etna) : cf. sur des amphores, *C. I. L.*, IV, 2559, *uini Vesuuini* et 2557-2558, *uini Vesuini*, correspondant à deux variétés distinguées par Galien, X, 364, Βεσούβιον et Βέσβιον.

4° *gemina maior*, à grappes jumelles, à gros grains, Col., *l. c.*

5° *lanata*, aux feuilles couvertes d'un duvet blanc ; beaucoup de bois ; donnait un bon vin, mais léger ; le fruit craignait la pourriture (Col. 3, 2, 12 ; Isid., *Orig.* 17, 5, 18).

6° une variété citée par Col. 3, 2, 13, sans nom particulier, ressemblant à la « grande jumelle » pour le cep et les feuilles, mais dont le vin est inférieur, quoique bon ; très fertile, raisin blanc à très gros grain. Peut-être la même que

1. Isid., *Orig.* 17, 5, 18, donne une étymologie fantaisiste : *aminea dicta, quasi sine minio, id est sine rubore. Album enim uinum reddit.* Pour un rapprochement avec *taminia* « uua siluestris », cf. F. Ribezzo, *Subtrat méditerranéen. R. I. Onom.*, II, 1950, pp. 22-23.

l'*Aminnée noire*, dite *Syrienne*, de Pline, 14, 41, si *nigra* se rapporte à la feuille, non au fruit.

Florentinos conseille de préférer l'Aminnée à tous les autres plants, *Géop.* 5, 17, 2 et 9. Ce cépage donnait un vin blanc (Cato, 106 ; Serv., *ad G.* 2, 97 ; Isid., *Orig.* 17, 5, 18). Il avait dû être transplanté dans tout l'Empire avec le même bonheur (jusqu'en Bithynie, *Géop.* 4, 1, 14).

§ 23.

1. Le plant de Nomentum, ville du Latium aux confins de la Sabine et de l'Étrurie, supérieur aux Aminnées en fécondité, petit, mais très résistant, tient le second rang à la fois dans Pline et Col. 3, 2, 14-15. Il présente deux variétés : 1) *Nomentana maior*, à grains plus gros, à feuilles découpées, au bois plus rouge, la moins productive : la profondeur accentuée des lobes du limbe est un signe de dégénérescence (Billiard, p. 266, n. 6) ; 2) *Nomentana minor*, à bois moins rouge (Pline ne fonde pas la distinction, comme Columelle, sur la couleur du bois), à feuille moins découpée, à grain plus petit, plus productive.

On les désignait aussi sous le nom de *rubellae* (Pline), *rubellianae* (Col., *Ibid.* 14) pour leur bois, et de *faeciniae* pour l'abondance de leur vin en lie (Col., *l. c.* ; cf. Pline, *faece nimiae* ; Isid., *Orig.* 17, 5, 19). Elles se cultivent sur joug et sur arbre. Ce plant vaut par sa fécondité plus que par la qualité de son vin que Martial vante pourtant lorsqu'il a vieilli, 1, 105, 1. Il n'était « ni très doux ni léger » et il lui fallait cinq ans d'amphore pour être buvable (Athénée, 27 *b*). Cf. G. Zipfel, *Hist. Zeitschr.* 1883, p. 491.

§ 24.

1. Col. 3, 2, 17-18, connaît une troisième variété d'*Apiana*, non duveteuse. D'autre part, il ne distingue pas les deux autres par la date de leur maturité, comme Pline, mais par la qualité de leurs vins dont l'un se bonifie plus vite. Ce sont sans doute nos *muscats* (Billiard ; P. d'Hérouville, *Géorgiques* I-II, 1947, pp. 119-120), la ψίθια des Grecs (Pline, 14, 81). Raisin hâtif et craignant la pourriture, que Billiard confond avec l'*apicium* de Caton, semble-t-il. Sucré, il était très apprécié des abeilles (cf. aussi Col. 3, 2, 17 ; Isid., *Orig.* 17, 5, 20 ; en réalité les abeilles, incapables d'inciser la peau des raisins, profitent du travail des guêpes, cf. Pline, 11, 18) et donnait un vin doux, mais portant à la tête (Col. 3, 2, 18 ; Isid., *l. c.*). Le raisin servait aussi à faire du *passum*, Pline, 14, 81.

§ 25.

1. Pline donne le nom de *Graecula* à un plant unique. Pour Columelle, 3, 2, 24, les *Graeculae* comprennent plusieurs

variétés : *Mareoticae, Thasiae, Psithiae, Sophortiae.* Il doit s'agir du même plant, puisque Columelle signale le petit nombre de leurs grappes et leur grain menu en ajoutant qu'elles donnent peu de vin en Italie. Pour les vins de Chio et de Thasos, cf. 14, 73 ; pour les *Thasiae uites*, 14, 39.

2. L'*eugenia* figure déjà dans Caton, 6, 4 (pour l'interprétation du texte, cf. note 1 au § 46) et Varron, 1, 25. Columelle, 3, 2, 16, dit aussi qu'elle dégénère transplantée hors de la colline d'Albe. Taormine était située au pied de l'Etna sur la côte orientale de la Sicile, à égale distance de Messine et de Catane ; sur son vin, cf. Pline, 14, 66 ; sur celui d'Albe, § 64. Le nom d'*eugenia* est demeuré dans prov. *uni, ugne, ugno* « raisin blanc à grain sphérique », cf. V. Bertoldi, *Colonizzazioni*, p. 80 ; W. von Wartburg, *F. E. W.*, s. v. *eugenion.*

§ 26.

1. Sur le plant *rhétique*, cf. § 16 et n. 4. Il était pourtant cultivé dans le Véronais, cf. § 16 — Sur l'*Allobrogica uitis*, cf. § 18 et n. 1. Columelle, 3, 2, 16, fait la même remarque sur son inaptitude à être transplantée. Les vins rhétiques et Allobroges sont recommandés par Celse, 4, 12, 8, pour les maux d'estomac.

§ 27.

1. *Faecenia.* Pline croit parler ici d'un nouveau plant, alors qu'il s'agit des Nomentanes du § 23, cépage que Col. 3, 2, 14, dit s'appeler aussi *Faecinia* pour l'abondance en lie de son vin. Le texte d'Isidore, *Orig.* 17, 5, 19, sur la *Faecinia (nobilitate amineam sequitur, fecunditate praecedit)* concorde avec celui de Columelle, *l. c.*, sur les Nomentanes *(uini nobilitate subsequuntur Aminneas, fecunditate uero etiam praeueniunt)*. D'autre part, tout ce que dit Pline de la *Faecenia* (passage prompt de la fleur, résistance aux intempéries, plus grande au froid qu'à la chaleur) est dit des Nomentanes par Col. 3, 2, 15.

2. La *Biturigiaca* de Pline est la *Biturica* de Col. 3, 2, 19, vigne productive, au raisin doux (Col. 3, 2, 28). Est-ce la vigne des *Bituriges Cubi* du Berry (Pline, 4, 109 ; Strabon, 190) ou celle des *Bituriges Viuisci* des bords de la Garonne sur le territoire desquels était Bordeaux (Pline, 4, 108 ; Strabon, 190) ? Selon Billiard, p. 85, rien dans le pays, le sol et le climat du Berry ne s'opposait à la culture de la vigne. Mais l'argument qu'il tire de Pline, 17, 47, *Haedui et Pictones calce uberrimos fecere agros, quae sane et oleis et uitibus utilissima reperitur* ne prouve pas plus pour la culture de la vigne que pour celle, impossible, de l'olivier dans le Poitou : la relative ajoute une constatation d'ordre général à l'appui de la technique des *Haedui* et des *Pictones*. Les

vignobles du Bordelais ne sont toutefois pas mentionnés avant Ausone, 3, 21-22.

§ 28.

1. Sur la *uisulla* (*uisula* et *uisulla* dans les mss. de Col.), Columelle, 3, 2, 21-22, donne à peu près les mêmes renseignements que Pline. Il ajoute que cette vigne aux sarments courts réussit mieux sur joug que sur arbre, et, dans ce dernier mode, sur les étages inférieurs (cf. aussi Pline, 14, 31).

2. Même remarque sur les feuilles larges de la *uisulla* dans Col. 3, 2, 22, et Isid., *Or.* 17, 5, 23. En dehors des pratiques de magie de *Géop.* 1, 14, seul le feuillage assurait une protection contre la grêle, cf. Col. 3, 1, 7 : le viticulteur destinera « à un terrain sujet à la grêle les vignes dont les feuilles sont dures et larges, afin de mieux protéger le fruit ». Pour le vin de la Sabine, cf. Mart. 10, 49, 3, qui le juge grossier ainsi qu'Hor., *Od.* 1, 20, 1 ; vin léger selon Cael. Aurel., *Acut.* 2, 211.

§ 29.

1. Les *heluolae*, plant connu déjà de Caton, 6, 4, tirent leur nom, de la couleur du raisin qui n'est jamais ni noire ni rouge (Col. 3, 2, 23, *neque purpureae neque nigrae* ; Isid., *Orig.* 17, 5, 26), d'*heluus* « beige rosé ». Les nombreuses nuances du raisin leur faisaient donner parfois les noms de *uariae* (Col.), *uarianae* (Pline), *uariolae* (Macr.). Selon Col., la variété la plus foncée donnait le plus de vin, la plus claire celui de meilleure qualité ; leur vin était blanc (Col., Isid. ; on a parfois compris, mais sans raison, l'"Ερβουλος οἶνος d'Athén. 27 c, comme étant le vin de l'*heluola*). Le mot offre différentes formes : *heluium* (*uinum*, Caton), *heluola*, **heluina* (d'où valais. *arvine*, pouill. *aluino* ; Cf. P. Aebischer, *Vox Rom.*, II, 1937, pp. 353-357).

2. *Preciaeque*, Virg., *G.* 2, 95 ; *praecia (uua)*, Macr. 3, 20, 7. Les deux variétés sont la *precia maior* et *minor* ; vigne hâtive (syn. de *praecoqua* d'après Servius), ayant beaucoup de bois et de feuilles et donnant un vin de bonne qualité (Col. 3, 2, 23). Terme d'origine inconnue. *Precia* semble la forme primitive, cf. J. André, *Contribution au vocabulaire de la viticulture : les noms de cépages*, *R. E. L.*, XXX, 1953, p. 150.

3. *Balisca* est peut-être un terme d'origine illyrienne (cf. J. André, *art. cit.*, p. 148). Selon Col. 3, 2, 19, c'est seulement l'une des variétés qui portait en Espagne le nom de *coc(c)olobis*. La culture de la *balisca* à Dyrrachium et, sous le nom de *coc(c)olobis*, en Espagne paraît indiquer non une vigne récemment importée, mais un plant de grande extension, très fertile et bien résistant (Col. 3, 2, 19 ; 28 ; 7, 1 ; 9, 1). Les deux variétés sont la *balisca maior*, celle à grains oblongs

de Pline, et la *minor* (en Espagne *cocolobis*), à grains ronds. Le picardant, la blanquette, le muscat du Languedoc suivant les auteurs (Billiard, p. 313). Leur vin se conserve bien et se bonifie en vieillissant (Col. 3, 2, 19).

§ 31.

1. Sur l'*albuelis*, cf. Col. 3, 2, 24, citant Celse : « meilleure sur les collines que dans les plaines, sur arbre que sur joug, au sommet des arbres qu'en bas ; elle est abondante en bois autant qu'en fruit ».

2. Cf. § 28, n. 1.

3. L'explication du terme est dans Col. 3, 2, 24, d'après Celse : *-a tamen nigra, quam quidam Graeci amarcion appellant, potest in secunda quasi tribu esse, quod et boni uini est et innoxia, unde etiam nomen traxit, quod iners habetur in tentandis neruis, quamuis gustu non sit hebes.* Vigne à raisin noir, au vin peu alcoolisé ; sur son nom grec, cf. J. André, *art. cit.*, p. 144.

§ 32.

1. Pline est ici en désaccord avec Col. 3, 2, 25, qui distingue trois variétés de ce cépage, toujours d'après Celse : 1) *heluennaca maior*, dite en Gaule *marcus*, au vin médiocre ; 2) *h. maior* dite *longa* ou *auara*, bien fournie en bois et en grappes, mais donnant un vin peu abondant et de médiocre qualité ; 3) *h. minor*, à feuille plus ronde, la meilleure des trois, dont le vin se conserve bien ; c'est à elle que Pline réserve le nom de *marcus*. Plant généralement considéré comme étranger, puisqu'il ne réussit pas en Italie et qu'une variété porte un nom gaulois, mais il s'agit d'un dérivé du toponyme italien *Heluinus*, nom du fleuve côtier frontière de l'*ager Praetutianus* et du *Picenum* (cf. J. André, *art. cit.*, p. 430). Son raisin servait à faire un vin doux (cf. § 84).

§ 33.

1. Celse est l'auteur d'un traité complet d'agriculture en cinq livres qu'ont utilisé Columelle (cf. 1, 1, 14) et Pline (cf. *indices* des livres 14, 15, 17, 18, 19). L'affirmation erronée de Pline est due à une lecture trop rapide du texte de Columelle, 1, 1, 14 : *Non minorem tamen laudem meruerunt nostrorum temporum uiri, Cornelius Celsus et Iulius Atticus ; quippe Cornelius totum corpus disciplinae quinque libris complexus est, hic (= Atticus) de una specie culturae pertinentis ad uites singularem librum edidit. Cuius (= Attici) uelut discipulus duo uolumina similium praeceptorum de uineis Iulius Graecinus composita facetius et eruditius posteritati tradenda curauit.* Pline a manifestement sauté à la lecture le membre de phrase *hic... edidit* et compris par suite *cuius* comme représentant Celse. Iulius Graecinus, le père

d'Agricola, fut exécuté en 38 ou 39 sur l'ordre de Caligula (cf. Schanz-Hosius, II, 791).

2. Pour désigner le charbon de la vigne, notre *anthracnose*, dû à la gelée qui, congelant la sève, produit des éclatements locaux déformant les tiges et leur donnant une sorte de cancer, le vocabulaire de Pline est indécis : il emploie en général *carbunculus*, *- are*, *- atio* (17, 222 ; 18, 272), mais aussi *rubigo* (18, 154). Cependant *carbunculus* semble être plus propre à la vigne, cf. 18, 275. *Plerique dixere rorem inustum sole acri frugibus rubiginis causam esse et carbunculi uitibus.* Pline l'attribuait au froid, *Ibid.* Pour le combattre, on enterrait les souches pendant l'hiver et on cultivait la vigne sur hautain, la gelée frappant surtout à la surface du sol.

§ 34.

1. La *spionia*, vigne à grappes plus grosses que nombreuses, était prônée par beaucoup pour son gros rendement en vin (Col. 3, 2, 27 ; 7, 1). Son nom de *spinea* dérive sans doute de *spinus* « prunellier » soit pour la forme de son grain, soit pour la couleur foncée de son jus ; cf. J. André, *art. cit.*, p. 151. La vigne de Ravenne poussait dans les marais et périssait au bout de quatre ou cinq ans (Strabon, 214). Sa production, trop abondante, ne pouvait s'écouler, cf. Mart. 3, 56 et 57.

2. Col. 3, 2, 27, semble avoir puisé à une autre source que Pline, puisqu'il distingue la *Numisiana* de la *uennucula*. Ce sont peut-être deux variétés du même plant, puisqu'il les dit toutes deux bonnes à la conservation en pots (3, 2, 2 ; 12, 45, 1). Vigne au bois grêle et trop souple ayant besoin de tuteur, comme le montrent ses divers noms (sur la question, v. J. André, *art. cit.*, p. 136-137) : *uennuncula* (*uenunc-*, *uennuc* –, *uenic* –), dérivé de *uinnus* « souple », *surcula* de *surus* « pieu », *scapula* de *scapus* « étai, soutien ». *Numisiana* est un dérivé d'anthroponyme, cf. *Numisius*, prén. *Numasioi*, osq. *Niumsieis*.

S'agit-il d'une supercherie et voulait-on tromper les acheteurs en transvasant ce vin dans des amphores de Sorrente ? Pline, 14, 59, signale en effet que la qualité d'un vin varie avec le récipient. On doit plutôt croire que cette vigne était cultivée en Campanie de Terracine au Nord jusqu'à Sorrente au Sud et que le séjour dans ces amphores convenait particulièrement à son vin. Sur la production de céramique à Sorrente, cf. Pline, 35, 160.

§ 35.

1. Cf. Col. 3, 2, 27, *Murgentina eademque Pompeiana.* Plant déjà cultivé au temps de Caton, 6, 4, originaire de *Murgentia*, à l'intérieur de la Sicile, à l'ouest de Catane,

(la forme gr. Μοργάντιον, Strabon, 270, est apparentée à μόργιον, sorte de vigne dans Hésych.). Implantée dans la région de Pompéi d'abord, puis ailleurs, elle changea de nom ; elle réussissait dans ces terres volcaniques riches [1].

2. L'*horconia* de Pline est l'*holconia* de Col. 3, 2, 27 ; cf. le nom de personne *Holconius*.

3. Col. 3, 2, 27 donne la forme *arcelaca* (*-ga* dans les mss. autres que *AS*) ; terme inconnu dont *arceraca* doit être une réfection d'après *arcera*. Au dire de Col., c'était une erreur de la confondre, comme le faisaient beaucoup, avec l'*argitis*. L'*arceraca*, au raisin très doux, donnait les plus gros rendements connus (Col. 3, 2, 27-28 ; 3, 7, 1). L'*argitis*, du gr. ἀργῖτις, dérivé d'ἀργός « blanc », avait des raisins blancs (Isid., *Or.* 17, 5, 23). Il existait une *argitis minor* (Virg., *G.* 2, 99-100), se plaisant en terrain médiocre, à grosses grappes, cultivée sur joug et sur arbre (Col. 3, 2, 21).

4. Vigne à grosses grappes donnant beaucoup de vin, Col. 3, 2, 27 ; nom dérivé de l'anthroponyme *Mettius*. Le jaunissement du vin provient de la présence d'une trop grande quantité de tanin et de son oxydation. Il s'agit nécessairement d'un vin rouge, car l'excès de tanin ne fait que changer le goût, mais non la couleur du vin blanc (J. Renaud, *Biologie du vin*, p. 14).

§ 36.

1. Pour les variétés hybrides dans l'antiquité, cf. Billiard, p. 278.

2. Plant local ; *Tuder*, auj. *Todi*, est une ville d'Ombrie, sur une colline aux confins de l'Étrurie (Pline, 3, 113). Pline est seul à mentionner ce cépage.

3. *Sopina*, forme dialectale de *supina*, vigne aux sarments renversés, c'est-à-dire rampante ; sur ce mode de culture, cf. Pline, 17, 185, *maiorque pars terrarum ita supinam in tellure uindemiam metit*.

4. Arretium, en Étrurie, dans la haute vallée de l'Arno. *Talpona* est rapproché de l'anthroponyme *Talponius* par W. Schulze, *LEN.*, p. 82, n. 1, et V. Bertoldi, *Linguistica storica* [2], p. 173, n. 1, et 176.

5. L'*etesiaca* est une vigne hâtive. Les vents étésiens commencent à souffler deux jours après le lever de la canicule, soit le vingt juillet.

6. Les *uineae consemineae* ou *conseminales* sont des vignobles constitués avec des plants différents (Col. 3, 21, 7 ; 12, 47, 6). En effet, si l'on ne peut distribuer les cépages en autant de vignobles qu'ils offrent de variétés, Columelle conseille de planter ensemble ceux qui produisent du raisin

1. Elle ne poussait pas dans le Latium, malgré Billiard, p. 314, qui se sert de l'édition de Littré (*Latio* pour *laeto*).

de même goût et mûrissent dans le même temps (3, 21, 11). Pline semble s'être mépris : la *conseminia* n'est pas un plant, mais un ensemble de plants offrant les mêmes particularités, raisin noir à vendange tardive. La constitution d'un tel vignoble paraît avoir été le fait d'une coutume locale. A distinguer de la *miscella* du § 6.

§ 37.

1. Cette maladie était provoquée, suivant les anciens, par la sidération (*Géop*. 5, 36, 1). « Est-ce une forme du folletage ou sa période ultime, le rougeot ? » (Billiard, p. 390). La *conseminia*, tardive, y était peut-être plus sensible.

2. Jan corrige en *itriola* d'après ἴτριον, Athén. 646 d, sorte de gâteau de miel et de sésame. Notre correction en *hirtiola*, dérivé de *hirtus* « velu », s'autorise de l'aspect des feuilles de certains plants ; cf., d'autre part, les variétés *Aminnea lanata* et *apiana lanata*. Col. ne fait que mentionner ce plant, 3, 2, 28. *Maevania* est une ville d'Ombrie, au S.-E. de Pérouse, auj. *Bevagnia* (Kroll, *R. E.*, XV, 2, c. 1507-8). Prop. 4, 1, 123, signale ses brouillards.

3. Amiterne, ville de Sabine, sur l'Aternus. *Pumula* doit signifier « vigne naine », cf. *pumilio, pumilus*, et v. J. André, *art. cit.*, pp. 134-135.

4. La *bananica* n'est pas autrement connue.

§ 38.

1. C'est la *uitis Murgentina*, cf. § 35, n. 1. Clusium est une ville d'Etrurie, à droite du Clanis, sur une colline.

2. Le vin de Tibur « léger, s'exhale aisément, est à point au bout de dix ans ; il s'améliore en vieillissant » (Gal. *ap*. Athén. 26 e) ; cf. Cael. Aurelian., *Acut*, 2, 211.

3. L'*oleaginea* est seulement mentionnée dans Col. 3, 2, 27 ; à rapprocher les noms de cépages modernes *olivette noire* et *olivette blanche* (Billiard, p. 315).

4. Inconnue autrement ; ainsi nommée parce que sa peau épaisse, ses gros pépins (*uinacea*) laissaient au pressoir beaucoup de marc.

5. *Caluentina* est dérivé d'un nom propre *Caluentius* (cf. W. Schulze, *Eigennamen*, p. 139, 560). Le mont *Gaurus* (*mons Gaurus*, Pline, 14, 64 ; *Gaurani montes*, 3, 60), l'actuel *Monte Barbaro*, rebord d'un cratère des champs Phlégréens, est situé à l'est de Cumes ; pour ses vignobles, cf. Stace, *Silu*. 3, 1, 147 ; pour son vin, Athén. 26 f.

6. Cf. § 64, n. 2.

§ 39.

1. Cf. Aristote, *G. A.* 770 *b*, 20 κάπνεος (ἄμπελος) ; Théophr., *H. P.* 2, 3, 2, κάπνειος ; *C. P.* 5, 3, 1, καπνέως, vigne à grappes panachées noires et blanches et à raisins

panachés sur une même grappe, phénomène qui se présente également dans le *Pinot gris* dit aussi *enfumé* ; cf. J. André, *art. cit.*, p. 140. La *buconiates* et la *tharrupia*, aux noms à consonance grecque, sont inconnues.

2. *Pariana* est à rapprocher des anthroponymes *Parius* et *Parianus*, cf. W. Schulze, *Eigennamen*, p. 206.

3. *Perusinia* est formé d'après les anthroponymes *Perusinius*, *-sius*, *-silla* (W. Schulze, *Ibid.*, p. 207).

4. Cette propriété de suivre le mouvement du soleil n'existe dans aucune vigne. Est-ce une interprétation de Pline ou de sa source et s'agit-il d'un cépage au cep et aux sarments particulièrement tordus ?

5. La *Gallica* est un plant de Gaule Cisalpine, car Col., 12, 45, le dit connu des *antiqui*, bien que la construction de Pline et l'opposition avec *trans Alpes Picenam* laisse entendre qu'il s'agit de la Transalpine.

6. La *Picena* est probablement l'*heluennaca*, cf. § 32, n. 1.

7. Les *Thasiae uites* de Virg., *G.* 2, 91, sont comptées par Col. 3, 2, 24, parmi les *Graeculae* (cf. § 25, n. 1) ; ce plant, cité par Macr. 3, 20, 7 et Isid., *Or.* 17, 5, 25, originaire de l'île de Thasos, implanté en Égypte (Pline, 14, 75 ; 117), aimait les terrains légers ; pour les vins de l'île, cf. 14, 73. Raisin à petit grain (Col.), ce serait le raisin de Corinthe d'après Baukin (Billiard, p. 314). — Les *Mareotides albae* de Virg., *G.* 2, 91 ; Luc. 10, 161 ou la *Mareotica* (Col. 3, 2, 24, parmi les *Graeculae* ; Macr. 3, 20, 7) formaient les vignobles du lac Maréotis en Basse-Égypte, que mentionne Strabon, 799 ; aimant les terres riches, ce plant donnait un raisin blanc (Virg.) ou noir (Isid., *Or.* 17, 5, 25), à petits grains. Son vin, *Mareoticum uinum* (Hor., *Od.* 1, 37, 14), Μαρεωτικός [οἶνος] (*Pap. Fay*, 134, 6), blanc et léger, passait pour excellent et ne portait pas à la tête (Athén. 33 d-e). — Les *lageae* (*lageos* nom. sg., Virg.) sont des vignes hâtives donnant un vin léger qui enivrait facilement (Virg., *G.* 2, 93-94 ; Macr. 3, 20, 7 ; Isid., *Or.* 17, 5, 16). On les nommait aussi *praecoquae*, selon Isidore, qui prétend expliquer le terme par la vélocité du lièvre (λαγώς ; cf. Servius ad Virg., *l. c.*, *latine leporaria dicitur*). L'appellation est due à la couleur du raisin ou de la feuille, cf. J. André, *art. cit.*, p. 141. Ce plant est sans doute le même que l'*uua praecox* de Varron, 1, 54, et de Col. 3, 2, 1.

Dans son l. 2 des *Géorgiques*, Virgile, à part la *Methymnaea uitis* de Lesbos, v. 90 n'ajoute aucun cépage à la liste de Pline, mais il mentionne plusieurs crus exotiques célèbres.

§ 40.

1. Col. 3, 2, 1, énumère aussi les variétés de raisins de table (*uites ad escam*). L'*ambrosia* est peut-être originaire d'*Ambrosos*, ville du sud de la Phocide, dans le voisinage de

laquelle se trouvaient de nombreux vignobles (Hirschfeld, *R. E.*, I, 2, c. 1815) ; sur les *duracinae*, cf. § 14, n. 2. Comme à Müller, *Emend.* II, p. 33, *orthampelos* nous paraît être une glose. Il ne s'agit pas, dans la parenthèse, d'une nouvelle espèce, mais bien encore de l'*ambrosia* qui, résistant aux intempéries, donc au vent, n'a pas besoin d'appui.

2. La *dactylis*, nommée d'après la minceur du sarment, ne doit pas être confondue avec les *dactyli* du § 15 (cf. n. 2).

3. *Columbina* « couleur de pigeon » ; une vigne des vieux vignobles provençaux était dite *columbaou* (Ch. Figuières, *Revue Sextienne*, IV, 1883, p. 78).

4. *Bimammia* n'est pas à rapprocher de *bumamma* pour le sens. Il s'agit d'une variété de *purpureae*, alors que la *bumamma* ou *bumastus*, à raisins noirs et blancs (cf. § 42) en est toujours distinguée (Col. 3, 2, 1 ; 12, 44, 1).

§ 41.

1. *Tripedanea* : la « vigne de trois pieds de haut ». Vu la dimension, il ne peut s'agir de la grappe, comme l'entend Littré. Citée parmi les raisins de table dans Col. 3, 2, 2 et Isid., *Or.* 17, 5, 15.

2. Le nom de la *scripula* évoque la petitesse de son grain ; cf. *scrupus* « gravier » et *scru-/scripulum*, le 1/24 de l'once (1 gr. 137). Son raisin servait à faire du *passum*, cf. 14, 81.

3. Il s'agit des vignobles des colonies grecques *Antipolis*, *Nicaea*, *Hercules Monoecus* (*laudatae illi* renvoie à la *Raetica* des §§ 16 et 26) ; *chius* est la transcription latine de ὁ Χῖος (βόλος), le coup de Khios, *i.e.* de l'as au jeu de dés.

4. Cf. Isid., *Or.* 17, 5, 28, *Syriaca (uua), uel quia de Syria allata, uel quia nigra est*. La Syrie était riche en vignes et en vin (Strabon, 735, 752) ; on y cultivait en particulier la vigne rampante (Pline, 17, 185). Sans doute cépage d'origine Syrienne ressemblant à l'*Aminnea*. Pline aussi, 15, 48 et 50, avait compris *syricus* comme un terme chromatique, mais en le rapportant à *syricum*, colorant rouge.

5. *Hispana*, cépage non autrement connu. Col. ne cite d'autre variété particulière à l'Espagne que la *cocolobis* ; encore s'agit-il du nom espagnol d'une variété de la *balisca* (cf. §§ 29-30).

§ 42.

1. Col. appelle ces variétés de raisin de table *uites ad escam* (3, 2, 1) et Isid., *Or.*, 17, 5, 15, *uuae suburbanae* parce qu'elles sont cultivées dans le voisinage des villes pour être vendues sur les marchés. Pour les *duracinae*, cf. § 14 et n. 2.

2. Pour les *bumasti*, cf. § 15 et n. 1.

3. Sans doute d'Αἴγιον, ville du nord de l'Achaïe, dans une région aujourd'hui productrice de raisin de Corinthe.

4. Cépage de Rhodes, cité par Virg., *G.* 2, 102 ; Col. 3, 2, 1 ; Macr. 3, 20, 7 ; Isid., *Or.* 17, 5, 5.

5. L'*unciaria* de Col. 3, 2, 2 et Isid., *Or.* 17, 5, 15. Ce ne peut-être le « raisin d'une once », l'once pesant 27 gr. 287, mais, plus vraisemblablement, le raisin dont le grain mesure 1/12 de pied soit 2 cm 5 environ.

6. *Picina*, i.e. « couleur de poix ».

7. *Stephanitis*, Pline et Macr. 3, 20, 7 ou *stephanites*, Col. 3, 2, 2 et Isid., *Or.*, 17, 5, 17, *-ae a rotunditate.*

8. Les *forenses* sont pour Hardouin et Dalechamp les *foirards*, raisins laxatifs, et pour le Ch. Figuières, *Revue Sextienne*, IV, 1883, p. 78, l'*esfouiraïre* à la pulpe flasque, qualités peu recommandables pour un raisin de table pourtant recherché. *Forensis* est dérivé de *forum* : raisin se vendant au marché.

9. Ces trois cépages sont nommés d'après la couleur de la grappe : *cinerea* « cendré », *rabuscula* « gris jaune » (de *rauus*), *asinusca* « gris d'âne », ce dernier cité par Macr. 3, 20, 7.

10. On hésite entre raisin barbu (le *coda di volpe*, le *raisin barbu* d'Aubenas ; cf. Billiard, p. 315) et raisin fauve (M. Fée, Pline, éd. Panckoucke, *ad l.*). Comme pour les trois cépages précédents, il doit s'agir de la couleur, d'autant que ἀλωπεκίς désigne aussi un chien de chasse au poil jaune, cf. J. André, *art. cité*, p. 139.

§ 43.

1. *Phalacra*, le « Mont Chauve » est une hauteur de l'Ida de Troade. Le nom a des formes diverses, Φάλακρα, *scol. Il.* 14, 285 ; Luc., *Lexiph.* 15 ; Coluth. 14 ; Φάλακρον, Hésych. ; Φαλάκραι, Stéph. Byz. ; Théophr. Le passage est adapté de Théophraste, *H. P.* 3, 17, 6 : « Il pousse une vigne sur la partie de l'Ida appelée Phalacrai (τῆς Ἴδης περὶ τὰς Φαλάκρας καλουμένας). C'est un arbrisseau à branches courtes. Sur les côtés des sarments longs d'environ une coudée sont placés obliquement des grains (ῥᾶγες) noirs, de la grosseur d'une fève et doux. Ils contiennent une sorte de pépin mou ; la feuille est ronde, sans découpure et menue ». Le texte de Théophraste est peu clair et peut-être fautif, puisque Pline rend le seul ῥᾶγες par *acino* et *racemis*, sans qu'on puisse d'ailleurs savoir s'il s'agit de la position de la grappe par rapport au sarment ou des grapillons secondaires par rapport à la hampe de la grappe. Théophraste ne mentionne pas le nom de cette plante, dont la feuille fait douter qu'il s'agisse d'une vigne.

2. *Alba Heluia* (ou *Heluorum*, Pline, 3, 36), auj. Aps, comptée par Pline parmi les *oppida Latina* et mentionnée au § 18 pour un cru au goût naturel de poix. Cette vigne n'est citée par aucun autre auteur. On ne connait d'ailleurs pas de vigne qui passe la fleur en un jour.

§ 44.

1. Caton l'Ancien fut censeur en 184/183 et remporta le triomphe sur l'Espagne citérieure en 193.

2. C'est le cas de l'*apicia* et de la *Lucana*. Pline ne mentionne que le vin de Lucanie, 14, 69.

§ 45.

1. Carthage et Corinthe furent prises en 146 et Caton mourut en 147. D'après ces données, le l. 14 aurait été rédigé en 76 p. *C.*

§ 46.

1. *Qui locus... conueniunt* = Caton, 6, 4 et Varron, 1, 25 ; *In olla... seruantur* = Caton, 7, 2 et Varron, 1, 58. Ces citations comportent des variantes indiquées dans l'apparat.

2. Pour les *Aminneae*, cf. §§ 21-22. Les éditeurs de Caton, Varron et Pline ponctuent *Aminnium minusculum et geminum eugenium, heluium...* Or, il n'existe nulle part de *geminum eugenium*, même dans Col. 3, 2, 16, qui donne le plus de détails sur ce cépage. Par contre, il existe des *Aminneae gemellae* (Pline) ou *geminae* (Col., Isid.). Aussi comprenons nous *Aminnium minusculum et geminum, eugenium, heluium...*

3. L'*heluola* des agronomes, cf. § 29, n. 1.

4. Pour la *Murgentina*, cf. § 35 et n. 1.

5. *Apicia* désigne une variété à feuille lisse, plus exactement à surface inférieure lisse de la feuille ; cf. *apica* « brebis au ventre lisse » et J. André, *art. cit.*, p. 138. L'*apicia* est aussi mentionnée par Macr. 3, 20, 7.

6. Cf. Pline, 14, 69, *Lucana uina*. La côte de Lucanie, dans la région de Tarente, était cultivée en vigne jusque dans l'hinterland, cf. v. Duhn, *Arch. Anz.*, 1921, c. 139 sq., et le nom des anciens habitants, les *Oenotri*, Pline, 3, 71.

7. Les *miscellae* sont un ensemble de plants que leurs particularités identiques permettent de cultiver en un même vignoble ; sur ce procédé, cf. Col. 3, 21, 7 et 12, 47, 6. Ce sont des plants « mêlés » ; cf. J. André, *art. cit.*, pp. 146-148.

8. Pour la *sapa*, cf. § 80 et note.

§ 47.

1. Varron, *R. R.* 1, 58, dans sa citation de Caton, substitue *Aminneas Scantianas* à *Aminnias maiores* d'*Agr.* 7, 2. Une *silua Scantia* de Campanie est mentionnée par Cic., *De lege agr.* 1, 3 ; 3, 15 et des *aquae Scantiae* par Pline, 2, 240. La région devait également être riche en vergers, cf. les *mala Scantiana*, Caton, *Agr.* 7, 3, etc.

§ 48.

1. Acilius Sthénélus n'est pas autrement connu ; sur les vignes de Nomentum, cf. § 23. Grâce aux prix moyens donnés par Col. 3, 3, 8, on peut calculer approximativement la plus value donnée au vignoble. Il est vraisemblable que le terrain a été acquis planté :

prix du terrain (à 8.000 sest. les 7 *iugera*) = 70.000 sest. environ.

prix des ceps (2.000 sest. par *iugerum*) = 120.000 sest.

Soit au total 190.000 sest. ; le terrain a doublé de valeur.

§ 49.

1. Après la chute de Carthage, déçu de l'ingratitude de ses concitoyens, Scipion se retira à Liternum, au nord de Cumes, sur la côte de la mer Tyrrhénienne. Il y mourut et se fit enterrer dans sa propriété (Liv. 38, 53 ; Sén., *Epist.* 86, etc.). Vétulanus fut l'ami de Sénèque qui décrit longuement les procédés de culture employés sur son domaine, *Epist.* 86, 14 sq.

2. Remmius Palémon, fils d'un esclave de Vicence, s'instruisit en menant à l'école le fils de son maître. Affranchi, il ouvrit une école dont Quintilien et Perse suivirent les cours (Suét., *Gramm.* 23 ; *Scol.* Juvénal, 6, 452 ; *Vita Persii*, 4) : il semble être mort avant 76 d'après la formule de Pline.

3. Il faut comprendre que la propriété était desservie par un chemin de traverse (*deuerticulum*) aboutissant sur la *Via Nomentana* au 10e mille en partant de Rome.

§ 50.

1. Après Hardouin, la plupart des éditeurs (sauf Littré toujours plein de bon sens) fixent le prix d'achat à 6 millions de sest., ce qui, à 1.000 sest. l'arpent, selon l'estimation de Columelle, donnerait l'invraisemblable superficie de 6.000 arpents ou 1.550 ha.

Col., 3, 3, 3, permet de calculer approximativement la surface. Ce même vignoble, racheté plus tard par Sénèque, lui donnait, dit-il, 8 *cullei* à l'arpent. Au prix de 300 sest. le *culleus* (Col. 3, 3, 10), le rapport devait être de 2.400 sest. à l'arpent, d'où une superficie de $\frac{400.000}{2.400}$ = 166 arpents ou 43 ha environ. Comme il s'agit, dans la vente de Sthénélus, de raisin acheté sur pied, il faut tenir compte de l'absence de frais de ramassage et de vinification et la surface en sera accrue (pour un contrat de vente sur pied, cf. Caton, 147).

Or, la valeur des bâtiments d'exploitation compte pour le 1/5 de la valeur totale du domaine (Billiard, p. 116, calculs faits d'après Col. et Pallad.). Pour une valeur globale de 600.000 sest., le prix du terrain seul tombe à

480.000 sest., et, si nous tablons sur 200 arpents, nous obtenons le prix de 2.400 sest. à l'arpent, fort élevé par rapport à celui de Col., et qui semble en contradiction avec le bas prix des terrains aux alentours de Rome dont parle Pline, bas prix relatif d'ailleurs pour le voisinage de la ville, mais non en valeur absolue.

Le revenu annuel est très élevé. D'après les calculs de Col. sur le prix de revient d'un vignoble, il faut compter :

1) achat de la propriété..................	600.000 s.
2) achat de 30 esclaves (15 pour 100 arpents selon Caton, 1 pour 7 selon Col.) à 8.000 s. l'un......................	240.000 s.
3) achat de ceps (2.000 s. à l'arpent)........	400.000 s.
4) intérêt a 6 % pendant deux ans des sommes immobilisées jusqu'à production de la vigne	148.000 s.
	1.388.800 s.

Ainsi, pour 1.388.800 s. de capital engagé, Remmius Palémon retire un intérêt annuel de 400.000 s., soit 28 %. Or, le taux légal d'intérêt était de 6 % (Pline, 14, 56) ; il est de moins de 6,5 % dans l'exemple de Col. 3, 3, 3, qui a choisi, il est vrai, le rapport de la plus mauvaise vigne.

§ 51.

1. Bien heureux encore qu'il n'ait pas été, comme l'affranchi C. Furius Crésinus de Pline, 18, 41-42, accusé par des voisins jaloux d'attirer leurs moissons chez lui par sorcellerie et qu'il n'ait pas dû pour se justifier produire devant l'édile curule ses outils, ses bœufs et ses gens, regrettant de ne pouvoir montrer ses veilles et ses sueurs. Col. 3, 9, 1, insiste sur la nécessité du travail tout particulièrement dans la viticulture : « Peut-être nos vignes n'ont-elles pas toute la fécondité désirable, mais l'industrie d'un cultivateur peut les aider à l'acquérir » ; cf. 3, 4, en entier.

§ 52.

1. Sur la décadence des vignobles du Cécube et de Sétia, cf. 14, 61. Le rendement de 7 *cullei* à l'arpent est évidemment celui de l'ancien vignoble de Remmius Palémon acheté par Sénèque, pour lequel Col. 3, 3, 3, donne même le chiffre de 8 *cullei* du vivant de Sénèque. L'interprétation de Littré rapportant ce rendement aux vignes du Cécube et de Sétia est interdite par le *et postea* « depuis la mort de Sénèque » et par l'irrémédiable abandon des deux vignobles en question.

2. Caton *ap.* Varron, *R. R.* 1, 2, 7 (= *Orig.* 2, *fr.* 10 Jord.) : « On appelle gallo-romain le territoire qui fit l'objet d'une distribution, entre Rimini et le Picentin. Ce territoire donne

parfois un rendement de 10 *cullei* de vin à l'arpent ». Varron ajoute qu'à Faventia les vignes donnaient 300 amphores (15 *cullei*) à l'arpent. Au-dessous de 3 *cullei*, il vaut mieux pour Col. arracher la vigne (3, 3, 10).

§ 53.

1. Le héros pasteur Aristée, fils d'Apollon, que Pline, 7, 199, donne comme Athénien sans souci de se contredire, mais que les différentes traditions localisent autour de Céos (cf. *R. E.* II, 1, 851-859), passait pour l'inventeur de plusieurs techniques agricoles : élevage des abeilles et préparation du miel (Virg., *G.* 4, 281 sq.), découverte de l'huile et du pressoir à olives (Cic., *Nat. deor.* 3, 45 ; Pline, 7, 199).

Pline fait à plusieurs reprises allusion au *mulsum* (§§ 75, 80, 85), sans en donner la recette. Elle se trouve dans Col. 12, 41 : dix livres de miel dans une *urna* de vin de mère-goutte ; cf. Pallad. 11, 17. C'est l'*oenomeli* des Grecs dont les *Géop.* 8, 25-26 donnent trois recettes. Cette boisson était très appréciée des Romains, cf. Mart. 4, 13, 4 ; 13, 108 ; Macr. 7, 12, 9, etc.

2. Maronée, ville de Thrace, à l'est d'Abdère, sur la côte de la mer Egée, possédait un vignoble célèbre depuis Homère, dont le vin enivra Polyphème (*Od.* 9, 197 sq.). Maron, petit-fils de Bacchus, fondateur de la ville, planta surtout des vignes dont on fait des vins de liqueur, cf. Eustathe, *ad Od.*, *l. c.* ; Homère, *Od.* 9, 208, dit qu'il devait être dilué dans 20 fois sa quantité d'eau. L'invention du coupage était attribuée à Staphylos, fils de Silène (Pline, 7, 199). Les anciens coupaient généralement d'eau leurs vins souvent trop épais (3 parties d'eau pour une de vin), sauf lorsqu'ils avaient l'intention expresse de s'enivrer.

§ 54.

1. C. Licinius Crassus Mucianus, que Pline distingue d'après ses trois consulats de 67, 70 et 72 des autres Mucianus, fut successivement légat en Arménie (55 et 60), gouverneur de Lycie en 57, puis de Syrie. Sur ses mœurs et son caractère, cf. Tac., *Hist.* 1, 10 ; sur sa part dans le soulèvement de Vespasien. *Ibid.*, 2, 74 sq. Après son troisième consulat, il entreprit la rédaction d'un ouvrage de géographie, histoire, art et histoire naturelle, relevé de *mirabilia* recueillis au cours de ses voyages. Il était mort quand Pline écrivit en 77 son l. 32 (cf. 32, 62). Pline le cite dans les *Indices* de plusieurs livres.

2. Le *Pramnios* doit son nom à la région rocheuse de Pramnios dans l'île d'Ikaros, Sporade au sud-est de Samos (Éparchidès et Sémos *ap.* Athén. 30 b-c). Didyme, *Ibid.* 30 e, en fait le vin d'un plant dit πραμνία dont le nom dénote la même origine. C'était, au dire d'Éparchidès un vin « ni

doux ni épais, mais sec et dur » qui, selon Sémos, s'appelait aussi *pharmakitès*.

En fait, la πράμνια était un nom local de la Ψιθία, notre muscat ; cf. scol. Nicandre, *Alex*. 181, Ψιθία δ'εἶδός ἀμπέλου ἥτις καὶ πράμνια λέγεται, et πράμνιος est devenu un terme général désignant tout vin de liqueur, cf. Ephippos *ap*. Athén. 28 f, Φιλῶ γε πράμνιον οἶνον Λεσβίον et Diosc. 5, 6, 4 : « le moût de raisin séché sur des claies et sur le cep, puis pressé, appelé Κρητικὸς ἢ πρότροπος ἢ Πράμνιος. » Si celui de Smyrne était le plus renommé au temps de Pline, nous connaissons ceux de Lesbos et de Latoreia, bourg voisin d'Éphèse (Alciphron de Méandre *ap*. Athén. 31 d).

§ 55.

1. Le consulat de L. Opimius, adversaire des réformes sociales, et l'assassinat de C. Gracchus eurent lieu en 121. A cette date encore, l'Italie ne distinguait pas les crus, cf. § 94 ; le Falerne, par exemple, est inconnu de Plaute et de Caton.

2. Les vins des anciens prenaient en vieillissant une consistance sirupeuse due à la déficience de leurs procédés de vinification. L'amertume du vin « rance » est la « conséquence des casses diverses, du vieillissement et des maladies bactériennes..., spécifique des grands crus » (Billiard, p. 535). Elle ne rebutait pas les anciens qui la considéraient au contraire comme une garantie de vieillesse et de qualité (Caton, 27, 1-2) ; cependant ils pensaient que le vin perdait alors ses vertus curatives : Pline, 23, 40, *Quo generosius uinum est, hoc magis crassescit et in amaritudinem corpori minime utilem coit.* Il faut considérer que la vinification était fort défectueuse, puisque nos crus se conservent longtemps sans dommage. Dans un interview donné à la Radiodiffusion le 2-7-1950, un viticulteur de Nuits St Georges déclarait avoir dégusté en 1949 un Bourgogne blanc de 1843 « encore frais et teinté et qui n'avait rien perdu ».

Quand le vin trop vieux devenait imbuvable, il servait au coupage des vins plus jeunes auxquels il donnait, en les bonifiant, une vieillesse anticipée (c'est à quoi servait en particulier le vin du mont Tmolos, cf. 14, 74). On coupait aussi avec des vins moins vieux pour adoucir (ainsi l'âpre Falerne avec du Chio plus doux, Hor., *Sat*. 1, 10, 24) ou renforcer (Hor., *Od*. 1, 20, 11). Pline, 23, 40, déconseille de tels coupages comme contraires à la santé : *condire eo aliud minus annosum insalubre est.*

§ 56.

1. Il ne saurait être question, comme on l'a fait de Hardouin à Littré, de calculer les intérêts composés. Col. 3, 3, 12 sq., dans ses calculs, ne tient compte que des intérêts

simples. D'ailleurs le chiffre obtenu ici, 1.121.000 sest. l'amphore, s'exclut de lui-même par son énormité et contredit les données de Pline au § 57.

Mayhoff, dans l'appendice de son édition, p. 589, interprète ainsi le passage : *uncia* est une mesure de poids, le 1/12 de la livre. Or, d'après Festus, 352 L., le vin se pesait et le poids d'un *quadrantal* (= *amphora*) de vin était de 80 livres. L'*uncia* représente donc le 1/960 du poids de l'amphore et la coïncidence est curieuse entre ce chiffre de 960 onces à l'amphore et l'intérêt de 100 sest. à 6 % pendant 160 ans, soit 960 sest. Ainsi la valeur de l'once de vin opimien sous Caligula eût été égale à son seul intérêt (d'où l'adoption de *tantum*), soit une sesterce. Mais la construction de la phrase se prête mal à cette interprétation.

2. P. Pomponius Sécundus, après avoir échappé à un procès sous Tibère (Tac. *Ann.* 6, 3), fut légat de Germanie supérieure sous Claude (*Ibid.* 12, 27), puis consul (Pline, 7, 80). C'était un grand ami de Pline qui avait écrit l'histoire de sa vie, comme en fait foi le catalogue de ses ouvrages établi par Pline le Jeune, *Epist.* 3, 5, 3 : *De uita Pomponi Secundi duo, a quo singulariter est amatus* ; *hoc memoriae amici quasi debitum munus exsoluit*. Sur les œuvres tragiques de Pomponius, cf. Quint., *I. O.* 10, 1, 98 et Charis., *GLK*, 1, 132, 15.

§ 57.

1. *Testa* est la traduction du gr. κεράμιον, dont la contenance est celle du κάδος d'après Clitarque *ap.* Athén, 473 b. Le κάδος contient 3 *urnae* (Isid., *Or.* 16, 26, 13) et correspond au μετρητής, soit 39 l. 39, pesant 120 livres. Le prix de 1.000 sest. la *testa* donne donc 666 sest. pour une amphore de vin italien, moins encore si l'on tient compte des frais de transport des vins de Grèce. *Testa* s'emploie pour les seuls vins grecs (cf. Tib. 2, 3, 47, *Samiae... testae* ; Hor., *Od.* 1, 20, 2, *Graeca... testa*), comme *cadus*.

2. Ces vins sont le produit de l'*Allobrogica uitis*, cf. § 18, n. 1.

§ 58.

1. Androcydès, qualifié ici de *sapientia clarus* pour sa sentence, semble avoir été médecin, puisqu'il avait découvert un remède contre l'ivresse, Pline, 17, 240, *Hinc sumpsit Androcydes medicinam contra ebrietates raphanum manducari praecipiens*.

2. Sur les beuveries d'Alexandre, cf. Plut., *Quaest. conu.* 1, 6, 1 ; Justin, 9, 8, 15 ; sur ses crimes commis en état d'ivresse, cf. Sén., *De ira*, 3, 17, 1 ; *Epist.* 83.

3. La citation d'Androcydès, coupée de son contexte n'est pas claire. Elle comprend deux idées :

1° Le vin est le sang de la terre et participe donc de la puissance divine qui l'a produit. Cette denrée fut sans doute à l'origine assimilée au sang (cf. J. G. Frazer, *Le rameau d'or*, I, 286-288 ; P. Noailles, *Les tabous du mariage dans le droit primitif des Romains*, *Annales Soc.*, série C, fasc. 2, 1937, p. 26) et, employée seulement comme médicament avec accompagnement de formules magiques, elle n'était pas primitivement destinée à la boisson (cf. A. Ernout, *B. S. L.*, XLI, 1940, p. 94).

2° Le vin était considéré comme l'antidote de la ciguë (Platon, *Lysis*, 219 E ; Plut., *Quaest. conu.* 3, 5, 2, 17 ; Pline, 23, 43) et d'autres poisons (Pline, 25, 151-152). Androcydès (Pline, 17, 239-240) avait observé que les propriétés de certaines plantes détruisaient celles d'autres végétaux ; ainsi le chou, les cosses de fèves ou d'ers sont des *uenena* (*Ibid.*, 240) de la vigne. Il faut sans doute comprendre que le vin, en tant que *uenenum* d'un *uenenum*, est un poison à un degré supérieur [1]. Mais cette idée est sans rapport avec la première et Pline paraît avoir tronqué la citation d'un texte probablement apocryphe. Androcydès n'est pas nommé dans les *indices* ; le renseignement et la citation sont de seconde main.

§ 60.

1. *Liuia Drusilla*, épouse d'Auguste, morte en 29 *p. C.* à l'âge de 86 ans (Tac., *Ann.* 5, 1, 1 ; Dion, 58, 2), dont le nom officiel, par son adoption dans la *gens Iulia*, est *Iulia Augusta*. Elle préférait le *Pucinum* par hygiène — Pline le dit propre aux usages de la médecine — de même qu'elle mangeait chaque jour une salade d'aunée, excellente contre les faiblesses d'estomac (Pline, 19, 92). Ce cru est cité par le seul Pline, 3, 127, *castellum nobile uino Pucinum*, et 17, 31, *Pucina uina in saxo coquuntur*. Ce vignoble était planté sur une colline rocailleuse près du Timave. C. Dr Marchetti combat l'ancienne localisation du *Castellum Pucinum* à Prosecco et le situe dans les environs de Duino, petit port de l'Adriatique, à 20 km. au nord de Trieste (*Del sito dell' antico Castello Pucino e del vino che vi cresceva*, *Archeografo Triestino*, V, 1877-78, pp. 431-450 ; VI, 1879-80, pp. 58-59).

2. Le *Praetetianum* est originaire de *Praetetia*, localité voisine d'Adria (Stéph. Byz., s. v. Πραιτετία).

§ 61.

1. *Setia*, vieille ville osque, puis colonie latine, auj. *Sezze*, dominant les Marais Pontins. *Forum Appii* est situé dans les

1. L'expression est de Pline lui-même qui constate, à propos des deux poisons que sont la rue et la ciguë, 20, 131 : *mirumque, cicutae suco* (*ruta*) *extinguitur : adeo etiam uenenorum uenena sunt. Cicutae sucus prodest et manibus colligentium rutam.*

marécages, sur la *via Appia*, au sud-ouest de *Setia*. Ce vignoble était tombé en décadence par incurie, cf. Pline, 14, 52, mais son cru est cité parmi les meilleurs par Strabon, 234 ; Juv. 5, 34 ; 10, 27 ; Mart. 13, 112 ; Cael. Aurelian., *Acut.* 2, 212. Pour le sens de *saliua* à propos du vin, cf. Pline, 23, 40.

2. La ville d'*Amu(y)nclae* ou *Amyclae*, près de Terracine, sur le territoire de Fundi au bord de la mer Tyrrhénienne, avait été abandonnée à cause des serpents (Pline, 3, 59 ; 8, 104). Elle avait laissé son nom au golfe. Le vignoble du Cécube avait presque disparu à la suite des travaux entrepris par Néron pour le canal dont parle Pline, creusé entre Ostie et le lac de Baïes (Tac., *Ann.* 15, 42, 2 ; Suét., *Nero*, 31, 5). Il était situé au milieu des Marais Pontins (Vitr. 8, 3, 12, *in Terracina et Fundis Caecubum uinum procreatur* ; Pline, 17, 31, *Caecubae uites in Pontinis paludibus madent*) et planté de vigne arbustive grimpant à des peupliers (Strabon, 231 ; Pline, 16, 173). Cependant, il devait rester des parcelles de l'ancien vignoble, puisque le Cécube est encore mentionné par Martial, 13, 115, etc., et dans une inscription du temps d'Hadrien (*C. I. L*, VI, 9797). Ce cru était l'un des premiers, selon Col. 3, 8, 5 ; cf. Diosc. 5, 6, 7 « Le Cécube, doux, est plus riche que l'Albe ; il donne un beau teint, mais n'aide pas à la digestion ».

§ 62.

1. L'appellation Falerne est plus ou moins extensive suivant les auteurs (et peut-être aussi les époques). Géographiquement l'*ager Falernus* est contigu à Sinuessa (Liv. 10, 21, 7) ; mais, au point de vue vinicole, l'expression désigne, du sens large au plus étroit :

1) D'une façon générale, les crus produits sur le territoire compris entre la frontière sud du Latium et le Vulturne, englobant le Massique (cf. Serv. *ad G.* 2, 143, *uinum a montibus Falernis qui Massici dicuntur* ; Mart. 13, 111) et sans doute aussi le Statanum (Pline, 14, 65, *Falerno contermina Statana*).

2) Pour les connaisseurs, le vin de l'*ager Falernus*, à l'exclusion des deux précédents, mais sans distinction interne de clos. C'est là en particulier l'extension du terme dans Horace et le plus souvent dans Martial.

3) Enfin le Falerne est un cru strictement localisé à l'intérieur de l'*ager* et distingué des crus voisins qui en font aussi partie, *Caucinum* et *Faustinianum* :

a) *Falernus ager*, le clos de F., au sens étroit : *Pons Campanus* est un relais sur la *via Appia*, à 17 milles de Capoue, sur le *Savo* (*Savone*), au lieu dit auj. *St Giovanni a ponte Campano* (Hülsen, *R. E.* III, 1442 ; Hor., *Sat*, 1, 5, 45 et Porph. *ad l.*). L'*Vrbana colonia* fondée par les vétérans de Sylla se trouvait donc entre *Pons Campanus* et Capoue.

b) *Faustinianus ager* : le *uicus Caedicius*, à 6 milles de Sinuessa, sur la *via Appia*, est sans doute le même lieu que les *Caediciae tabernae* de Fest. 184 L.,-*iae tabernae in uia Appia a domini nomine sunt uocatae* (cf. aussi *Caediciae aquae*, Liv. 22, 36, 8 ; v. Geisau, *R. E.*, *Suppl.* VI, 19), à l'ouest du *Pons Campanus*, donc de la *colonia Vrbana*. Cette localisation ne permet pas de rejeter la leçon *Faustinianum* de *M* (*Faustinum* ou *–ianum* rell.), comme on l'a fait jusqu'à Jan (cf. encore Marquardt-Mau, II, 77), en se fondant sur le texte de Fronton, p. 224, 21 Naber : *Faustiana uina de Sullae Fausti cognomento felicia appello* ; cf. aussi Galen., 6, 801, Φαυστιανὸς Φαλερῖνος. Le *Faustianum* n'est pas nécessairement en rapport avec la colonie de Sylla ; il se peut que le rapprochement avec la *colonia Vrbana* n'ait même pas d'autre but que de permettre la plaisanterie de Fronton. *Faustianum*, Φαυστιανός et Φαυστῖνον (Galen. 10, 832) sont des variantes du nom *Faustinianum* dérivé d'un anthroponyme, avec peut-être attraction secondaire du surnom de Sylla.

c) Le *Caucinum uinum* : cf. Athén. 27 c « le Caucinos aussi est généreux et ressemble au Falerne ».

Le Falerne, mentionné pour la première fois par Catulle, 27, 1, était un vin coloré (*fusca Falerna*, Mart. 2, 40, 6, etc.) qui se conservait bien, atteignant à quinze ans sa meilleure qualité (Pline, 23, 34), très employé en médecine (Diosc. 5, 6, 6 ; Athén. 26 c-d). Pour la survivance de la renommée du Falerne dans la liturgie chrétienne, cf. Th. Michels, *Falernum*, *Phil. Woch.*, XLVII, 1927, c. 927-928.

§ 64.

1. Les vins d'Albe, vins d'*eugenia* (Col. 3, 2, 16), sont souvent estimés à l'égal du Falerne (Col. 3, 8, 5 ; Hor., *Od.* 4, 11, 2 ; *Sat.* 2, 8, 16 ; Juv. 13, 214 ; Strabon, 234, etc.). Les médecins contemporains de Pline les prisaient fort, tandis que leurs prédécesseurs préféraient le Sorrente (Pline, 23, 33). C'était un vin fort : Pline, 23, 36, *Virium plus Surrentino, austeritatis Albano* ; Diosc. 5, 6, 6, « il est plus riche que le Falerne, assez doux, gonfle l'estomac, ramollit le ventre ; il n'aide pas autant la digestion, mais agit moins sur les nerfs ; en vieillissant, il devient dur » ; Athén. 26 d, « le vin d'Albe a deux qualités, l'une douce, l'autre aigrelette ; toutes deux sont à point à partir de quinze ans » ; cf. Pline, 23, 35.

2. *Vinea* désigne un vignoble de vigne non arbustive, qu'elle soit rampante ou échalassée, cf. § 65, *in uineis arbustisque*. Le Sorrente est un vin d'*Aminnea* (cf. § 22), plus fort que celui d'Albe (Pline, 23, 36), et considéré comme l'un des meilleurs crus (Col. 3, 8, 5 ; cf. Hor., *Sat.* 2, 4, 55 ; Mart.

13, 110, etc.), très recommandé en médecine : Pline, 23, 35, *At Surrentina... nec caput temptant, stomachi et intestinorum rheumatismos cohibent* ; Diosc. 5, 6, 7, « Le S. est assez astringent. Il arrête les flux d'entrailles et d'estomac, et, étant léger, agit moins sur la tête. Vieux, il est meilleur pour l'estomac et plus doux ». Il commençait à être buvable au bout de 25 ans (Athén. 26 d), ce qui explique les durs jugements de Tibère et de Caligula, s'ils l'avaient bu sans attendre qu'il se fût bonifié.

3. Le mont Massique, au nord de Sinuessa, séparé de la mer par la *via Appia*, était situé au nord-ouest du vignoble de Falerne. Il produisait un des meilleurs vins, selon Horace, *Od.* 1, 1, 19 ; 2, 7, 21 ; 3, 21, 7 ; Mart. 1, 26, 8, etc. L'exposition des jarres à l'air lui ôtait sa rudesse et son excès d'arome (Hor., *Sat.* 2, 4, 52 sq.). Martial ne le distingue pas de son voisin le Falerne, 13, 111 ; cf. n. 1 au § 62.

4. Les vignobles du mont *Gaurus*, évoqués au § 38, étaient plantés de *caluentina* et s'étageaient sur ses pentes sud face au littoral de Baïes et de Pouzzoles. Pour leur vin, cf. Athén. 26 f « Le Gauranos est rare, mais excellent et, de plus, fort et épais ; il est plus onctueux que le Prénestin et le Tiburtin ».

§ 65.

1. Le vin du *Statanus ager*, clos voisin du Falerne et du Calès, que Strabon, 243, donne comme le meilleur de Campanie avec ces deux autres crus. Selon Pline, 23, 36, sa qualité est de peu inférieure à celle du Sétia, du Sorrente et du Falerne ; cf. Athén. 26e « le Statanos est un des premiers vins, semblable au Falerne, mais plus léger... ».

2. Vin renommé des vignobles immédiatement à l'est du Falerne, sur le territoire de Calès (Strabon, 243 ; Hor., *Od.* 1, 20, 9 ; 31, 9 ; 4, 12, 14 ; Juv. 1, 69, *molle Calenum*) ; cf. Athén. 27 « le Calès est léger, meilleur pour l'estomac que le Falerne ».

3. *Fundi* est situé sur la voie Appienne, à 13 milles de Formies, au pied des *Fundani montes* (Weiss, *R. E.*, VII, 1, 293). Son vin est cité par Mart. 13, 113 ; 115 ; Strabon, 238 ; cf. Athén. 27, « le Fondi est fort, nourrissant ; il attaque la tête et l'estomac. Aussi en boit-on peu dans les festins ». Selon Vitr. 8, 3, 12, le Cécube venait aussi du territoire de Fondi.

4. Pour le vin de *Velitrae*, ville dominant les marais Pontins à l'extrémité sud des Monts Albains, cf. Athén. 27, « le vin de *Velitrae*, doux à boire, est bon pour l'estomac. Il offre la particularité de ne pas sembler pur ; son aspect est celui d'un vin coupé avec un autre. »

5. *Privernum*, ville au bord des Marais Fontins, au pied des Monts des Volsques ; cf. Athén. 26e, « Le vin de Priver-

num est également bon, étant plus subtil que celui de Rhégion, et ne monte pas du tout à la tête ».

6. *Signia*, auj. *Segni*, ville frontière du Latium entre la *via Appia* et la *via Latina*, sur une hauteur abrupte, le mont *Lepinus* (Col, 10, 131). Son vin était constipant, au dire de Mart. 13, 116 et Strabon, 237 ; cf. Pline, 23, 36, *Aluo citae Signinum maxime conducere indubitatum est.* Athén. 27 b, le dit bon jusqu'à 6 ans, mais bien meilleur quand il a vieilli.

§ 66.

1. C'est à l'occasion du banquet que César donna comme épulon en 46, lors de son 3e consulat, que fut servi du Mamertin, cf. § 97. Ce vin rivalisait, selon Strabon, 268, avec les meilleurs crus d'Italie ; cf. Mart. 13, 117 ; Athén. 27 d « le Mamertin n'est pas italien ; en Sicile, on l'appelle Ἰωτάλινος il est doux, léger... » (Ἰταλιώτης *corr.* A. M. Desrousseaux).

2. Detlefsen (*Kurze Notizen über einige Quellenschriftsteller des Plinius*, Glückstadt, 1881, p. 6 sq.), se fondant sur 14, 69, propose de corriger *Potulana* en *Potitiana*. La correction en *Iotalina* d'après le texte d'Athén. 27 d serait aussi arbitraire. On a d'ailleurs aussi tenté de corriger Athénée en Πωταλῖνος.

3. Taormine, sur la côte occidentale de Sicile entre Messine et Catane, donnait un vin d'*eugenia*, cf. 14, 25 et n. 2.

§ 67.

1. Toute la côte entre Rimini et le Picénum possédait des vignobles d'un rendement extraordinaire, jusqu'à 10 *cullei* à l'arpent d'après Caton, *Orig.* 2, *fr.* 10 *ap.* Varron, *R. R.* 1, 2, 7). Le Picénum en était si riche qu'Hannibal rétablit les chevaux de son armée avec des lotions de vins vieux de cette province (Pol. 3, 88, 1). L'*ager Praetutianus* est proche d'Ancône (Pline, 3, 110, 112). Pour son vin, qui convenait à la fabrication du *mulsum* (Pline, 14, 75), cf. Diosc. 5, 6, 8, « Le P., qui vient aussi des environs d'Adria, a du bouquet et est plus léger ». Le vin d'Ancône est mentionné par Strabon, 241 ; Diosc., *Ibid.*, et Athén. 26 f, « le vin d'A. est excellent, onctueux ».

2. L'explication de Pline est curieuse, alors qu'il cite par deux fois un *Palmensis ager* contigu à l'*ager Praetutianus* (3, 110 ; 112), où se trouve auj. la localité de *Torre di Palma*. Il est douteux qu'il l'ait oublié ; il a dû reporter au vignoble et au vin une étymologie proposée pour le nom du territoire ; c'est l'οἶνος Παλματιανός d'Al. Trall. 2, 325 ; 327 ; 421.

3. *Caesena*, auj. *Césena*, sur la *via Aemilia* et le *Sapis*, en Gaule Cisalpine au sud de Ravenne (Pline, 3, 116).

4. Il est inutile de songer à un vignoble de Mécène, le favori d'Auguste. L'intérieur de la Cisalpine orientale avait

été occupé par les Étrusques, comme le souligne Pline, 3, 115, et *Maecenas* est un nom étrusque introduit à Rome au dernier siècle avant J.-C. (Münzer, *R. E.*, XIV, 1, 206). Nom de cru tiré d'un anthroponyme ou d'un toponyme.

5. Cf. n. 4 au § 16 ; Suét., *Aug.* 77, 3 ; Mart. 14, 100.

6. *Adria*, auj. *Atri*, à 6 milles de la côte du *Picenum* (Pline, 3, 110). L'*ager (H)adrianus* était compris entre deux cours d'eau, l'*Aternus* (auj. *Aterno*) et le *Vomanus* (auj. *Fino*). Le développement de la viticulture y avait fait installer un centre de fabrication de céramique mentionné par Pline, 35, 161. Son vin avait les mêmes propriétés que le Mamertin et vieillissait vite (Diosc. 5, 6, 7) ; Athén. 33 a, « Le vin d'A. est bon pour la respiration, se digère bien, ne provoque en général aucun trouble ». Il faisait l'objet d'exportations jusqu'en Grèce, cf. *Anth. Pal.* 6, 257, 2, τὸν 'Αδριακοῦ νέκταρος οἰνοδόκον (L'éd. Budé comprend à tort « le nectar de l'Adriatique »). Cf. Alex. Trall. 2, 217 ; 269.

7. Les *Latinienses* sont compris par Pline, 3, 69, parmi les 53 peuples disparus du Latium. D'autre part, l'*ager Latiniensis* est dit *suburbanus* par Cic., *De har. resp.* 20.

8. *Grauiscae*, petite colonie romaine d'Étrurie fondée en 181 *a. C.*, sur la côte marécageuse au sud de *Cosa* et sur la *via Aurelia*, auj. *Porto Clementino* ; cf. Strabon, 225 ; Rut. Num. 1, 181 sq. ; Weiss, *R. E.*, VII, 2, 1847-1848. Pline est seul à mentionner son vin.

9. L'*ager Statoniensis* est cité dans Pline, 2, 209, son lac dans Sén., *N. Q.* 3, 58, 8, la ville dans Strabon, 226. Le lac est identifié soit au lac de *Bolsena*, soit au voisin *Lago di Mezzano*, la ville avec les ruines de la colline *Le Sparne* au sud-ouest de *Pitigliano* (*R. E.*, III A2, 2225-2226).

§ 68.

1. *Primum Etruriae oppidum Luna, portu nobile*, Pline, 3, 50 ; auj. *Luni*, à la frontière de la Ligurie et de l'Étrurie, sur la *via Aurelia*. Les vins d'Étrurie passaient pour fort médiocres, cf. Mart. 1, 26, 6.

2. Les vins de Ligurie n'étaient pas plus recommandables que ceux d'Étrurie d'après Mart. 3, 82, 22. Strabon, 202, dit des Ligures qu' « ils importent de l'huile et du vin d'Italie ; le peu qu'ils récoltent a le goût de poix et est fort » ; cf. § 124 et n. 2.

3. Les vignobles de la région de Marseille sont évoqués par Strabon, 179. On sait qu'ils étaient enclos avec les ossements des Ambrons et des Teutons massacrés par Marius en 102 (Plut., *Mar.* 21, 7). Pline est seul à parler de deux variétés de vin ; c'est que l'une, servant seulement aux coupages, devait être ignorée des clients italiens, car Athén. 27 c, dit du vin de M. : « Il est joli ; mais il s'en produit peu ; il est épais et a du corps ». Martial (3, 82, 23 ; 10, 36, 1 ; 13, 123 ;

14, 118) proteste contre un séjour prolongé à la fumée qui le rend imbuvable, mais, au dire d'Athénée, 152 c, les Gaulois l'appréciaient et l'importaient ; v. J. André, *La vigne et le vin en Provence dans l'antiquité, Mélanges Bénévent*, 1954, pp. 361-368.

4. Cf. les inscriptions sur des amphores, *Baeter* ⟨ *rense* ⟩, *CIL.*, XV, 4542 et *Baeter*⟨ *rense* ⟩ *alb*⟨ *um* ⟩, XV, 4543. Comme la plupart des vins de Gaule, il ne se vendait pas au dehors de cette province ; cf. les vins de la Viennaise qui ne trouvaient preneur à haut prix que dans la région, § 57.

5. L'aloès (*Aloe vera* L.) servait en effet à colorer le vin (Plut., *Quaest. conu.* 6, 7, 2). Il entrait aussi dans la composition de mélanges aromatiques destinés à corriger le vin ou à le vieillir (Pallad. 11, 14, 7-8). Pline, qui s'indigne de tels procédés quand les auteurs sont gaulois, oublie les recettes tout aussi malhonnêtes de Columelle, 12, 20-21, pour frelater le vin. D'ailleurs, la triste réputation des vignerons de la Narbonnaise est peut-être usurpée, si l'on songe que la gentiane se nommait ἀλόη γαλλική (Ps. Diosc. 3, 3 ; *aloe gallica*, Ps. Apul., *herb.* 16, l. 7), et qu'il existait un vin aromatisé avec cette plante, cf. § 111.

§ 69.

1. Les vins de Tarente étaient renommés, en particulier ceux du *Galeso* (Stace, *Silu*, 2, 2, 111) et du mont *Aulon* (Hor., *Od.* 2, 6, 18 ; Porph., *ad l.* ; Mart. 13, 125) ; cf. Athénée, 27 c, « Le Tarentin et tous les vins de cette région sont délicats, sans force ni corps, doux, faciles à digérer ». La viticulture tarentine se révèle aussi par les monuments où les héros tiennent un canthare ou une grappe (P. Wuilleumier, *Tarente...*, Paris, De Boccard, 1939, p. 214).

2. Les *uina Seruitia*, ne sont mentionnés nulle part ailleurs ; il n'existe aucune ville de ce nom dans les textes. Nom d'un propriétaire ?

3. *Cosentia*, la capitale des *Bruttii*, à l'intérieur des terres, auj. *Cosenza*, célèbre aussi par ses pommes (Varron, 1, 7, 6 ; Pline, 16, 115).

4. *Tempsa* ou *Temesa* (Pline, 3, 72, *oppidum Tempsa a Graecis Temese dictum* ; Strabon, 251, Τεμέση ; Mela, 2, 69, *Temesa*), ville de Lucanie, près de la côte de la mer Tyrrhénienne, au sud de l'embouchure du *Savuto*.

5. La correction de Mayhoff en *Calabriae* est difficilement acceptable ; celle de Detlefsen en *ac Bari ac* repose sur le texte généralement reçu d'Athénée, 27 b, ὁ βαρῖνος οἶνος, mais à côté de βαρῖνος *K*, on a βαρβῖνος *CE*, forme assez proche de celle de nos manuscrits latins, et le dernier éditeur d'Athénée, A. M. Desrousseaux, corrige en βαβῖνος d'après Pline. L'hapax n'est pas un motif suffisant de correction

(cf. aussi *Seruitia*, n. 2, *supra*). En faveur de *Babbiae* militent le nom d'une variété d'olive (Pline, 15, 15, *babbiae M*, *bambiae* cett.) et la fréquence de l'anthroponyme osque *Babbius* (cf. *Thes. L. L.*, *s. v.*).

6. *Lucanaque uina* : Athén. 27 a, cite les vins de *Buxentum*. *Thurii* est une colonie panhellénique fondée en 444/3 auprès de l'emplacement de l'ancienne Sybaris, à peu de distance du golfe de Tarente (Pline, 3, 97) ; sur ses vignes, cf. § 39.

7. Vin du *Castellum Lagaria*, dans le Bruttium, près de la côte de Calabre, entre Héraclée et Thurii, cf. Strabon, 263 : « Après *Thurii*, le château fort de *Lagaria* (Λαγαρία φρούριον), fondation d'Épeios et des Phocéens, d'où provient le vin *Lagaritanos*, doux, délicat et très estimé des médecins ». Le lieu et le vin sont encore cités par Stéph. Byz., *s. v.* Λαγαρία. — Sans doute s'agit-il de M. Valérius Messala Potitus, consul suffect en 32 ou 29 a. C., puis proconsul d'Asie. Un Potitus, auteur de Κηπουρικά, est cité dans l'*index* du l. 19. Cf. Von Rhoden-Dessau, *Prosopographia*, II, pp. 370-371.

8. Cf. Athén. 27 c : « Le *Trébellicos* de Naples, d'une force modérée, bon pour l'estomac, agréable au goût. »

9. On ignore tout de l'*ager Caulinus*. Le terme peut être un dérivé du nom propre *Caulius* mentionné à Pouzzoles et Ostie dans le *CIL*.

10. *Trebula*, en Campanie, au nord du Vulturne, auj. *Treglia* (cf. Pline, 3, 64, *Trebulani cognomine Ballienses*, à distinguer des *Trebulani* de Sabine, *qui cognominantur Mutusci et qui Suffenates*, 3, 107). Ce vignoble était voisin de l'*ager Falernus*.

11. Les vignes de l'*ager Trifolinus* étaient, semble-t-il, voisines de Cumes et du mont *Gaurus* (Juv. 9, 56). Si leur vin n'était pas un cru recherché, il venait toutefois au septième rang d'après Mart. 13, 114 ; cf. Athén. 26e, « le *Trifolinos* se bonifie plus lentement (*sc.* que le Formies) », et Cael. Aurel., *Acut*, 2, 211.

§ 70.

1. Cf. 14, 35 et 38 pour le cépage de Pompéi.

§ 71.

1. L'Espagne et surtout la Bétique cultivaient la vigne rampante ou sur joug (Strabon, 144 ; Varron, 1, 8, 1 ; Pline, 17, 166 ; pour le cépage *coc(c)olobis*, cf. §§ 29-30 et n.). Pline n'a cité que les principaux crus, omettant les vins de Sagonte (Juv. 5, 29) et de Gadès (cf. une amphore de 31 p. C., *Bull. com.*, 1879, p. 48 ; *CIL.*, XV, 4570, 2e s. *p. C.*). L'Espagne fut une grande exportatrice (Strabon, *Ibid.* ; cf. parmi les amphores du *Testaccio*, la part importante des marques de vins de Bétique et de Tarraconnaise, dans

R. Étienne, *Les amphores du Testaccio au IIIe s.*, *Mél. arch. et hist.*, LXI, 1949, p. 158. – *a*) Les *Laeetaani* sont un peuple ibère de la côte est entre Tarragone et *Emporiae* (Pline, 3, 21 ; Strabon, 159 ; Ptol. 2, 6, 18 ; 72). Les formes grecques sont Λεητανοί (Strabon), Λαιητανοί (Ptol.) ; cf. *CIL.*, II, 4226, *praefectus orae maritimae Laeetanae*. Le *Lacetani* des mss. de Pline provient peut-être d'une confusion avec le peuple ibère des *Iacetani* (Ἰακκητάνοι) ; pour la confusion inverse, cf. l'apparat critique de Jan-Mayhoff, *ad* 3, 22. Les mss. de Martial ont la forme fautive *Laleetani* Sur la question, cf. E. Hübner, *Drei Hispanische Völkerschaften*, *Hermes*, I, 1886, pp. 337-342. Le vin de cette région, donnait beaucoup de lie (Martial, 1, 26, 9) ; on en faisait de la *sapa* (Mart. 7, 53, 6). — *b*) Le vin de Tarragone était assez prisé (Sil. It. 3, 370, *Dat Tarraco pubem Vitifera et Latio tantum cessura Lyaeo* ; 15, 177), bien que Martial, 13, 118, le compare aux médiocres vins d'Étrurie. — *c*) *Lauro*, ville entre Sagonte et Valence, près de la mer, ruinée par Sertorius en 76. L'inscription *LAVR (onense uinum)* figure sur des amphores du *Testaccio* (*Bull. com.*, 1879, pp. 71-72 ; *CIL.*, II, 3875 ; XV, 4577-4578). On considère parfois ce vin comme l'ancêtre du Malaga (cf. R. Étienne, *art. cit.*, p. 158 ; contre ce point de vue, G. Barbieri, *Lauro*, *in Diz. epigr.* de De Ruggiero, p. 486). – *d*) Aucun autre texte ne mentionne de vin des Baléares. Strabon, 168, parle seulement de l'εὐκαρπία τῆς γῆς. St. Gsell, *Hist. anc. de l'Afr. du N.*², IV, 1929, pp. 26 et 134, assure que les insulaires importaient le vin de l'Afrique carthaginoise ; aux IIIe-IVe s. a. C., l'archipel n'en produisait pas du tout (Timée *ap*. Diod. Sic. 5, 17, 2). Les vignobles étaient donc récents.

§ 73.

1. Pour le Maronée et le Pramnien, cf. §§ 53-54.

2. Le vin de l'île de Thasos est produit avec la *Thasia uitis*, variété de la *Graecula*, cf. §§ 25 et 39. Le procédé de fabrication est dans *Géop.* 8, 23, « Exposer au soleil les raisins mûrs pendant 5 jours, les ramasser chauds le 6e et les tremper dans du moût et de l'eau de mer réduite de moitié par ébullition ; les laisser dans la cuve un jour et une nuit, les fouler et mettre en vases. Après fermentation, verser le 1/25 de vin cuit ; après l'équinoxe de printemps, soutirer dans des vases appropriés. » C'est donc un vin de liqueur ; cf. aussi Athén. 28 c.

3. D'après Théopompe *ap*. Athén. 26 b-c (=*FHG*. I, 328), ce furent les habitants de Chio qui plantèrent la première vigne selon les préceptes d'Œnopion, fils de Dionysos, la firent connaître au reste des hommes et firent le premier vin noir. Le raisin de l'île était une variété de la *Graecula* (cf. §§ 25 et 39). Son vin était excellent : Athén. 33 « Le vin

de Chio est généralement favorable à la digestion, nourrissant, genérateur de bon sang, salutaire, rassasiant parce qu'il a du corps ». Théopompe, *l. c.*, « Le blanc est faible et léger, le jaune, qui desséche, facilite la digestion ». Il était recommandé en médecine (Pline, 14, 96). Les crus principaux étaient le Phanée, du cap Φάναι (Virg., *G.* 2, 98), l' Ἀρσυηνός (Galien, 6, 276 ; 335), le Τιτακαζηνός (*Ibid.*) et l'Ariusien. — *Ariousia* était, selon Strabon, 645, une région rocailleuse et inhospitalière de l'île qui donnait le meilleur vin de Grèce (cf. Virg., *B.* 5, 70 et Servius *ad l.*, *Chio, a promuntorio Chii insulae Ariusio*). Son vin est cité par Sil. It. 7, 210 ; Marc., *med.* 27, 7 ; Galien, 6, 94, etc. ; Pollux, 6, 15 etc. Sur ses trois variétés, cf. Athén. 32 f, « Le Chio est très agréable et, dans le Chio, le cru dit *Ariousios* ; il en est trois sortes : l'une est dure, l'autre douce, l'intermédiaire est appelée *autocratos.* » (suivent les propriétés thérapeutiques de chacune). Certaines amphores portant le sigle *AR* sur le col peuvent avoir contenu de l'*Ariusium* (*CIL.*, XV, 4537-4538). Sa valeur venait de ce qu'il n'était pas coupé d'eau de mer (Galien, 10, 833).

4. Lesbos avait trois crus, le Mitylène, l'Éressos et le Méthymne (Galien, 6, 275, etc. ; Virg., *G.* 2, 90 ; Prop. 4, 8, 38). C'est un des vins les plus loués de l'antiquité ; cf. son éloge par les poètes Antidotos, Cléarchos, Alexis, Éphippos et Euboulos *ap.* Athén. 28e-f ; Aristote *ap.* Gell. 13, 5, 9 ; Hor., *Od.* 1, 17, 21, etc. ; Plaute, *Poen.* 699. Galien, 10, 833, assure qu' « il n'était pas coupé d'eau de mer ». Son goût salé naturel devait provenir des terrains salifères en bordure de la mer. Palladius, 2, 13, 1, recommande en effet d'éviter les sols salés ou amers qui corrompent le vin et le rendent désagréable au goût. Athén. 32 f, le dit moins astringent et plus diurétique.

5. Érasistrate, originaire de Kéos, fils du médecin Cléombrote et neveu du médecin Médios, était disciple de Chrysippe (Bürchner, *R. E.*, XII, 2, c. 2118). Il était dans la force de l'âge en 258/257 a. C. (Suidas, *s. v.*) ; aussi la donnée de Pline, 304 a. C., est-elle déconcertante et doit peut-être se rapporter à sa naissance, par une confusion de cette date avec celle des années de pratique et d'enseignement. Pour l'usage du Lesbos en médecine, cf. Galien, 6, 334 ; 10, 832, etc. Celse, 4, 18, donne une prescription d'Érasistrate conseillant le vin dans le choléra (sans toutefois mentionner le Lesbos).

6. Cf. Diosc. 5, 6, 10, « Le Cos et le Clazomènes, coupés d'eau de mer, se gâtent facilement, produisent des ballonnements, troublent le ventre et sont mauvais pour les nerfs. » Tous les οἶνοι τεθαλασσομένοι présentaient d'ailleurs ces inconvénients, cf. Diosc. 5, 6, 3, « Le vin mêlé d'eau de mer est mauvais pour l'estomac, donne soif, agit sur les nerfs,

est bon pour le ventre, mais ne vaut rien pour les convalescents. »

§ 74.

1. Le mont Tmolos de Lydie, sur le penchant duquel s'élevait la ville de Sardes, était couvert de vignobles (Théophr., *H. P.* 4, 5, 4 ; Pline, 5, 110) ; pour son vin, cf. Virg., *G.* 2, 98 ; Vitr. 8, 3, 12 ; Sil. It. 7, 210 ; Strabon, 637.

2. Pour le vin de Sicyone, traité à l'eau de mer, cf. Athén. 33 b.

3. Chypre était εὔοινος, Strabon, 684 ; cf. Pline, 14, 9. Les autres documents sur son vin sont tous très postérieurs à Pline, cf. Coripp., *Iust.* 3, 91-92. La mode du vin de Chypre ne parvint en Occident qu'avec la 2e croisade (cf. Oberhummer, *R. E.*, XII, 1. c. 74).

4. Telmessos, port de Lycie, à la frontière de la Carie. Il existait aussi, dans le voisinage, une Τελμησσὶς ἄκρα (Strabon, 665).

5. Tripoli de Phénicie. Les toponymes *Botrys* et *Gigarta* (Pline, 5, 78) témoignent de la culture de la vigne dans cette province. Son vin est cité par Cael. Aurel., *Acut.* 2, 211.

6. Bérytos, colonie appelée *Felix Iulia*, sur la côte phénicienne à l'embouchure du Magoras. Ses vignes donnaient un raisin de table qui se conservait bien suivant une technique particulière (Pline, 15, 66) ; pour son vin, cf. Alex. Trall. 2, 407.

7. Sur le vin de Tyr, cf. Alex. Trall. 2, 327 ; 407, etc.

8. Le vin du nome de Sébennytis cité par Pline, 5, 49 ; la *Thasia uua* est un raisin très doux et laxatif (cf. §§ 75 et 117) ; *aethalus*, forme latinisée du gr. αἰθαλοῦς « enfumé, brûlé », marque la couleur du raisin ou du feuillage : selon Billiard, p. 58, tous les raisins découverts dans les tombeaux égyptiens appartenaient « à la variété noire à grosses baies recouvertes d'un duvet bleuâtre » ; *peuce*, pour la même raison, pourrait être en rapport avec πεύκη « pin » et la couleur de la poix, si le terme est bien grec.

§ 75.

1. Cf. Hésych. : Ἱπποδαμάντιος, οἶνος ποιὸς ἐν Κυζίκῳ. Cyzique, ville de Propontide, dans une île qu'Alexandre réunit au continent ; pour le vin, cf. Galien, 6, 801 ; 10, 836.

2. De l'île de Mystos, proche d'Ithaque, en face de l'Acarnanie, selon Hardouin. Mais ce nom de l'île est aujourd'hui rejeté par les éditeurs de Pline, 4, 53 (*nistrus,-dros, mystus* codd., *mystus* vett. ante Detlefsen) ; le mot figure d'ailleurs dans une liste de vins d'Asie et des Cyclades. Impossible à déterminer.

3. A rapprocher de Hésych. κανθάριος · ἀμπέλου εἶδος ; cf. Théophr., *C. P.* 2, 15, 5, « Certaines plantes, si elles ne sont

étêtées, ne peuvent mûrir leurs fruits, ainsi la vigne dite Κανθάρεως. Aussi ôte-t-on les raisins du sommet pour éviter la pourriture et la destruction. » Sans rapport avec les *canteriatae uineae* de Col. 5, 4, 1, vignes attachées à des jougs séparés.

4. Sur le *protopus*, gr. προτρόπος (*sc.* οἶνος) « vin de mère-goutte », cf. § 85 et note. Le vin de Cnide s'exportait beaucoup ; A. Dumont, *Inscriptions céramiques de Grèce, Arch. des Missions scient.*, 2e série, VI, 1871, p. 41, signale près de 1.800 marques d'amphores cnidiennes à Athènes. Sur ce vin, cf. Strabon, 637 ; Alex. Trall. 1, 301, etc. ; Athén., 32 e-f « Le Cnide donne du sang, nourrit, relâche l'intestin ; mais, bu en assez grande quantité, il relâche l'estomac. »

5. Κατακεκαυμένη (χώρα) « le pays brûlé » est le nom d'une région anciennement volcanique du Haut-Hermus, en Méonie (Bürchner, *R. E.*, X, 2, c. 2462-2464). Pour son vin, cf. Strabon, 628 : « Toute cette région est dénuée de végétation, hormis la vigne qui donne le Catacécauménitès, vin dont la qualité n'est pas inférieure à celle des grands crus » ; 637 ; Vitr. 8, 3, 12 ; Stéph. Byz., *s. v.*

6. Sans doute Pétra, la capitale des Nabatéens, en Arabie Pétrée, au croisement des routes de Palmyre et de Gaza (Pline, 6, 144).

7. Myconos, Cyclade au nord-est de Délos et ville de cette même île, dont les monnaies, représentant des grappes, témoignent de la culture de la vigne (R. Herbst, *R. E.*, XVI, 1, c. 1037).

8. Le mont *Mes(s)ogis*, à la frontière de la Lydie et de la Carie, formait la ligne de partage des eaux entre le Caÿstre et le Méandre (Strabon, 440 ; 650). Un clos de ses vignobles était particulièrement renommé : Strabon, 650, « Sur la montagne (*i.e.* le *Mésogis*) se trouve *Aroma* (τὰ Ἄρομα), d'où vient le meilleur *Mésogitès, l'Aromeus* » ; mêmes renseignements dans Stéph. Byz ; Diosc. 5, 6, 9, l'identifie par erreur avec le *Tmolitès*, « le *Mésogitès* d'Asie, provenant du *Tmolos*, donne des maux de tête, est mauvais pour les nerfs ». Pline, au contraire, s'accorde avec Strabon pour les distinguer ; cf. encore Strabon, 637, citant côte à côte comme producteurs de bons vins ἥ τε Μεσωγὶς καὶ ὁ Τμῶλος ; pour le *Tmolitès*, cf. § 74, n. 1.

9. Strabon, 637, mentionne le vin d'Éphèse ; Diosc. 5, 6, 9, « le vin d'Éphèse appelé *phygélitès* [1] a les mêmes propriétés (*sc.* que le Lesbos, léger et bon pour le ventre) ». Une colline de la région d'Éphèse, nommé *Latoreia*, donnait le vin *pramnios* d'après Alciphron de Méandre (Athén. 31 d). Pour le *pramnios*, cf. § 54, n. 2 ; pour le *défrutum*, § 80, n. 5 :

1. *Phygela* est le nom d'une ville voisine d'Éphèse disparue au temps de Pline (5, 114).

10. Apamée de Phrygie, dans la vallée du Méandre.

11. Cf. § 67, n. 1.

§ 76.

1. Le *protagion* est inconnu ; c'est peut-être un vin de mère-goutte, dont les noms, *protropos, prodromos* (Athén. 30 b) présentent la même formation (cf. τήκω « liquéfier », ταχερός « fondant »). Asclépiade, né à Pruse, professeur d'éloquence à Rome au début du Ier s. a. C., se fit médecin et « prit une place importante dans l'histoire de la charlatanerie médicale » (Wellmann, *R. E.*, II, 2, c. 1632). Il fonda une école en soutenant que les vertus du vin l'emportaient sur les pouvoirs des dieux (Pline, 23, 38) et en faisant usage le premier de cette denrée en médecine (Pline, 7, 124). Il écrivit un Περὶ οἴνου δόσεως (Sext., *math.* 7, 91). Sur Asclépiade et le vin, cf. Apul., *Flor.* 19, 1.

2. Les *indices* de Pline citent de nombreux Apollodore que l'on a peine à distinguer. A l'*index* du l. 14 figure le seul Apollodore de Lemnos (que l'on retrouve aux l. 8, 10, 15, 17, 18) et que Varron, 1, 1, nomme parmi les auteurs ayant traité d'agriculture ; ce ne peut être le nôtre, puisqu'Aristote le cite dans sa *Politique* terminée en 329. Un Apollodore figure parmi les *medici* aux *indices* des l. 29 et 30 (de même à ceux d'autres livres Apollodore de Tarente et A. de Citium). Un *Ptolemaeus rex* est en rapport avec des médecins dans Pline, 7, 123 ; 29, 5.

3. Le *Naspercénitès* n'est pas autrement connu.

4. Vin d'*Oréos*, auj. *Oréï*, sur la côte nord de l'Eubée, vers le détroit qui la sépare de la Phtiotide (Strabon, 445-446 ; Pline, 4, 64), colonie fondée par les Athéniens après la destruction d'Histiaia en 447/446, dans une région de vignobles, cf. *Il.* 2, 537, πολυστάφυλόν θ' Ἱστίαιαν.

5. Οἰνόη, ville de la côte nord de l'île d'Ikaros, une des Sporades, auj. *Nikaria* (Stéph. Byz.). D'après Éparchidès (*FHG*, IV, 404 = Athén. 30 b), érudit local dont le nom figure sur une inscription d'Oinoé (Rehm, *R. E.*, XVII, 2, c. 2191), l'île produisait du *pramnios* ; Sémos (*FHG*, IV, 493 = Athén. 30 c) rapporte qu'il se trouvait dans l'île une Πράμνος πέτρα d'où venait le vin nommé *pramnios* ou *pharmakitès* ; pour le *pramnios*, cf. § 54, n. 2.

6. Sur le vin de Leucade, cf. Plaute, *Poen.* 699 ; Euboulos *ap.* Athén. 29 a ; Athén. 33 b : « Les vins de Zacynthe et de Leucade, que l'on plâtre, donnent des maux de tête » ; sur le plâtrage des vins, cf. § 120.

7. Le vin d'Ambracie, au sud de l'Épire, au nord du golfe d'Arta.

8. *Péparéthos*, Sporade au nord de l'Eubée, auj. *Skopélos*, jadis célèbre par son vignoble : Héraclide du Pont (*FHG*, II,

217) la qualifie de εὔβοτρυς [1] et Soph., *Phil.* 548, de εὔοινος. Son vin est cité par Aristophane (fr. *ap.* Athén. 29 a), Ps. Démosth., *In Lakrit.* 935, 35, et Pollux, 4, 16.

§ 77.

1. Après l'énumération des crus naturels, Pline commence ici celle des vins obtenus par divers procédés. Le *bios* est une préparation médicale dont Pline, 23, 53, vantera les mérites. Les deux notices de Pline sur ce vin ne diffèrent guère de celle de Dioscoride sur l'ὀμφακίτης οἶνος (de ὄμφαξ « raisin vert » : 1) recette : Diosc. 5, 6, 14, « Le vin dit *omphakitès* se fait particulièrement à Lesbos ; les raisins, avant complète maturité et encore acides, sont séchés 3 ou 4 jours au soleil sur des claies, jusqu'à passerillage. Le vin, au sortir du pressoir, est exposé au soleil dans des jarres... » — 2) propriétés : Pline, 23, 53, « Le vin que nous avons appelé *bios* ne peut passer pour un vin artificiel, puisque la technique consiste seulement à se hâter. Il est bon pour l'estomac paresseux ou qui digère mal, pour les femmes enceintes anémiées, les paralysies, les tremblements, les vertiges, les coliques, les sciatiques. En cas de peste ou en voyage, il est d'une aide précieuse » ; Diosc., *l. c.* « Il est astringent, bon pour l'estomac, convient aux femmes enceintes sans appétit, à ceux qui sont atteints de coliques iliaques, qui digèrent mal et ont l'estomac faible. On croit qu'il est bon pour la peste. Mais ces vins ne sont buvables qu'après avoir vieilli plusieurs années ».

§ 78.

1. L'île de Cos donne aujourd'hui, comme jadis, deux sortes de vin : 1° un vin noir et fort qu'Hippocrate prescrivait comme tonique (*Des aff. int.* 25 ; 30) et qui servait à la confection de la *faecula Coa* (Hor., *Sat.* 2, 8, 9), le *petmez* moderne, gâteau de farine et de vin noir. — 2° un vin blanc, moins enivrant, puisque coupé d'eau de mer et, par suite, laxatif (sur les vins de Cos, cf. O. Rayet, *Mémoire sur l'île de Cos, Arch. des Miss. scient.*, 3e série, III, 1876, pp. 104-109).

La proportion d'eau de mer devait être assez forte : cf. Athén. 32e, « Le Cos aussi est fortement coupé d'eau de mer », et l'une des recettes de Bérytios, *Géop.* 8, 24, « Les uns mettent 2 parties de moût, 1 d'eau de mer et réduisent au tiers » ; Diosc. 5, 19, dit des *téthalassoménoi* en général : « Les préparations en sont diverses : les uns ajoutent l'eau de mer aussitôt après la cueillette du raisin, d'autres laissent

1. Αὕτη ἡ νῆσος εὔοινός ἐστι καὶ εὔδενδρος καὶ σῖτον φέρει. Cette phrase d'Héraclide (cité à l'index du l. 4) doit être la source de la remarque erronée de Pline, IV, 72, d'après qui *Péparéthos* s'appelait auparavant *Euoenos*.

la grappe sécher au soleil et foulent en ajoutant de l'eau de mer ; d'autres encore font passeriller le raisin, puis le font macérer dans des jarres avec de l'eau de mer, foulent et pressurent ; un tel vin est doux. Ceux qui sont préparés pour avoir le goût fort sont employés aussi pour les fièvres, à défaut de vin d'Aminnée ; ils font aller le ventre... Mais ces vins ne sont pas bons pour l'estomac et donnent de la flatulence... » — Le vin de Cos a été longtemps employé comme laxatif, seul ou dans des préparations (Pline, 23, 79 ; 27, 44). Le salage du moût était, d'une façon générale, assez fréquent et l'addition d'eau de mer était commune dans les îles grecques et sur la côte d'Ionie (cf. §§ 73-74). La découverte de cette technique est peut-être fortuite, comme le prétend Pline, mais le salage du moût, en stabilisant le vin, en permettait le transport (cf. § 120 et n. 6), et ce n'est pas par hasard que seuls étaient coupés d'eau de mer les vins grecs, destinés à de longs et périlleux voyages.

§ 79.

1. Caton, 112, qui n'achète rien hors de son domaine, fait ce vin avec le raisin noir hâtif de la *miscella*. En réalité sa recette ne dit mot de l'obligation de tenir les amphores au soleil pendant quatre ans. La correction de Barb. en *biennio* est empruntée à une autre recette de vin grec de Caton, 105, destinée aux viticulteurs de l'intérieur, où l'eau de mer est remplacée par de l'eau douce salée (même recette dans Col. 12, 37, sans mention d'exposition de vin au soleil). Bien qu'il ne le dise pas, ce vin est pour Caton un remède au même titre que ses *uina ficticia* des §§ 114, 115, 122, 123, 125. Le vin de Cos était naturellement préconisé par les nombreux médecins originaires de la patrie d'Hippocrate et établis en Italie.

2. Le vin de Rhodes, produit d'un plant particulier (cf. § 42 et Macr. 3, 20, 7, *Rhodia sc. uua*) était importé en Italie en grande quantité (on a trouvé 23 amphores rhodiennes à Préneste, cf. Marquardt-Mau, II, p. 70 ; déjà dans une tombe étrusque de *Vulci*, p. 71). Sur sa teneur en eau de mer, Athén. 32 e diffère de Pline : « Le Rhodes a moins d'eau de mer (que celui de Cos) ». C'était un vin fort et agréable, au dire d'Aristote *ap.* Gell. 13, 5. Timarchide de Rhodes, cité par Athén. 31 e, « appelle *hypochytos* un vin de Rhodes semblable au moût ».

3. Vin inconnu ; peut-être de Φόρουννα, ville de Thrace citée par Polybe, 9, 45, 4 et Stéph. Byz.

§ 80.

1. Avec le § 80, Pline abandonne les vins naturels pour les vins de liqueur (γλυκὺς οἶνος, *dulce*) qui sont de deux sortes : vins de raisins séchés (*passum*) et vins cuits. – Pour le

bouquet des vins, cf. Théophr., *C. P.* 6, 16, 5, « Les vins doux et moelleux sont sans aucune odeur ; parmi les autres, les vins légers ont plus de bouquet ». La phrase sèche de Pline néglige le développement habituel sur les qualités des vins suivant leur coloration (cf. Diosc. 5, 8 ; Athén. 32 c-d, etc.).

2. La *psithia* (du gr. ψίθια, ψύθια) et sa variété noire *mélampsithia*, l'*apiana* des Latins, est sans doute notre *muscat* ; Col. 3, 2, 24, en fait une variété de la *Graecula* ; v. aussi Virg., *G.* 2, 93 ; 4, 269 ; Stace, *Silu.* 4, 9, 8 ; Macr. 3, 20, 7 ; *Géop.* 5, 2, 4 ; cf. J. André, *art. cit.*, p. 151. Son raisin servait à faire de l'*omphacium* (Pline, 12, 130) et du *passum* (cf. § 84, n. 1). Cf. Diosc. 5, 6, 4, du vin de raisins séchés : « Le noir, dit μελαμψίθιος, est épais et nourrissant ; le blanc est plus léger. »

3. Vin de Σκύβελα, en Pamphylie, proche du miel pour l'odeur, le goût et les effets (Galien, 6, 98 ; Aret., *C. A.* 2, 9). C'était un vin de mère-goutte, d'après *Gloss. Bot. Gr.* II, p. 307 (éd. Delatte).

4. Haluntium, ville proche de la côte nord de Sicile.

5. Pline traite ici des vins cuits, désignés en grec par le terme général d'ἕψημα ou σίραιον (Diosc. 5, 6, 4 ; *Géop.* 4, 15, 8 ; Pollux, 6, 16 ; 17, etc.). Le procédé de la cuisson servait à deux fins, obtenir des vins de liqueur alcoolisés par concentration du moût et améliorer les moûts médiocres et peu propres à se conserver après vinification. En effet un moût correspondant à une richesse alcoolique de 15° après fermentation complète, comme l'étaient les vins de liqueur des anciens, comporte un peu plus de 250 gr. de sucre par litre, alors que les levures ne se développent plus à partir de 800 gr. seulement. La cuisson éliminant l'eau et concentrant le sucre, la fermentation était rendue impossible ou tout au moins réduite. Il n'est donc pas étonnant que certains viticulteurs Romains, pour éviter tout ennui, aient fait cuire l'ensemble de leur récolte (Col. 12, 19, 1 sq.). Les vins cuits se faisaient partout, en Syrie, Mart. 4, 46, 9, et aujourd'hui encore en Provence. Ils servaient aussi en certaines régions à couper les vins trop âpres (cf. § 121).

Les termes latins qui désignent les vins cuits n'ont pas la même signification suivant les auteurs. Ce sont : 1° La *sapa*, obtenue par réduction du moût des 2/3 à la cuisson (Pline, 14, 80 ; Pallad. 11, 18) ou de moitié seulement (Varron *ap.* Non. 551, 18 ; Col. 12, 19, 1). — 2° Le *défrutum*, par réduction de moitié (Pline, 14, 80) ou des 2/3 (Varron, *Ibid.* ; Col. 12, 21, 1). — 3° Le *caroenum*, par réduction d'1/3 (Pallad. 11, 18, 2 ; Isid., *Or.* 20, 3, 15), procédé et terme inconnus de Caton, Col. et Pline.

6. D'où le nom de *mellacium* à l'époque de Nonius, 551, 16, *sapa, quod nunc -ium dicimus*. Pallad. 11, 19, 2, dit

que le *pässum*, « mis en jarre, se conserve comme le miel. »

7. Les premiers cités, c'est-à-dire *psithium*, *mélampsithium*, *scybélitès*, *Haluntium*, par opposition aux divers vins cuits.

§ 81.

1. Le *passum*, vin de raisins séchés, dont la technique est déjà dans Hés., *Trav.* 609-624, se nommait en grec d'après Diosc. 5, 6, 4, Κρητικός « vin Crétois », πρότροπος (cf. §§ 75 et 95) et πράμνιος (cf. § 54 et n. 2). En fait, les deux derniers noms masquent des variantes locales de technique. Les procédés sont divers : 1° laisser, après épamprage, le raisin se confire sur pied au soleil (*uua passa*), en tordant le pédoncule de la grappe (Varron *ap.* Non. 551, 23 ; Pallad. 11, 19) ; c'est le *vin de paille* des modernes. — 2° le tremper dans l'huile bouillante (Pline) ; cf. une méthode voisine pour conserver le raisin dans Col. 12, 16, 1. — 3° exposer 3 jours au soleil sur des claies les raisins coupés et prendre seulement le vin de mère-goutte (Col. 12, 27).

Le *passum* de Crète, Κρητικός, *Creticum*, était le plus renommé, cf. Juv. 14, 270 ; Mart. 13, 106 ; Pline 20, 208. Celui de Cilicie n'est pas connu autrement (Athén. 33 b, cite l'*Abatès*, vin émollient de Cilicie, mais ne dit pas que c'est un γλυκύς ; pour les vignobles de cette province, cf. Xén., *Anab.* 1, 2, 22). Le *passum* d'Afrique est plus connu (Pallad. 11, 19, 1 ; cf. aussi la recette de Magon, § 82, n. 1). Pour la *scripula*, cf. § 41, n. 2.

§ 82.

1. C'est la technique enseignée par Magon et rapportée par Col. 12, 39, 1 (selon qui les grains macèrent dans du moût et non dans du vin). Mais le *passum secundarium*, d'après la technique de Magon, est obtenu par macération du marc dans du moût frais d'autre raisin et pressurage (Col. 12, 39, 2). Col., *Ibid.*, 3-4, signale un autre procédé qui semble à première vue différent : arroser après foulage le raisin de vin ou de vieille eau de pluie réduite des 2/3 par ébullition. Mais, comme l'addition d'eau ne ferait que rendre au raisin celle qu'il a perdue par dessication au soleil, il ne peut en fait s'agir que d'un *passum secundarium*. Col. omet seulement de dire qu'après foulage on retire le vin de mère-goutte.

§ 83.

1. Du gr. ἀεὶ γλεῦκος. La réfrigération du moût est destinée à arrêter l'activité des levures qui ne se produit pas au-dessous de 15° (on use aujourd'hui d'anhydride sulfureux pour obtenir le vin dit *doux* ou *bourru*). Ce séjour dans l'eau froide d'un puits pendant 30 jours (Caton, 120 ; Col. 12,

29 ; *Géop.* 6, 16, 2) permettait d'attendre les froids de l'hiver qui s'opposaient alors au réveil des levures jusqu'à la saison chaude. Ce procédé était courant, cf. Plut., *Quaest. nat.* 27.

2. Les Voconces, peuple du Diois, dont les deux capitales étaient *Vasio* (Vaison) et *Lucus Augusti* (Luc en Diois). Par « vin doux naturel » on ne peut entendre qu'un vin obtenu sans arrêt de la fermentation, donc avec l'*uua passa*. En fait, Pline donne la recette d'un simple *passum* fait avec une pulpe très concentrée. La *blanquette de Limoux*, selon certains.

§ 84.

1. Pour l'*heluennaca uitis*, cf. § 32 et n. 1.

2. Le texte de Pline n'est pas très clair, les expressions *in sole* et *loco cluso* semblant contradictoires, au point que Littré omet involontairement la première dans sa traduction [1]. Nous ne pensons pas que *loco cluso* doive se comprendre comme *loco tecto* et nous rapprochons le procédé cité par V. Raulin, *Descr. physique de l'île de Crète*, Bordeaux, 1845, p. 241 : « En général, on coupe les raisins lorsqu'ils sont arrivés à maturité ; on les dépose ensuite dans des cuves en maçonnerie (notre *loco cluso*), de 2 à 3 m. de profondeur sur 5 à 6 m. de largeur, construites dans les vignes et exposées à l'air et au soleil ; la fermentation s'y opère pendant 10 à 12 jours » ; cette technique est signalée aussi dans F. W. Sieber, *Reise nach der Insel Kreta im Jahre 1817*, t. II, Leipzig, 1823, pp. 60-61.

§ 85.

1. L'addition de miel correspond à notre opération du sucrage du moût qui permet l'augmentation de la teneur en alcool ainsi que l'adoucissement d'un moût ou d'un vin trop peu sucré (*austerum*). Les Grecs désignent le vin (ou moût) miellé par οἰνόμελι ou μελίκρατον (Pollux, 6, 17). Pline et Diosc. sont seuls à distinguer *mélititès* et *mulsum* : cf. Diosc. 5, 7, 2, « Il (le *mélititès*) diffère de l'*oenoméli* en ce que celui-ci est fait de vin αὐστηρός et vieux et de peu de miel, le *mélititès* de 5 *chous* de moût astringent, d'1 *chous* de miel et d'un cyathe de sel. Il faut le préparer dans un grand vase pour qu'il ait de l'espace pour fermenter ; on y verse le sel petit à petit tant que dure la fermentation ; quand elle a

1. De là l'interprétation de R. Billiard, p. 492, selon qui le *diachytos* ne différait du *bios* « qu'en ce que les raisins, au lieu d'être mis au soleil vif,... étaient simplement déposés en lieu clos sur des treillis. « Ce n'est pas la seule fois que cet auteur travaille sur la traduction sans se référer au texte.

cessé, on transvase. » Diosc. ne parle pas de cuisson et n'est donc pas la source de Pline [1].

Dans Col. 12, 41, le *mulsum* est à base de vin de mère-goutte, donc de moût, utilisé immédiatement à la dose de 10 livres de miel (3 kg 270) par urne de 13 litres ; dans Pallad. 11, 17, l'*oenomel* est fait de moût pris 20 jours après le pressurage et d'1/5 de miel. Dans ces deux recettes, il n'est pas question de cuisson. Les *Géop.*, au contraire, distinguent l'οἰνόμελι, non cuit, à proportion d'1/4 de miel (3 variétés différant par la nature des aromates, 8, 25, 1 ; 2, 3), de l'οἰνόμελι ἀπὸ γλεύκους, à base de moût cuit jusqu'à réduction de moitié (10 parties de moût pour 1 de miel).

On voit que, dans l'usage courant, les Latins ignoraient le *mélititès*. Pline le signale, 22, 115, comme une boisson des femmes, mais son texte correspond en fait à la première partie de la notice de Diosc. 5, 7. La singularité du *mélititès* vient de l'addition de sel qui n'a jamais lieu pour le *mulsum* ou l'*oenoméli*, qu'ils soient à base de moût ou de vin, cuits ou non. Par suite, il est un remède au même titre que les *téthalassoménoi* ; sur son usage en médecine, cf. Diosc. 5, 15 et Pline, *l. c.* ; pour le *mulsum* employé comme laxatif et apéritif, cf. 22, 113-114.

2. Le πρότροπος, dit aussi à πρόδρομος à Mitylène (Athén. 30 b) est un *passum* (Diosc. 5, 6, 4) ; il se distingue des autres vins de raisins séchés en ce qu'il est un vin de mère-goutte, c'est-à-dire fait avec le moût s'écoulant des raisins entassés dans la cuve, avant le foulage ; cf. aussi Pollux, 6, 17, « Le *protropos* était un vin qui s'écoulait avant le pressurage » [2]. Ce vin se faisait aussi à Cnide (cf. § 75) et à Lesbos (Vitr. 8, 3, 12). Il était bon pour l'estomac et l'intestin (Pline, 28, 206).

§ 86.

1. *Lora*, le *vin de marc*, mot dont Varron, 1, 54, 3, donne une étymologie d'après le procédé : *lora, quod lota acina.* — 1re technique : Caton, 25 (sans proportions) ; Varron *ap.* Non. 551, 7 (*id.*) ; Col. 12, 10, 1 (même proportion d'eau douce que Pline, mais il y ajoute de l'écume de *défrutum* ou de *sapa* et de la lie de fond de cuve avant pressurage) ; *Géop.* 6, 13. — 2e techn. : La recette du *deutérias* de Diosc. 5, 6, 15,

1. Au contraire, dans Diosc. 5, 8, 2, c'est l'*oenoméli*, fait de deux métrètes de vin pour un de miel, que l'on cuit lorsqu'on veut procéder plus rapidement.

2. Pollux n'est pas aussi précis que Pline, puisqu'il dit seulement « avant le pressurage » ; ce ne serait alors pas autre chose que le *mustum lixiuum* de Col. 12, 27, le πρόχυμα des *Géop.* 8, 16, dont Florentinos conseille de placer les jarres dans un puits pour faire de l'*aigleucos*.

est un peu différente. La proportion est de 3 métrètes d'eau pour 30 de moût exprimé ; après la réduction au 1/3 par cuisson, on ajoute 6 sext. de sel par métrète restant. Il est bon pour les malades auxquels on hésite à donner du vin. — 3e techn. : le vin de lie de Caton, *Agr.* 153, qui se faisait à l'automne (Pline, 18, 318).

Ces piquettes, dont la recette variait à l'infini, ne pouvaient se conserver. La *lora* du 1er type durait trois mois ; au 4e, Caton, 57, donnait du vin à ses ouvriers (cf. Varron, 1, 54, 3). L'oncle de Columelle, en employant de vieille eau, parvenait parfois à la garder plus de 2 ans (Col. 12, 10, 2). Billiard, p. 459, attribue cette durée singulière à l'addition d'écume de vin cuit, c'est-à-dire de sucre, et de bonne lie, c'est-à-dire de ferments. Ces vins étaient consommés par les domestiques : *uinum familiae* (Caton, *l. c.*), *uinum domesticum.* C'est, dit Anatolios, *Géop.* 6, 13, 2, « une boisson non désagréable pour les gens de la campagne. »

§ 87.

1. Cf. § 8 et n. 1.

2. C'est-à-dire débute avec le consulat d'Opimius en 121 ; cf. § 55.

§ 88.

1. Si le vin dut être rare à l'origine, il fut peut-être connu dès la préhistoire en Italie, à en juger par les pépins de raisins trouvés dans une tombe du Forum (A. Piganiol, *Essai sur les origines de Rome*, Paris, 1917, p. 218), mais considéré comme un remède et un breuvage sacré (Varron, *L. L.*, 6, 21 ; P. F. 250 L). Les libations de vin étaient interdites dans certains cultes grecs (cf. Th. Wächter, *Reinheitsvorschriften im gr. Kult.*, *Rel. Vers. u. Vorarb.*, IX, 1911, pp. 109-112) et latins : dans le *Sobrius uicus*, on faisait à Mercure des libations de lait et non de vin (Fest. et P. F. 396 L) ; dans le culte de la Bonne Déesse, le vin était dénommé lait (Macr. 1, 12, 25 ; toutefois Wissowa, *Rel. u Kult. d. Röm.*, p. 346, pense que le vin avait été employé dès les débuts romains de ce culte).

2. Le texte des manuscrits est inacceptable. On admet généralement la correction en *Postumia* de Barbarus dont l'explication n'est pas valable : la *Postumia* de Cat. 27, 3, est une femme choisie comme reine du festin et n'a rien à voir avec notre passage. On ne comprend pas davantage l'existence d'une *lex Postumia,* c'est-à-dire proposée par un Postumius, qui soit en même temps due au roi Numa. Lorsque Pline mentionne les *leges regiae,* il donne toujours expressément le roi comme leur auteur : 18, 7, *Numa instituit* (bis) ; 285, *Numa constituit,* 32, 20, *id.* ; 13, 87, *Numae decretarum*, etc. Les premiers *Postumii* connus sont P. Pos-

tumius, consul en 503 (Liv. 2, 16, 1), et A. Postumius, dictateur en 497 (*Ibid.* 19, 2), et l'on ne signale pour aucun des deux de fonctions religieuses particulières. Il y eut bien un L. Postumius Albinus, *rex sacrorum* en 280 (Pline, 11, 186), mais la composition du recueil des *leges regiae* était placée sous Ancus Martius (Liv. 1, 32) ou Tarquin le Superbe (Pomp., *Dig.* 1, 2, 2, 2) et tous trois sont hors de cause. Il faudrait donc que Pline ait eu connaissance d'un *lex Postumia* et que, étant donné son caractère religieux, il l'ait reportée avec son auteur au temps du pieux roi fondateur du rituel.

Mais c'est bien là le type même des lois attribuées à ce roi et Pline, avec tous ses contemporains (cf. Tac., *Ann.* 12, 8, 3, *ex legibus regis Tulli*), ne pouvait croire que les rois n'étaient pas personnellement les auteurs des *leges regiae*. Pomponius, *l. c.*, dont les affirmations sont isolées, déclare que, sous Romulus déjà, des lois étaient votées par les comices, mais il précise qu'elles étaient proposées par le roi lui-même : *et ita leges quasdam et ipse curiatas ad populum tulit (Romulus) ; tulerunt et sequentes reges.* Le seul titre à la rigueur possible d'une telle loi eût été *lex Papiria* que donne à l'une d'elles Servius, *ad Aen.* 12, 836, parce qu'elles furent recueillies par Papirius (*Digest.* 1, 2, 2, 2 ; d'où leur nom de *ius Papirianum*).

Pline n'est d'ailleurs pour rien dans son affirmation, et sa source nous est connue. Il cite la loi par l'intermédiaire de Cassius Hémina, bien que cet auteur ne soit nommé ni dans notre passage ni dans l'index du l. 14. Il ne saurait y avoir de doute sur ce point. L'annaliste est nommé par deux fois dans deux textes analogues (18, 7 et 32, 20) et, dans les trois textes, l'intention est identique et l'explication semblable : 14, 88, interdiction des libations de vin, denrée trop chère et dangereuse, sur les bûchers ; 18, 7, institution par Numa des offrandes de *mola salsa*, pour contraindre les Romains à griller le blé, en décrétant que le blé non grillé n'est pas « pur » ; 32, 20, interdiction d'offrir des poissons sans écailles, pour réprimer le luxe des offrandes. Une même préoccupation utilitaire, morale et sociale se révèle dans les trois textes comme la pensée même de Cassius Hémina. J. Carcopino (*Les prétendues « lois royales »*, *Mél. d'arch. et d'hist.*, LIV, 1937, pp. 346-376) a fort justement discerné dans l'esprit de ces lois un relent de pythagorisme qui les rajeunit d'au moins deux siècles, puisque Pythagore dut mourir dans la 1re moitié du ve s.

Or, l'interprétation de ces trois lois par Hémina est pythagoricienne, et cet annaliste était membre de la secte ; c'est encore d'après lui et en citant ses propres termes que Pline, 13, 84-86, raconte la découverte du prétendu coffret de Numa contenant les *scripta philosophiae Pythagoriciae* ; on y voit qu'Hémina tenait le roi lui-même pour un adepte de la secte et peut-être même, selon l'opinion largement répandue, au dire de Liv. 1, 18, 2, pour l'élève du maître. Avec une foi aveugle, il accepte sans réticence le récit de la trouvaille. Il ne pouvait certainement attribuer à un autre qu'au sage Numa, en accord avec la tradition, des lois si conformes aux tendances morales et religieuses de la doctrine. Aussi rejetons-nous la correction *Postumia* comme contraire à la fois aux données historiques reçues des Romains en général et de Pline en particulier et aux croyances d'Hémina.

Les juristes avaient déjà soupçonné la difficulté d'une *lex Postumia* et Bruns, dans ses *Fontes iuris Romani*, avait proposé de corriger en *post eum*. Étant donné la supériorité presque constante de l'accord de *DFd* (*portumi*) sur celui de *Eal* (*postumi*), nous préférons la correction, suggérée avec hésitation dans son apparat par Jan, en *proxumi*. Le mot n'est pas oiseux et Pline ne dédaigne pas de telles précisions, cf. 36, 204, *Tarquinio Prisco... Ita Seruium Tullium qui regno successit*. D'ailleurs l'épithète ne ferait qu'insister sur l'ancienneté de cette législation religieuse, œuvre des deux seuls premiers rois.

3. Pline interprète rationnellement un fait religieux que Plut., *Numa*, 14, 5, se borne à signaler. La taille était placée sous la protection de la déesse *Puta* et de Pomone (Ov., *Met.* 14, 628-630 ; Arnobe, *Adv. nat.* 4, 7). On ne saurait admettre l'intention pythagoricienne qu'y voit J. Carcopino, *art. cit.*, p. 371. Cette loi ne peut en effet viser à restreindre l'usage du vin, puisque l'absence de taille devait au contraire provoquer rapidement l'épuisement des ceps. L'interdit des libations de vins de vigne non taillée est confirmé indirectement par un passage d'Aulu-Gelle, 10, 15, 3, selon qui le flamine de Jupiter ne peut passer sous les provins de vigne qui prennent trop de développement (*i.e.* non taillés).

4. Sur la guerre d'Énée contre les Rutules et leur allié Mézence, roi de *Caere*, cf. Virg., *Aen.* l. 7-10, et Liv. 1, 2. Plut., *Quaest. Rom.* 45, rapporte le fait différemment : « Pourquoi, lors de la fête des *Vénéralia*, répand-on beaucoup de vin hors du temple de Vénus ? Est-ce, comme le disent la plupart, parce que le chef des Étrusques Mézence fit offrir à Énée un arrangement en échange du vin de l'année ? Sur son refus, il promit le vin aux Étrusques en cas de victoire. Mais Énée, ayant eu connaissance de sa promesse, consacra le vin aux dieux, et après sa victoire, le répandit devant le temple de Vénus.

§ 89.

1. L'interdiction faite aux femmes de boire du vin est souvent mentionnée tant par les Grecs (Denys Hal. 2, 25 ; Polyb. 6, 2 ; Plut., *Quaest. Rom.* 6) que par les Romains

(Gell. 10, 23 ; Val. Max. 2, 1 ; Tert., *Apol.* 6, 4 ; Arnobe, *Adv. nat.* 2, 67). On la retrouve aussi à Marseille (Théophr., fr. 117 *ap.* Ael., *N. A.* 2, 38). Sur la question, cf. P. Noailles, *Les tabous du mariage dans le droit primitif des Romains*, *Annales Sociol.*, série C, fasc. 2, 1937, pp. 6-34. Les femmes romaines avaient droit à la piquette, à certains vins de liqueur et aux vins médicinaux (Varron *ap.* Non. 551, 14 ; Gell. 10, 23, 2).

2. L'affaire d'Égnatius Maetennius est exposée aussi dans Val. Max. 6, 3, 9 ; Tert., *Apol.* 6, 4 ; Serv., *ad Aen.* 1, 737. La source commune en serait Varron d'après Münzer, *Beiträge zur Quellenkritik d. Naturgesch. des Plinius*, Berlin, 1897, p. 189 sq. Selon Valère Maxime, Égnatius n'encourut ni accusation ni blâme.

3. La femme romaine dispose des clés de la maison que le mari lui réclame avant de la répudier (Loi des XII Tables ; Cic., *Phil.* 2, 28, 69), mais elle n'a pas celles du cellier. Polybe, 6, 2, 5, dit qu'une femme ne peut boire de vin parce qu'elle n'en a pas l'administration, et Plut., *Rom.* 22, qu'un édit de Romulus permettait de répudier une femme « pour soustraction de clés ».

§ 90.

1. Le *ius osculi*, droit des parents, *cognati* et *agnati*, d'embrasser sur la bouche les femmes de leur famille ne s'exerçait que dans les familles honorables (Cic., *De rep.* 4, 6). C'est, selon P. Noailles, *art. cit.*, pp. 22-23, la trace d'une juridiction de groupe où les parents surveillaient le respect des usages religieux ou sociaux. Autres témoignages : Polybe, 6, 2, 5 ; Gell. 10, 23, 1 ; Tert., *Apol.* 6, 5 ; Arnobe, *Adu. nat.* 2, 67. Plutarque, *Quaest. Rom.* 6, en donne toute une série d'explications des plus invraisemblables.

2. Sans doute Cn. Domitius Ahénobarbus, préteur urbain en 194, consul en 192. Pour la *multatio dotis*, cf. Gell. 10, 23, 2.

§ 91.

1. Il est douteux que l'explication de Pline soit exacte et le vin ne devait pas être si rare à cette époque. L. Papirius, consul en 293, avait fait vœu de ne pas boire de vin pur (*temetum*) s'il était vainqueur, avant d'avoir offert à Jupiter Victor une petite coupe de vin miellé (*pocillum mulsi* ; v. Liv. 10, 42, 7, et aussi 10, 40, 9-11).

2. M. Porcius Cato, consul en 195, obtint l'Espagne comme province et s'embarqua à *Luna* pour débarquer à *Emporiae* (Liv. 34, 8).

3. Reproche fréquent des parasites et des invités à leur hôte avare ou vaniteux, cf. Mart. 3, 60, etc.

§ 92.

1. La correction de P. Schöll au texte de Pline est justifiée par l'absence de toute mention de *murrina* ou de myrrhe dans Plaute, *Persa*, 87-88, qui cite bien le *calamus*.

2. Fabius Dossennus, connu par ce seul texte, est un juriste, comme l'indique l'emploi de *decernere* « trancher une controverse juridique », terme de la langue du droit (cf. F. Ritter, *Rhein. Mus.*, V, 1847, p. 222). L'*Acharistio* étant une pièce attribuée à Plaute, le fragment précédent lui appartient aussi.

§ 93.

1. C. Mucius Scaevola, préteur en 100, consul en 104, auteur de 18 l. de droit civil (Pompon., *Dig.* 50, 2, 2, 41 ; cf. F. Münzer, *R. E.*, XVI, 1, c. 442).

2. L. Aelius Stilo Praeconinus (154-74 a.C.), exégète de Plaute, a traité de sa langue (Quint., *I. O.* 10, 1, 99) et de l'authenticité de ses pièces (Gell. 3, 3, 1 ; 11). On sait, d'après Fest. 315 L., qu'il s'occupait d'étymologie.

3. C. Ateius Capito, juriste mort en 22 p. C., auteur d'un *De iure pontificio* (Gell. 4, 6, 10 ; Fest. 273 L), d'un *De iure sacrificiorum* (Macr. 3, 10, 3 ; Jörs, *R. E.*, II, 2, c. 1904, voit en cet ouvrage un des livres du précédent) et de 9 livres de *Coniectanea* (Gell. 2, 24, 2 ; 15 ; 14, 7, etc.) qui sont sans doute la source du texte d'Aulu-Gelle sur les lois somptuaires (Jörs, *l. c.*).

Ces trois auteurs ont pu traiter de la *murrina* dans des commentaires des lois somptuaires, du droit religieux ou de la Loi des XII Tables qui mentionnait au moins la *murrata potio* (Fest. 276 L, et P. F., *Ibid.*).

4. Ainsi Pline n'a plus la solide assurance qu'il affichait au début du § 92 (cf. aussi § 107) et la *murrina* lui apparaît cette fois non seulement comme un *aromatitès* (vin aromatisé), mais comme un *dulce* (vin de liqueur, c'est-à-dire soit un *passum*, vin de raisin séché, soit un vin cuit). On ne trouve d'ailleurs aucune trace d'un vin myrrhé, même chez Dioscoride, et la myrrhe n'entre jamais seule dans la composition des *uina ficticia*, cf. *Géop.* 7, 36 ; 8, 13, 1 ; 22, 3, etc. D'après P. F. 264 L, *murrina* offrait trois interprétations dès l'antiquité : 1° le breuvage que les femmes appelaient *muriola*. — 2° *murratum uinum*, explication due à l'existence d'une *murrata potio* à usage religieux. — 3° vin d'un raisin appelé *murrina*, le μυροστάφυλος des *Géop.* 4, 9, dont le goût est obtenu artificiellement. Autant qu'on en puisse juger d'après le texte de Varron, *De uita populi Romani I*, cité par Nonius, 551, 7 sq., victime de mutilations et de transpositions, la *murina*, transcription du gr. μυρίνης οἶνος, n'est pas un vin myrrhé, mais un vin de liqueur, un *passum secundarium* de qualité supérieure, donc un *dulce*. On l'obtenait en faisant

macérer le marc dans de la *sapa*. Sur cette question obscure et compliquée à plaisir par les confusions des commentateurs modernes, cf. J. André, *Murrina « vin myrrhé » ?*, *Ann. Fac. des Lettres d'Aix*, XXV, 1951, pp. 45-62.

§ 94.

1. Le terme même d'*apotheca* (ἀποθήκη), inconnu de Caton qui ne connaît que la *cella uinaria*, indique une technique d'origine grecque et récente en Italie. C'est une pièce de l'étage supérieur aménagée pour le passage de la fumée du foyer, dite aussi *fumarium* ; cf. Col. 1, 6, 20, *Apothecae recte superponentur his locis, unde plerumque fumus exoritur.* La spécialisation des techniques imposait l'existence distincte de l'*apotheca*, de la *cella uinaria* pour les vins vieux qu'aurait gâtés une fumigation prolongée, et d'un *defrutarium* où se font et se conservent les vins cuits. — Pline réprouve ce procédé qui rend le vin insalubre (23, 40). R. Billiard (cf. p. 525), ayant exposé pendant 3 ans un vin à la fumée, a constaté la diminution de moitié de la teneur en alcool, l'augmentation de l'acidité et la perte de la coloration. Toutefois la température élevée (60° en été) arrêtait le développement des ferments et de la bactérie de la mère de vinaigre (*Mycoderma aceti*).

2. Il semble bien qu'au temps de Caton l'Ancien on ait ignoré la pratique du soutirage, car il ne la mentionne que pour la confection d'un « vin grec » (115, 2) et d'un *aromatitès* (113) pour lequel il était nécessaire d'éliminer les déchets des plantes mises à infuser. La technique dut être d'origine grecque.

3. Cf. § 55, n. 1.

§ 95.

1. L'auteur ne peut être Plaute : l'allusion au Falerne montre que le vers est postérieur à 121, date à partir de laquelle on commença à distinguer les crus italiens. La glose *Anaxipolis* du *codex Dalecamp.* vient de la présence de *Thasi* dans le vers, cet auteur étant originaire de Thasos ; c'est seulement à son traité d'agriculture, que citent Varron, 1, 1, 8, et Col. 1, 1, 9, qu'il doit de figurer à l'index du l. 14. D'ailleurs, ce même index ne mentionne pas d'autre comique que Plaute ; sans doute l'auteur était-il déjà inconnu au temps de Pline. Le vers est corrompu.

2. P. Licinius Crassus, consul en 97, et L. Iulius Caesar, consul en 90. Cet édit, étant donné le bas prix fixé pour le vin (8 as ou deux sest. le *quadrantal*, ancien nom de l'amphore), a donné lieu à diverses interprétations. Tenney Franck, *Pliny, H. N. XIV*, 95, *Quadrantal*, *AJPh.*, LII, 1931, p. 278, rapprochant le prix des vins payé par les jeunes Romains et donné par Diod. Sic. 37, 3, 5, cent sesterces

l'amphore, propose la correction en *singulos quartarios* qui hausse à 96 sest. le prix fixé par l'édit. Mais Diodore écrit 50 ans plus tard et nous devons envisager les conditions dans lesquelles l'édit fut promulgué. La mesure fut prise en pleine guerre sociale et accompagnée d'une autre formulée dans les mêmes termes : *ne quis uenderet unguenta exotica* (Pline, 12, 24). Toutes deux sont d'ordre économique et destinées en particulier à priver la Campanie révoltée du bénéfice de ses exportations et réexportations et à empêcher les sorties d'or romain. D'autre part, la guerre avait raréfié les denrées, fait monter les prix, et une loi de 89 abaissant le poids des monnaies avait provoqué une inflation ; d'où la fixation à deux sest. du prix de vente du vin d'Aminnée ; ce prix est fort bas sans doute, mais on en retrouve de semblables aux époques de crises de surproduction : un as le conge (*i.e.* 2 as l'amphore) en 254 (Varron *ap.* Pline, 18, 17 ; cf. Polybe, 2, 15, 1, deux oboles le métrète en Cisalpine) ; pour le bas prix de l'huile en 74, cf. Pline, 15, 2 ; du ravitaillement en général en 200, cf. Liv. 31, 50, 1. — La formule de Pline est inusitée ; un édit de maximum comportant une défense semblerait exiger un *plus* fixant le prix à ne pas dépasser. Müller, *Em.* II, p. 36, corrige en *Aminniumque ut*, distinguant une interdiction de vendre du vin grec et la fixation d'un prix maximum pour l'Aminnéen. Mais fixer à moins de 8 as le prix de l'amphore de vin grec revenait pratiquement à en interdire l'importation.

§ 96.

1. L. Licinius Lucullus le père fut préteur en 104 ; son fils fit campagne en Asie et triompha en 63 (cf. Plut., *Luc.* 37). Le mot *cadus*, latinisation du gr. κάδος, désigne toujours un récipient contenant un vin grec ; cf. § 97, la distinction entre *uini Falerni amphoras* et *Chii cados*. Lorsqu'il sert de mesure, il correspond au métrète grec qui vaut 39 l, 37 (v. note 2 au § 57).

2. C. Sentius fut préteur en Macédoine, cf. Cic., *De re frum.* 217 ; Liv., *epit.* 70, l'y signale en 92 et, selon Orose, 5, 18, 30, il était encore en fonction en 89. Sur la « maladie cardiaque », cf. la note de l'éd. A. Ernout à 11, 187 : « syndrome gastro-cardiaque, constitué par des douleurs localisées à la région épigastrique et précordiale, des troubles stomacaux, un état hypothymique ou syncopal et des sueurs froides ». Le vin seul, croyait-on, pouvait la guérir, cf. Pline, 23, 50.

3. La phrase de Varron sur Hortensius est citée dans Non. 495, 55 et 544, 14, comme appartenant au l. 4 du *De uita populi Romani*.

§ 97.

1. Le texte offre des difficultés d'ordre historique, sauf pour le triomphe sur l'Espagne célébré en octobre 45, sous son 4e consulat : 1o César n'était pas dictateur lors de son quadruple triomphe d'août 46. Comme Pline lui donne aussi ce titre dans 11, 171, à propos des mêmes circonstances, il faut penser que cette mention lui sert de repère parmi les Césars. — 2o L'expression *triumphi sui* est impropre, puisqu'il y eut en réalité 4 triomphes dans le même mois sur la Gaule, l'Égypte, le Pont et l'Afrique, et que Suétone mentionne expressément que les 4 cérémonies eurent lieu à quelques jours d'intervalle (d'où l'addition de *quaternis* proposée par J. Müller, *Emend.*, II, p. 37). — 3o Le 3e consulat de César se place en 46 ; il est difficile de croire qu'après avoir fait servir 4 vins en 46, il n'en donna plus que 2 en 45 lors de son triomphe sur l'Espagne, d'autant plus que la pensée de Pline et l'ordonnance de sa phrase impliquent une gradation. Or, Suétone dit qu'ayant trouvé le festin public du triomphe de 45 insuffisant, César en donna 5 jours après un second fastueux (*Caes.* 38, 2). J. Carcopino, *César*², p. 961 et n. 14, rapporte à ce deuxième repas de 45 les 4 vins servis et propose de corriger en *quarto consulatu*. La chronologie donne raison à son assertion, mais l'erreur peut être de Pline.

§ 98.

1. L'*omphacium* (ὀμφάκιον ou ὀμφακίτης οἶνος, de ὄμφαξ « raisin vert »), le verjus, est un vin de raisin cueilli avant maturité, acide et astringent. Sur sa fabrication, cf. Diosc. 5, 5, et Pline, 12, 130 ; sur ses propriétés, Diosc., *Ibid.* ; *Géop.* 8, 11. On utilisait l'*Aminnea* et la *psithia* (Pline, Diosc.).

2. L'*oenanthe* est la grappe florale de la vigne sauvage séchée à l'ombre (Diosc. 5, 4 ; Pline, 12, 132-133 ; Pallad. 7, 11 ; de la vigne cultivée aussi dans *Géop.* 5, 51). On l'utilisait en parfumerie et les viticulteurs l'employaient pour adoucir et parfumer le vin, *Géop.* 7, 20, 3 ; les médecins en faisaient l'*oenanthinos.* La recette de Pline est grecque, puisqu'il use du mot *cadus* ; Dioscoride donne la même, 5, 25, ajoutant qu'il est bon « pour les estomacs faibles, le manque d'appétit, les maux d'estomac et la dysenterie », cf. Pline, 23, 8.

3. La racine, en décoction dans du vin de Cos, était en outre un remède à l'hydropisie (Pline, 23, 19).

§ 99.

1. Le vin noir de la vigne sauvage, étant astringent, est bon pour les flux d'estomac et de ventre (Diosc. 5, 6, 17). Pour son usage dans la fièvre, cf. F. J. Cazin, *Traité des plantes médicinales*, Paris, 1868, p. 1106 : « Dans les cantons où croît la vigne sauvage, les pauvres font avec ses raisins

fermentés dans l'eau une boisson acidulée et agréable. C'est, dit Thore (*Flore des Landes*), notre tisane populaire dans les fièvres ardentes. »

2. La source de Pline n'est pas Diosc. 5, 2 (cf. aussi 5, 4) qui distingue deux variétés d'ἄμπελος ἀγρία, l'une dont la grappe ne dépasse pas le stade de la fleur et donnant l'*oenanthé*, l'autre ayant un petit grain noir et astringent parvenant à maturité. Il s'agit de vignes fécondées et non fécondées. La fécondation et la non-fécondation peuvent se produire simultanément sur un même cep (ainsi semble l'entendre Pline) ou sur deux ceps différents (Diosc.). L'expression de Pline pour la vigne non fécondée est ambiguë : *pars eorum moritur* semble concerner des raisins déjà formés, alors qu'il s'agit seulement de la petite granulation à la base de la fleur, cf. Pallad. 7, 11, qui conseille, en faisant l'*oenanthé*, de la passer au tamis, *ut grana non transeant, sed flos solus decidat*. Les raisins de la vigne sauvage fécondée sont dits *solstitiales* parce qu'ils se forment au moment du solstice. L'*oenanthé* se faisait en juin (Pallad.).

3. Col. 8, 5, 23, donne la même recette. Au XIXe s., on servait encore aux poules, dans le Gers, le jour de la St Jean, de l'eau dans laquelle on avait mis à infuser de la fleur de vigne sauvage, pour leur inspirer le dégoût du raisin au moment de sa maturité (*Revue des Trad. Popul.*, 1895, p. 532). Le raisin passait pour rendre les poules stériles (Pallad. 1, 27, 1), vert, pour donner la pépie (Col. *Ibid.*).

§ 100.

1. *Adynamos*, le « vin sans force ». Diosc. 5, 6, 16-17, n'est pas la source, car il ne demande pas que le moût soit blanc et ne donne pas les proportions ; dans la 2e recette, il ajoute du miel. La prescription est la même.

§ 101.

1. Ce vin de millet n'est pas mentionné dans 22, 130, où Pline traite des propriétés de cette céréale. Déjà Budé avait signalé la confusion possible de κέγχρον « millet » avec κέστρος « bétoine », lat. *uettonica* (Pline, 25, 84 ; Diosc. 4, 1), plante dont on faisait, selon Pline, un vin et un vinaigre. On comparera la recette du vin de bétoine dans Diosc. 5, 44 : « On fait aussi un vin de bétoine ; prendre la plante garnie de graines mûres avec les tiges (σὺν τοῖς κλάδοις) ; en mettre une mine dans deux conges de vin, laisser sept mois, puis transvaser... » La similitude des deux textes ne laisse guère de doute sur l'erreur de Pline, mais sa source n'est pas Diosc. (à οἴνου répond *musti*) et l'erreur s'y trouvait peut-être déjà. En tout cas, il ne faut pas rendre *stipula* par *glumelle*, sens que le mot n'a jamais eu. En passant de la bétoine au millet, Pline — ou déjà sa source ? — a rectifié

σὺν τοῖς κλάδοις qui ne convenait plus pour une graminée. La méprise peut reposer sur la connaissance d'une boisson à base de millet, sorte de bière, mais sans vin (Athén. 447 d ; *Géop.* 7, 34, 1).

2. Pline mêle ici sans s'en rendre compte des infusions à base de vin et une boisson fermentée : 1° *Lotus arbor* : le jujubier (*Zizyphus Sativa* Goertn.), originaire de Chine, mais acclimaté en Asie Mineure plusieurs siècles avant J.-C. et un peu plus pard en Grèce et en Italie (description dans Pline, 13, 104-105) ; avec ses baies, on faisait un vin ayant le goût du *mulsum* et ne se conservant pas au-delà de 10 jours (Népos *ap.* Pline, 13, 106 ; Polyb. *ap.* Athén. 561 d-e). — 2° *Lotus frutex* ; selon toutes probabilités, espèce de Jujubier sauvage, (*Zizyphus Lotus* Willd et peut-être aussi *Zizyphus Spina-Christi* Willd) formant des maquis épineux en Afr. du N., en particulier à Djerba. — 3° Mélilots en général (genre *Melilotus* L.) ; cf. Pline, 13, 107 ; 21, 53 sq. Les mélilots sont émollients et béchiques.

§ 102.

1. Dans sa notice sur les palmiers, 13, 26-50, Pline évoque les divers vins que l'on en tirait et surtout ceux de *caryotae*, § 44. La notice de Diosc. 5, 31, sur le *phoinikitès* est plus détaillée. Ces vins provoquent des maux de tête (Pline, 13, 44 ; 23, 52), mais il amollissent le ventre et servent dans l'hémoptysie (Diosc. 5, 31, 2 ; Pline, 23, 52). C'était la boisson des Nomades et des Indiens, cf. Pline, 6, 161. Sur ce vin, v. Strabon, 783, et Athén. 29 d. — Les *chydaeae* (χυδαῖος « commun ») sont une variété de dattes ainsi nommées par les Juifs et consacrées par les Romains au culte des dieux (13, 46, où Pline ne mentionne toutefois pas leur vin).

2. Diosc. 5, 32, donne la recette du *trochitès* ou *sycitès* avec plus de détails. Ce vin de figues se préparait à Chypre. Le terme *pharnuprium* est oriental, cf. les noms propres *Pharnouchès* et *Pharnouchos* et les toponymes *Pharnuchos*, île de Mésopotamie, *Phanukias*, fleuve de Bithynie.

3. Col. 12, 17, 1-2, donne deux recettes de vinaigre de figues mûres fraîches. Sur le *ficus Cypria*, espèce de sycomore (*Ficus Sycomorus* L.), cf. Pline, 13, 58 ; Diosc. 1, 127, 3 ; sur le *ficus Alexandrina*, probablement un figuier, cf. Pline, 15, 70.

§ 103.

1. Le caroube (*siliqua*, 15, 95 ; v. *ceraunia*, 13, 59), fruit en forme de gousse du caroubier (*Ceratonia Siliqua* L.), naissant en Syrie, d'où son nom de *siliqua Syriaca*. Son vin astringent se prépare avec du moût, cf. Diosc. 5, 24, qui renvoie à la recette du vin de coings.

2. L'*apitès* de Diosc. 5, 24, astringent. Recette dans Pallad.

3, 25, 11. On tirait aussi des poires un vinaigre, cf. Pallad. 2, 15, 5.

3. En particulier de coings, Diosc. 5, 20 ; Pallad. 3, 25, 19 ; *Géop*. 8, 27, le *cydoneum* (Ulp., *Dig*. 23, 6, 9).

4. Le *rhoitès* de Diosc. 5, 26 (cf. *Géop*. 7, 35, 2), astringent et diurétique, s'obtient par pressurage des fruits mûrs. Le jus peut-être cuit jusqu'à réduction d'un tiers. Le vin de grenades de Caton, 126, remède contre la colique et la dysenterie, est d'un tout autre genre, puisque les grenades sont broyées vertes et mises à macérer dans du vin.

5. Cf. *Géop*. 7, 35, 1 : « le fruit frais du myrte et du cornouiller, écrasé et pressuré, donne du vin » ; Diosc. 5, 24.

6. Le vin de μεσπίλαι, selon Diosc. 5, 24, se prépare comme celui de coings, avec du moût. Ce ne sont pas des nèfles, mais des épines-blanches, espèces orientales du genre *Crataegus* L. ; v. Pline, 15, 24.

7. Le vin et le vinaigre de sorbes sont mentionnés par Pallad. 2, 15, 5. Une espèce de sorbe, dite *torminale*, guérissait la colique, 15, 85.

8. Le vin de mûrier (*Morus nigra* L. ; descr. 15, 97 ; propriétés, 23, 134-135). Diosc. 5, 33, donne la recette du *sycomoritès*.

9. Les amandes blanches, d'une saveur douce comme celle des noisettes, contenues dans les cônes du pin à pignons, *Pinus pinea* L., se mangent en Italie et en Provence. Diosc. appelle ce vin *strobilitès*, 5, 35 : « On le prépare en faisant macérer et en broyant des pignons de pin dans du moût. Il a les mêmes effets que le vin résiné. » — Par *superiora* il faut entendre tous les vins du § 103 sauf le dernier, celui de pignons de pin.

§ 104.

1. Il y a 3 sortes de vin de myrte : *a*) le *uinum murteum*, fait des seules baies de myrte noir, plus efficaces que celles de myrte blanc (23, 159). La recette de Caton, 125, sera donnée par Pline, 15, 123. On la retrouve avec quelques variantes dans Diosc. 5, 28 ; Col. 12, 38 ; Pallad. 2, 18 ; 3, 27 — *b*) Le vin fait selon le procédé grec, au dire de Pline, avec les sommités des tiges, les feuilles et les fruits en décoction ; c'est le *myrsinitès* de Diosc. 5, 29. Ces deux vins, employés en médecine, étaient bons pour les maux de ventre et donnaient de l'appétit, 23, 161 ; Diosc., *l. c.* — *c*) Le *myrtidanum*, vin de baies de fragon épineux ou myrte sauvage (*Ruscus aculeatus* L.) ; Palladius, 11, 14, 5, signale que les baies sèches de myrte sauvage de montagne, pilées et jetées dans un tonneau, parfument le vin. Mais le terme même qui désigne ce vin dans Pline est suspect : le μυρτίδανον est, d'après Diosc. 1, 112, 4, une excroissance de l'écorce du myrte (due à un insecte) utilisée en médecine (cf. Steier,

R. E., XVI, 1, c. 1178-1179). V. dans 23, 164, les propriétés médicinales de ce vin.

§ 105.

1. Pline aborde ici les vins proprement aromatiques. Sauf indication spéciale, ils sont préparés ainsi : la partie utile de la plante est broyée, enveloppée d'un linge et placée dans du moût. — Le rhizome d'asperge est une des cinq racines apéritives majeures, très utilisée en médecine comme diurétique, cf. 20, 108-111 ; Celse, *passim*. Elle « sert à parfumer le vin », *Géop.* 7, 20, 7. Ce vin ne figure pas dans Diosc. — La *cunila*, sarriette (*Satureia hortensis* L. et *S. montana* L.), cf. 20, 173 ; c'est le θυμβρίτης de Diosc. 5, 50. — L'*origanum*, origan (*Origanum vulgare* L., etc.) ; sur les emplois de la plante en médecine, cf. 20, 175 ; l'*origanitès* de Diosc. 5, 51 se fait avec de l'origan d'Héraclée ; il a les mêmes effets que le vin de « thym » et se prépare comme lui (v. § 111) ; il est bon pour les maux de ventre (Marcell., *med.* 30, 42). — *Apium*, l'ache, céleri sauvage, céleri odorant (*Apium graveolens* L.). Sur les propriétés de son fruit qui est aujourd'hui encore appelé improprement *semence*, cf. 20, 115 ; son vin est le *sélinitès* de Diosc. 5, 64, l'*apiatès* de *Géop.* 8, 30, apéritif, stomachique et diurétique, bon pour les maux de ventre (Marcell., *med.* 30, 42). — L'*habrotonum* est une espèce mal déterminée du genre *Artemisia* L. ; descr. 21, 60 ; plante employée dans diverses maladies, 21, 160-162. Son vin est l'*habrotonitès* de Diosc. 5, 52 ; cf. une recette dans Col. 12, 35, par décoction dans du moût. — *Mentastrum*, une menthe sauvage, cf. 20, 144-146 ; cf. le *calaminthitès* de Diosc. 5, 52. — Le vin de rue (*Ruta graueolens* L.) était connu à Rome dès 333 sous le nom de *mustum rutatum*, cf. 19, 156 ; c'est le *péganitès* de *Géop.* 8, 13, antidote des poisons mortels et des morsures de serpents ; bon pour les maux de ventre, Marcell, *med.* 30, 42. — *nepeta* : espèce de Calament (*Calamintha Nepeta* Savi). — *serpyllum*, le serpolet (*Thymus serpyllum* L.) ; pour ses propriétés, v. 20, 245-246 ; v. une autre recette de vin dans 20, 245, en remède contre les morsures de serpents, *decoctis ex uino ramis foliisque*. — Le marrube blanc (*Marrubium vulgare* L.) servait à faire un vin nommé *prasitès*, « bon contre les maladies de poitrine et contre celles que guérit le marrube lui-même », Diosc. 5, 48 ; recette dans Col. 12, 32.

§ 106.

1. Le *bounitès* de Diosc. 5, 46, vin de *bounion*, « terre-noix », ombellifère à tubercule, (*Bunium ferulaceum* Sibth et Sm.) ; Pline ici comme dans 20, 21, par une erreur due au rapprochement avec βουνίας « navet », donne cette plante

comme une des espèces de *napi*. Sur les propriétés de ce vin, v. 23, 52.

2. La scille (*Urginea maritima* Baker), dont on utilisait le bulbe en médecine ; sur la fabrication du vin de scille, cf. Col. 12, 33 (*scillites*) ; Diosc. 5, 18 (*scilletices*) ; Pallad. 8, 6, 1-2 (*scillites*) ; Pline le mentionne, 20, 65.

3. La rose était employée en médecine, cf. 21, 121-125. Diosc. 5, 27, donne la même recette du *rhoditès* avec des proportions différentes : « En l'absence de fièvre, il aide à la digestion, est bon pour les maux d'estomac, bu après le repas... » ; autre recette dans *Géop.* 8, 2 et Pallad. 6, 13, qui ajoutent du miel. Les Latins l'appelaient *uinum rosatum* (Pallad., *l. c.* ; Lampr., *Hel.* 21, 6).

4. Le nard gaulois, nard celtique ou spic celtique est la *Valeriana Celtica* L. (cf. 12, 45, n. 2), que Pline appellera *nardum celticum* au § suivant emprunté à la liste d'un autre auteur. — *Nardum silvestre* est un des noms de l'*asarum* (cf. 12, 47), l'asaret (*Asarum europaeum* L.), dit parfois nard sauvage. La recette de l'*asaritès* est dans Diosc. 5, 58.

Les listes données par Pline, aux §§ 105-106 ; 107 ; 111, se chevauchent : ainsi l'asaret est dit tantôt *nardum siluestre* (106), tantôt *asarum* (107 ; 111), le nard celtique soit *n. gallicum* (106) soit *n. celticum* (107) ; *iuncus* figure aux §§ 107 et 111, *calamus* 2 fois au § 107, etc. Cela prouve, comme le *inuenio* du § 107, que Pline emprunte des listes toutes faites à des auteurs différents.

§ 107.

1. La présence de *calamus* à deux reprises dans le § 107, comme l'absence de vins spéciaux pour chacune de la plupart de ces plantes dans Diosc., montre qu'il s'agit de parfums composites donnant des vins dans le genre de celui que nous livre Diosc. 5, 54, sous le nom d'οἶνος ἀρωματίτης. Le § 107 donne ainsi deux formules complexes, cf. *alibi*, *apud alios* et la reprise de *similiter in offa*.

L'usage de parfumer les vins soit dès la mise en jarre soit au moment de boire est ancien, cf. Théophr., *Od.* 8, 10, 67. Cette pratique a dû s'établir d'abord pour relever les vins faibles (Théophr., *Ibid.*) ; nombreuses sont les recettes des spécialistes d'oenotechnie pour corriger ou vieillir les vins à l'aide de parfums (Caton, *Agr.* 113 ; Col. 12, 20 ; Pallad. 11, 14, 7 sq. ; *Géop.* 7, 24). Le *uinum conditum* devint peu à peu à la mode à Rome (cf. 13, 25 ; Mart. 14, 110, 2) et l'on en multiplia les espèces, cf. Lampr., *Hel.* 19, 4 ; Capit., *Gord.* 19, 1, *fuit uini cupidior, semper tamen undecumque conditi, nunc rosa, nunc mastice, nunc absinthio ceterisque rebus, quibus gula maxime delectatur.*

2. Cf. §§ 92 et 93, n. 4.

3. *Calamus*, le roseau odorant, *Acorus calamus* L., dit aussi *acoron*, 25, 157 ; cf. 12, 104-106 ; il parfumait déjà le vin du temps de Plaute, cf. *Persa*, 87-88. — *Bitumen* : sur ce produit, cf. 35, 178-182 ; pris dans du vin, il guérissait certaines maladies, *Ibid.* — *Iuncus*, le « jonc odorant » ; c'est l' « herbe à chameau » (*Cymbopogon Schoenanthus* Spreng.) dont l'essence est depuis longtemps utilisée en parfumerie et en médecine. — Le *costus*, dont on utilisait la racine, 12, 41, est le costus (*Saussurea Lappa* Clarke), originaire de l'Inde. — Pour le *nardum Syriacum*, cf. 12, 45. — L'amome est un parfum produit par l'*Amomum Cardamomum* L. ; cf. 12, 48-49 et notes. — Sur la *casia*, cannelle, cf. 12, 85-95. Elle servait à aromatiser le vin (Théophr., *Od.* 32 ; Pallad. 11, 14, 23 ; *Géop.* 8, 13, 1). — Sur le cinnamome, cf. 12, 51 ; pour son emploi dans le vin, Plut., *Quaest. Conu.* 6, 7, 2. — Le safran, outre son parfum et son usage en médecine (21, 137-139), servait à colorer le vin, Plut., *Quaest. conu.* 6, 7, 2 ; *Géop.* 7, 13, 2. — *Palma* est sans doute la noix de Ben (*Moringa Arabica* Pers.) dont on tirait une huile utilisée en parfumerie. Ce parfum entre aussi sous le nom de φοῖνιξ dans la composition de l'οἶνος ἀρωματίτης de Diosc. 5, 54.

4. Les mss. ont soit *acaro* soit *agaro* soit encore *caro* (cod. *d*). Ce dernier représente le *caros* de 26, 86, qui semble lui-même une corruption de κόριον, un des noms de l'ὑπερικόν de Diosc. 3, 154 ; c'est, pensons-nous, le résultat d'une correction. La leçon *acaro* de *M*, la plus ancienne, permet la correction en *acoro* (mais ce produit est déjà représenté dans la liste par *calamus*) et en *asaro* (le *nardum siluestre*).

§ 108.

1. Diosc. 5, 57, donne la même recette d'un vin de nard syriaque et celtique et de malobathre, bon pour les maux de reins, la jaunisse et le foie.

2. Le vin au poivre connut, sous le nom de κονδῖτον ou de πεπερᾶτον Ἰταλικόν, une grande vogue en Orient (même recette dans *Géop.* 8, 31 ; cf. J. Hatzfeld, *Les trafiquants ital. dans l'Orient hellénique*, Paris, De Boccard, 1919, p. 215, n. 3). Le poivre entre dans la composition d'un vin πρὸς κατάρρους, Diosc. 5, 55.

3. Notice presque identique dans Diosc. 5, 56 : « Le *nectaritès* est préparé avec l'*hélénion*, que certains appellent *médicè*, d'autres *symphyton*, d'autres *idaeos phlomos*, d'autres *Oresteion*, d'autres *nectarion*. Mettre 5 onces de racine sèche d'*hélénion* attachée dans un linge dans 6 conges de moût et soutirer 3 mois après. Il convient aux maux d'estomac et de poitrine ; il est aussi diurétique. » C'est la grande aunée, *Inula Helenium L.*, dont la racine est tonique, expectorante et diurétique.

§ 109.

1. Le nom latin de l'*absinthitès* est *absinthiatum* (Pallad. 3, 32 ; Marc., *med.* 23, 79, etc.). Les deux recettes sont données, avec plus de détails, par Diosc. 5, 39, qui en ajoute d'autres encore ; v. aussi Col. 12, 35 et *Géop.* 8, 21. L'absinthe Pontique est probablement l'absinthe (*Artemisia Absinthium* L.).

2. Le vin d'hysope de Cilicie a, dans Diosc. 5, 40, le nom d'*hyssopitès* ; cf. aussi *Géop.* 8, 15. La recette est dans Col. 12, 35 ; il convient aux maladies de poitrine et pour les maux de ventre (Diosc., *Géop.*, Marcell., *med.* 30, 42). L'hysope des modernes n'existe ni en Grèce ni en Asie ; *hysopus* ne désigne pas l'hysope, mais quelque origan oriental.

3. La vigne peut effectivement prendre certaines odeurs des plantes voisines ; cf. H. Isnard, *La vigne en Algérie*, Gap, Ophrys, t. II, 1955, p. 183 : « On observa qu'arrivé à maturité, alors qu'il est riche en matières grasses et en sucres qui ont la propriété de fixer les odeurs empruntées aux plantes du voisinage, le raisin peut contracter de mauvais goûts : on (*sc.* les colons algériens) expliquait ainsi les vins fleurant le géranium, l'asphodèle, l'eucalyptus ou le romarin. » Les techniques étaient diverses : *a*) Selon Pline et Diosc. 5, 67, on plantait au pied de la vigne l'ellébore noir, la scammonée ou le concombre sauvage ; — *b*) Après déchaussage, on arrosait les racines de racine d'ellébore broyée (Caton, 114 ; *Géop.* 8, 18) ou bien l'on disposait autour d'elles des bouquets d'ellébore, Caton, 115, 2 ; — *c*) Pallad. 4, 32, rapporte, sans le prendre à son compte, qu'on peut obtenir du vin d'absinthe, de rose ou de violette en plongeant au préalable les boutures de vigne dans un vase contenant une de ces essences jusqu'à la naissance des bourgeons ; cf. la même technique dans *Géop.* 4, 9, pour les greffons et les plants afin d'obtenir un μυροστάφυλον « raisin parfumé » ; on pouvait aussi imbiber d'essence des entailles pratiquées dans les sarments.

§ 110.

1. Caton, 115, 1, ne parle pas de semer la plante, mais donne une autre recette qui consiste à faire macérer l'ellébore directement dans le vin. C'est l'*elléboritès* de Diosc. 5, 72, purgatif (6 recettes).

2. Vin de Scammonée d'Alep (*Convolvulus Scammonia* L.). Un *scammonitès* est obtenu par macération de la racine dans du moût, Diosc. 5, 73. « Il nettoie le ventre, chasse la bile et le phlegme. »

3. Cf. Diosc. 5, 67, du vin provoquant l'avortement, (φθόριος) : « On fait aussi un vin qui provoque l'avortement ; on plante auprès des pieds de vigne l'ellébore, le concombre

sauvage ou la scammonée, plantes dont le raisin prend la propriété. Le vin de ce raisin est abortif. On le donne aux femmes à jeun, après les avoir fait vomir, mêlé d'eau, à la dose de 8 cyathes. » Le *cucumis siluester*, σίκυς ἄγριος, est la momordique ou concombre sauvage (*Ecbalium Elaterium* L.). Son suc est un purgatif drastique.

§ 111.

1. Ce ne sont plus, comme dans le § 107, des vins de parfums composites. Chacun d'eux est obtenu par macération d'une seule plante : *a*) *stoechas* : lavande (*Lavandula Stoechas* L.). Le *stoichaditès* de Diosc. 5, 52 : « Prendre une mine de lavande pour 6 conges. Il chasse les humeurs épaisses et les flatulences, supprime les douleurs de côté, de nerfs et les froids... » – *b*) la racine de gentiane est tonique, fébrifuge (25, 71) et abortive (Diosc. 3, 3, 2). – *c*) Le *tragoriganitès* de Diosc. 5, 45, « convient pour les coliques, convulsions, points de côté, fractures, borborygmes et digestions difficiles ». Sur la plante et ses usages, cf. 20, 176. C'est une plante à variétés multiples (Diosc. 3, 22). Ce sont des sarriettes (*Satureia* L.), genre dont on compte quelque 130 espèces, très resssemblantes, dans la région méditerranéenne. — *d*) Le *dictamnitès*, Diosc. 5, 47, « efficace dans l'anorexie, provoque les règles et la délivrance », vin bon pour le ventre, Marcell., *med.* 30, 42. Il s'agit du dictamne de Crète (*Origanum Dictamnus* L.) et de diverses variétés apparentées (cf. Schmidt, *R. E.*, V, 1, 582-583). — *e*) L'*asaritès*, Diosc. 5, 58, « diurétique, bon pour l'hydropysie, la jaunisse, les maladies de foie » (cf. *Géop.* 8, 5). L'*asarum* est le *nardum siluestre* ; Pline oublie qu'il l'a signalé sous ce dernier nom au § 106 (cf. n. 4). — *f*) Le *daucitès*, Diosc. 5, 60, « bon pour les douleurs de poitrine, de ventre et de matrice ; il est emménagogue, diurétique et provoque les renvois ». Pline, 25, 110, compte 4 espèces de *daucus*. Le mot désignait de nombreuses ombellifères à peu près indiscernables. Ce vin était bon pour les maux de ventre (Marcell., *med.* 30, 42). — *g*) L'*élélisphacitès*, Diosc. 5, 61, « bon pour les maux de reins, de vessie, de côté, etc. » Descr. de la plante dans 22, 146-147 ; ce sont des sauges, dont il existe plus de 500 espèces ; on a proposé *Salvia pomifera* L, *S. Cretica* L. — *h*) le *panacitès*, Diosc. 5, 62, « bon pour les contusions, coliques, digestions lentes, etc..., et contre les morsures de serpents » ; cf. Marcell., *med.* 30, 42. Les anciens distinguent plusieurs espèces de *panax* (Diosc. 3, 48-50 ; Théophr., *H. P.* 9, 11, 1-4 ; Pline, 25, 30-33), toute une série d'ombellifères, du genre *Opopanax* L. — *i*) L'*acoritès*, Diosc. 5, 63, vin d'*acoros* et de réglisse. « Il est bon pour les poumons et fait aussi uriner ». L'*Acorus Calamus* L., roseau odorant, le même que le *calamus* du § 107. — *j*) Le *thymitès*, Diosc. 5, 49, « bon pour les diges-

tions difficiles, l'anorexie, la dysenterie, les maladies de nerfs et d'hypocondre » ; bon pour les maux de ventre, Marcell., *med.* 30, 42. Recette dans Col. 12, 35. Le θύμον, *thymum*, n'est pas notre thym, mais une espèce de sarriette (*Satureia Thymbra* L.), cf. Pline, 21, 56 ; 154 ; Diosc. 3, 36. — *k*) Le *mandragoritès*, Diosc. 5, 71, fait avec l'écorce de la racine, somnifère et stupéfiant, utilisé en cas d'insomnie (Macr. 7, 6, 7) et comme anesthésique dans les opérations chirurgicales (Isid., *Or.* 17, 9, 30). Pour l'usage de la plante, cf. Pline, 25, 147 sq. — *l*) Le vin de *iuncus* n'est pas mentionné ailleurs ; cf. § 107, n. 3.

2. Vins et termes inconnus. Peut-être *scyzinum* doit-il être rapproché de σκυζάω « être en rut » et désigne-t-il un vin aphrodisiaque. On a proposé de corriger *itaeomelis* en *idaeomelis*, d'après 27, 93, *Idaeae herbae folia*...

§ 112.

1. *a*) *Cedrus maior* et *c. minor* de Pline, 13, 52-53, comportant chacun 2 variétés, comme dans Théophr., *H. P.* 12, 3, 4 ; tous les cèdres de Pline sont de grands genévriers d'Asie Mineure ; sur les vertus du fruit, cf. 24, 20. Malgré l'emploi de *frutex*, il ne semble pas être question ici des deux seules variétés du *cedrus minor*. Diosc. donne en effet divers vins de « cèdre » : 1° le κεδρίνος, fait avec une mine de bois ayant transpiré au soleil mis à macérer dans un conge de vin, « réchauffant, diurétique et léger, astringent » (5, 36) ; 2° Le vin de fruits du « grand cèdre », sans nom spécial, obtenu par macération d'1/2 mine de baies broyées dans un conge de moût (5, 36, 2) ; 3° le *cédritès*, fait avec la résine de cèdre dans du moût, « réchauffant et amaigrissant. » (5, 37). — *b*) Les feuilles, les racines et les fruits du cyprès étaient utilisés en médecine, 24, 15-16. Son vin se prépare comme le *cédrinos*, Diosc. 5, 36 ; cf. aussi Diosc. 1, 74, « les fruits broyés pris avec du vin guérissent les crachements de sang, la dysenterie, les flux de ventre et la toux ». — *c*) Sur les vertus des fruits du laurier, cf. Diosc. 1, 78, 2. Son vin se prépare comme le *cédrinos*, Ibid. 5, 36 ; c'est le *daphnitès* de *Géop.* 8, 8. — *d*) Caton, 123, en faisant bouillir des copeaux de genévrier dans du vin vieux, préparait un vin contre les sciatiques. Diosc. en connaît deux espèces : l'*arceuthinos*, fait à froid, comme le *cédrinos*, 5, 36 ; l'autre, fait avec les baies, comme la 1re espèce de *cédritès*, et ayant les mêmes propriétés, 5, 36, 2. — *e*) Le vin de térébinthe (*Pistacia Terebinthus* L.) ou *terminthinos*, fait avec des branches portant des baies, est astringent et bon pour l'estomac, Diosc. 5, 30. Sur l'emploi de la plante en médecine, cf. 24, 27.

2. *Locus desperatus* ; les corrections des modernes ne sont que d'ingénieux expédients : *a*) *in Gallia lentisci* (Hardouin) ;

le lentisque n'est cependant pas particulier à la Gaule, ni son vin, que connaît Diosc. 5, 30. — *b*) *calami* (Barb.) ; mais l'antiquité ne semble avoir utilisé de cette plante que la racine (cf. 25, 157 sq.), quand Pline parle ici de tiges et de fruits. Peut-être pourrait-on corriger en *thalliae*. La liste de Pline est empruntée à un auteur grec. Or, θαλλία est donné comme synonyme de κάππαρις dans Diosc. 2, 173, et le mot se retrouve dans Diosc. 2, 70 (θαλλίᾳ *H* θαλίᾳ *Di* θαλαττίω *E* θαλλῷ *F* et Wellmann), associé justement au lentisque et au térébinthe : ces trois plantes donnent aux chèvres qui les broutent un lait bon pour l'estomac ; d'autre part, le câprier était utilisé en médecine (13, 127 ; 20, 165-167 ; Diosc., *l. c.*). On peut d'ailleurs rapprocher Cael. Aurel., *chron.* 5, 69, *decoctio herbae talliae*, et 70, *talliae herbae... decoctae*. Enfin *thallia* est synonyme de *strychnos* dans Ps. Apul., *herb.* 75, 1, 17 *adn.* et 27 *interpol.*

3. Le *schininos* de Diosc. 5, 30, préparé comme le *myrsinitès* ; le bois de lentisque (*Pistacia Lentiscus* L.) s'employait encore au siècle dernier en décoction contre la goutte (F. J. Cazin, *op. cit.*, p. 578). La variété de Chio donnait la résine de mastic.

4. *Chamelaea*, le daphné-olivier nain (*Daphne Oleides* L., et *D. oleaefolia* L.). Diosc. 5, 69, donne la recette du *chamélaitès* : « A la floraison, broyer avec les feuilles, cribler et mettre 10 drachmes dans un conge de moût ; soutirer deux mois après. Il convient aux hydropiques, hépatiques, anémiés et aux accouchées qui se remettent difficilement. »

5. *Chamaepitys* « petit pin » ; descr. et propriétés dans Pline, 24, 29-30 : diverses variétés d'ivette (*Ajuga Iva* Schreb et *A. Chia* Poir.). Le *chamaipityinos* se prépare comme le précédent et convient aux mêmes affections (Diosc. 5, 70).

6. *Chamaedrys*, germandrée petit-chêne (*Teucrium Chamaedrys* L.) ; descr. et propr. dans Pline, 24, 130-131. Son vin est bon pour les maladies de poitrine, *Ibid.* C'est le *chamaidryitès* de Diosc. 5, 41, qui se prépare comme l'*hyssopitès*.

§ 113.

1. L'hydromel, μελίκρατος (Diosc. 5, 9) ou *aqua mulsa* (22, 110), boisson très répandue chez les peuples manquant de vin. Les deux recettes de Pline sont aussi données par Diosc., *l. c.*, et *Géop.* 8, 28. Par contre, Pallad. 8, 7, n'en connaît qu'une, à base d'eau de source, avec même exposition de 40 jours ; pour ses propriétés, cf. Pline, 22, 110 ; Diosc. ; *Géop.* ; Celse, 4, 7, 5, etc. Pline ne signale pas ici le *thalassoméli* de Diosc. 5, 12, fait suivant des proportions variées d'eau de mer, de miel et d'eau de pluie, et laxatif. Il en parlera dans 31, 68.

§ 114.

1. Pline donnera à nouveau cette recette d'oxymel dans 23, 60-61 en la faisant suivre de ses usages en médecine et en citant sa source, Dieuchès, médecin disciple de Praxagore (4e-3e s.) qui ne figure cependant pas à l'index du l. 14. Diosc. 5, 14, donne aussi une recette identique dont la formule est beaucoup plus proche dans l'expression de celle de 23, 60. C'est un vin médicinal, mais, semble-t-il aussi, une boisson d'après Lysias *ap.* Athén. 67 f ; l'addition de miel devait permettre l'utilisation des vins tournés.

2. Thémison, originaire de Laodicée, était un disciple d'Asclépiade de Bithynie (Pline, 29, 6). Il était mort au temps de Celse, et une école se réclamait déjà de ses principes (Celse, *proem.*, 11 ; 54) ; sur les dates et les ouvrages, cf. Deichgrüber, *R. E.*, V A², c. 1632-1638. D'après le contexte du § 115, il semblerait que la condamnation de Thémison frappe indistinctement tous les *uina ficticia*. Cependant, étant donné l'importance des vins à base de plantes dans la médecine antique, les véritables remèdes, on peut penser qu'elle concerne les seuls *oxymel* et *hydromel*. Rien dans les fragments de Thémison *ap.* Celse et Cael. Aurel. ne vient confirmer une condamnation aussi générale qui ne serait pas passée inaperçue.

§ 115.

1. La remarque est étonnante, pour qui sait la longue durée de nos vins pharmaceutiques à base de plantes. Il faut tenir compte des méthodes défectueuses de vinification dans l'antiquité. Les seuls *uina ficticia* dont Pline mentionne la possibilité de se conserver sont le vin de « millet » (§ 101), soutiré au 7e mois, celui de roses (§ 106), bon à partir du 4e mois, l'hydromel et l'oxymel qu'on laisse vieillir.

§ 116.

1. Cf. Théophr., *H. P.* 9, 18, 10. « On dit qu'il est à Héraclée d'Arcadie un vin qui rend les hommes fous et les femmes stériles ». Le fait est cité aussi par Athén. 31e et Élien, *V. H.* 13, 6, qui le situent à Héraea d'Arcadie.

2. Cf. Théophr., *H. P.* 9, 18, 11, « Il existe en Achaïe et en particulier dans les environs de Kérynia une sorte de vigne dont le vin provoque l'avortement des femmes enceintes. Les chiennes qui en ont mangé avortent aussi. Ce raisin ne présente aucun goût particulier non plus que son vin. » Mais Pline, et Athén. 31 f, citant Théophraste, rapportent aux femmes ce qu'il dit des chiennes. Avaient-ils un texte de Théophr. différent du nôtre ou est-ce une confusion de κύνες et κύουσαι (surtout après ἐγκύμονας) ? Élien, *l. c.*, ne parle pas des chiennes. Kérynia est située sur une hauteur, sur la rive gauche de la Buphusia (Bölte, *R. E.*, XI, 1, c. 343).

§ 117.

1. Cf. Théophr., *H. P.* 9, 18, 11, « A Trézène, le vin rend impuissants ceux qui en boivent », et Athén. 31 f, citant Théophr. ; Dümmler, *R. E.*, I, 2, c. 2740, *s. v. Aphrodite*, rattache cette croyance au fait que l'Aphrodite de Trézène aurait refusé les libations de vin. Cet interdit se rencontre bien dans le culte d'Aphrodite (cf. scol. *Oed. Col.* 100 ; Athén. 510 d, etc.), mais le rapprochement nous semble douteux, comme à Th. Wächter, *Religions Vers. u. Vorarb.*, IX, 1911, p. 111.

2. Cf. Théophr., *H. P.* 9, 18, 11, « A Thasos, on fait un vin soporifique. Mais un autre tient éveillés ceux qui le boivent » ; Athén. 31 f.

3. Cf. 23, 14, « Le raisin thériaque, dont nous avons parlé en son lieu, se mange contre les morsures de serpents. On croit qu'il faut aussi manger ses pampres et en faire des applications. Son vin et son vinaigre sont utiles dans les mêmes cas. » Pour Pallad. 3, 28, et *Géop.* 4, 8, cette vigne n'est pas propre à Thasos ; ils donnent deux procédés identiques pour se la procurer : *a*) fendre le sarment, en ôter la moelle sur une longueur de 3 ou 4 doigts, y substituer l'antidote, puis planter en terre ; — *b*) déchausser le cep et verser l'antidote sur ses racines (procédé employé pour obtenir l'*elléboritès*, § 109, n. 3). D'après ces mêmes auteurs, on peut utiliser le raisin, les feuilles, le vin, le vinaigre et jusqu'à la cendre contre les morsures de serpents, et même, selon Pallad., contre celles de tout animal sauvage ; cf. aussi *Géop.* 5, 2, 19.

4. Cf. gr. λιβανώδης et λιβανοειδής « au parfum d'encens », Les leçons des mss. indiquent un terme grec (déformé par anticipation de *diis prolibant*) se rapportant à l'encens ou à une plante de même odeur. Or, Pline veut parler d'un vin naturel et non d'un vin aromatique ; dans sa pensée, c'est un vin « à odeur d'encens ». Il doit s'agir d'une vigne plantée dans un terrain où poussait le romarin (cf. § 109, n. 3). Le nom grec du romarin est λιβανωτίς et la plante sent l'encens, cf. ses noms en fr. pop. *encens* et prov. *encensié*.

5. Interprétation religieuse (ἀ + σπένδω) d'un terme désignant le lieu d'origine du vin, *Aspendos*, ville de Pamphylie.

6. Cf. §§ 74, n. 8 et 75.

7. Cépage inconnu. Pline cite le cru de Telmessos en Lycie, § 74.

8. Cf. ἐκβάλλειν « avorter », ἐκβόλιον « médicament abortif ».

§ 118.

1. Cf. *Géop.* 7, 10, « Tout vin tourne généralement au coucher des Pléiades, au solstice d'hiver, ou bien à la floraison de la vigne, au solstice d'été et à la Canicule. » Cf. *Ibid.*,

7, 15, 16. Les vignerons disent que le vin « travaille » ; cette légère effervescence, due aux ferments malo-lactiques, n'est pas nocive pour les vins ; au contraire, elle élimine l'excès d'acidité (J. Renaud, *Biologie du vin*, P. U. F., 1950, pp. 110-111) ; elle se corrige par le soutirage et le méchage.

2. Le commerce des vins se faisant surtout par mer, l'antiquité s'est préoccupée de stabiliser les vins qui naviguaient, et les *Géop.* 7, 17, en donnent la recette : « Filtrer de l'eau d'olive à travers un tissu de lin, la réduire de moitié par la cuisson, verser du miel attique au fond de la jarre avant de verser le vin. Il tiendra très longtemps. » Le transport par mer produit, en remuant le vin, une oxygénation plus rapide au contact de l'air et des variations de la pression intérieure qui le font vieillir plus vite ; cf. Pasteur, *Études sur le vinaigre et le vin* (*Œuvres*, t. III, Paris, Masson, 1924, p. 211), à propos du vin ayant fait le trajet aller et retour Bordeaux-Saint-Domingue, supérieur au même vin resté en France : « il est avéré depuis longtemps que les voyages améliorent beaucoup le vin toutes les fois qu'ils ne sont pas une cause d'altération. »

§ 119.

1. L'usage du vin dans la religion était entouré de toutes sortes d'interdictions concernant la vigne et le vin (*spurcum uinum*, Antistius Labéo *ap.* Fest. 438 L ; Isid., *Orig.* 20, 3, 7) : *a*) pour le vin de vigne non taillée, cf. § 88. — *b*) pour la foudre, Antistius Labéo, *l. c.*, ne parle que du vin : *spurcum uinum* ⟨ *quod* ⟩ *igne tactum est*. Selon Sén., *N. Q.* 2, 53, 1, le vin frappé de la foudre rend fous ceux qui le boivent. Pour les effets de la foudre sur le vin, cf. Lucr. 6, 235, Sén., *N. Q.* 2, 31, 1, et Pline, 2, 137, qui sont en désaccord. Pour l'interdit religieux frappant les objets foudroyés, cf. aussi 16, 24. — *c*) Le pendu souille, en Grèce, l'arbre auquel il s'est pendu (Diog. Cyn., *fr.* 211 Müllach *ap.* Diog. Laert. 6, 61). On ne relève pas d'autre exemple en Italie. — *d*) Le foulage du vin était l'objet de prescriptions d'hygiène rigoureuses, d'origine peut-être religieuse ; cf. *Géop.* 6, 11, 4-5, « Les fouleurs entreront dans la cuve après s'être bien lavé les pieds ; aucun d'eux ne mangera ni ne boira dans la cuve, ni n'entrera et ne sortira fréquemment. Et si l'un d'eux est forcé de sortir, il ne partira pas nu-pied. Les fouleurs seront habillés et porteront des caleçons à cause de la sueur. » Col. 12, 31, donne une curieuse recette pour prévenir une mauvaise odeur en cas de chute dans le vin d'un animal, serpent, rat ou souris. — *e*) Le *vin de rognure* ou *vin de taille* : quand le marc ne rendait plus, on coupait celui qui débordait du pressoir avec un outil tranchant (le *taioraco* provençal) pour le presser à nouveau. Le moût obtenu était le *mustum tortiuum circumcidaneum* (Caton,

23, 4), *m. circumcisiuum* (Varron, 1, 54, 3) ou *m. tortiuum* (Col. 12, 36). Caton le mêlait à celui du premier pressurage, mais Varron le fait mettre à part parce qu'il sent le fer. Sans doute avait-on remarqué le rapport entre la présence du fer et l'existence des *casses* dites ferriques (casse bleue, teinte violacée du vin rouge ; casse blanche, aspect laiteux du vin blanc) ; cf. J. Renaud, *Biologie du vin*, p. 120 : « Dans toutes les manipulations, l'usage d'instruments de fer est à éviter, car ceux-ci peuvent provoquer la casse ferrique. » Le vin pouvait donc être considéré comme impur à cause de sa coloration anormale. Mais il semble aussi que l'emploi du fer le faisait tomber sous le coup d'un interdit religieux, cf. l'obligation pour le *flamen Dialis* d'user de ciseaux de cuivre pour se couper les cheveux, Serv., *ad Aen.* 1, 148 ; Macr. 5, 19, 13. — *f*) L'interdit du vin coupé d'eau est aussi mentionné par Antistius Labéo et Isid., *l. c.* A la liste de Pline Labéo ajoute le *défrutum* (c'est-à-dire tous les vins cuits en général) et le moût.

2. On supprimait la flèche du pampre, qui ne valait rien pour le fruit, et on l'utilisait comme asperge dans l'alimentation, cf. Théophr., *C. P.* 6, 12, 9. Selon Diosc. 4. 181, on mangeait salées les pousses de la vigne sauvage.

§ 120.

1. Ces spécialistes d'oenotechnie sont inconnus ou peu connus. De Commiadès on ne sait que ce que donne l'index du l. 14, *C. qui de conditura uini scripsit*. Euphronios est dit Athénien (index du l. 14 ; Varron, 1, 1, 8 ; Col. 1, 1, 8). Aristomaque est peut-être le même qui écrivit un traité sur la fabrication du miel (index du l. 11). Hikésios doit être le médecin disciple d'Érasistrate, auteur d'ouvrages sur les parfums, les poissons (Pline, 20, 17 ; 22, 40 ; 27, 31 ; Athén. 278 ; 689e).

2. Le plâtrage des vins était plus courant et commun que ne l'indique Pline ; il avait lieu à Leucade (Athén. 33 b), à Chypre, en Phénicie et même en Italie (Théophr., *Lap.* 67). Cette technique est trop souvent décrite (Col. 12, 20, 8 ; Pallad. 11, 14, 3, etc. ; *Géop.* 6, 8) pour n'avoir pas été générale. Elle avait pour but de débarrasser le vin des matières mucilagineuses, d'en aviver la couleur et la limpidité et d'en acrroître l'acidité (cf. Billiard, *op. cit.*, pp. 499-500). Le vin plâtré passait pour nocif, cf. 23, 45 ; Diosc. 5, 6, 5 : « Le vin plâtré agit sur les nerfs, cause des maux de tête, échauffe, est mauvais pour la vessie. »

3. Cf. Pline, 26, 166, selon qui l'on disait en plaisantant des Carthaginois que, à l'inverse des Latins, ils usaient de poix pour leurs maisons et de chaux pour leurs vins. L'usage de la chaux tendait à désacidifier les vins en donnant des

tartrates de chaux insolubles qui déposaient (Billiard, p. 503). Ce vin était mauvais pour la santé, 23, 45.

4. L'argile servait à combattre la mollesse des vins grecs due à l'excès de maturité du raisin ; elle les décolorait et les clarifiait (Billiard, pp. 502-503), les purifiait et les parfumait, selon *Géop.* 7, 12, 19 ; 20, 7. Aujourd'hui encore, on use parfois d'une argile spéciale, la bentonite, qui a le pouvoir de coaguler les protéides responsables des dépôts, mais qui donne un léger goût terreux (J. Renaud, *Biologie du vin*, pp. 121-122).

5. Le marbre en poudre est déjà recommandé par Caton, 23, 3-4 ; cf. aussi Col. 12, 20, 8, pour un vin qui risque de s'aigrir et dont la conservation sera ainsi assurée jusqu'à la prochaine récolte. Le marbre a le même effet que la chaux (Billiard, p. 503) et rend le vin nocif, Pline, 23, 45.

6. Sauf dans le cas des vins salés utilisés en médecine pour leurs effets laxatifs, le salage n'avait pas pour but de modifier les propriétés ou le goût du vin, puisque Col. 12, 21, 5, se préoccupe de doser la quantité d'eau salée pour éviter d'offenser le goût. Plutarque, *Quaest. Nat.* 10, a bien compris qu'il s'agissait de corriger le vin. L'effet du salage est analogue à celui du plâtrage ; l'acide chlorhydrique produit une précipitation plus rapide de la lie, avive la couleur, rend le vin plus solide et permet ainsi le transport des *uina transmarina* (P. Viala, *Gde Encyclopédie*, art. vin (salage) ; R. Billiard, pp. 500-502 ; P. Vaisière, pp. 129 et 132). Rappelons que, en France, le salage du moût est autorisé par la loi du 12 juillet 1891 à la dose de 1 gr. par litre. Tous ces effets n'avaient pas échappé aux anciens, mais les Latins en rejetaient la responsabilité sur les Grecs à cause de leurs *téthalassoménoi* et n'étaient pas loin de leur reprocher une supercherie (outre Pline, cf. Col. 12, 21 ; 25, 1 ; Pallad. 11, 14, 2-3), bien qu'ils usassent eux-mêmes du salage dans la maladie nommée *mucor*, la « graisse », Col. 20, 23, 3. Le salage pouvait se faire par addition d'eau de mer (procédé grec) ou par dissolution de sel au préalable dans de l'eau ou directement dans le vin. Les médecins condamnaient de tels vins comme mauvais pour l'estomac, les nerfs et la vessie, Diosc. 5, 6, 3 ; Pline, 23, 46.

7. Il y a deux techniques pour obtenir la poix, cf. Pline, 16, 53-54 : 1) à partir de la résine ; la gemme (*flos crudus resinae*) est traitée à l'eau chaude ou par exposition au soleil, ce qui provoque l'évaporation de l'huile essentielle ; il reste alors la *crapula*, dont on obtient par cuisson une poix, dite *pix crapulana* ; 2) à partir d'éclats de bois résineux consumés dans des fours par un procédé analogue à la fabrication du charbon de bois.

8. Cf. § 124 et n. 1.

9. L'addition de lie équivaut au tartrage des modernes ;

elle contient du bitartrate de potasse, des tartrates de chaux et de magnésie, de l'albumine, de la levure vinique et des ferments. Son emploi serait encore recommandé par quelques oenologues (Billiard, p. 503). Elle contient surtout « des milliards de cellules de levures formées au cours de la fermentation » (J. Renaud, pp. 45 ; 84) et propres à assurer celle du moût. Les anciens en usaient en diverses circonstances : pour empêcher un vin de tourner, en substituant à sa propre lie celle d'un bon vin (*Géop*. 7, 12, 7 ; Col. 12, 28, 4) ; pour adoucir un vin trop dur ou lui ôter un goût de terroir, Col. 12, 30, 2 ; Pallad. 11, 14, 5 (lie d'un vin doux) ; pour bonifier un méchant vin, avec la lie des meilleurs crus, Hor., *Sat.* 2, 4, 55-56. On se contentait souvent de verser le vin décanté dans des vases vidés récemment et non nettoyés.

10. Billiard, pp. 506-507, se perd en conjectures sur le but de cette opération ; sans doute pensait-on par l'addition de vinaigre relever les vins trop plats. Mais le procédé était risqué.

§ 121.

1. On pratiquait systématiquement, semble-t-il, la concentration du moût (cf. § 80 et n. 5) chaque fois qu'il fallait sauver la récolte : lorsque le raisin a subi, avant la vendange, des pluies trop abondantes, Pallad. 11, 14, 4 ; lorsque le moût est trop dur ou a un goût de terroir, Col. 12, 19, 2 ; lorsque le vin ne se gardera pas jusqu'à la vente, Col. 12, 19, 1. La réduction par la cuisson variait selon les régions : d'1/20 en général en Grèce (Pallad. 11, 14, 4), elle pouvait aller jusqu'aux 3/4 (Col. 12, 19, 1). Le vin réduit de moitié était le meilleur, Col., *Ibid.*

2. Il ne s'agit plus ici de ces vins cuits dont vient de parler Pline et que l'on ne fait que pour sauver un moût impossible à conserver. L'addition de *sapa* (moût réduit des 2/3 pour Pline, § 80) équivalait à un sucrage du moût. Caton, 23, 2, recommandait déjà l'addition de *défrutum*. Col. 12, 19, 2, conseille de choisir de la *sapa* des meilleurs crus et de ne pas forcer la dose, pour dissimuler l'opération à l'acheteur (goût de caramel trop prononcé). Ce type de vin est la γλύξις des Grecs, Athén. 31e ; il était peu recommandé par les médecins : Diosc. 5, 6, 5, « les vins appelés *aparachytoi* et additionnés de vins cuits donnent des maux de tête, enivrent, s'évacuent difficilement et sont mauvais pour l'estomac ».

3. Pline reviendra brièvement sur le poissage des jarres, cf. § 134 ; dans 23, 45, il prétend qu'il vaut mieux pour la santé que les jarres n'aient pas été poissées.

4. Cf. 16, 52 sq.

§ 122.

1. Sur la résine de térébinthe, cf. 13, 54 ; 16, 55 ; 34, 34-35. Diosc. 1, 71, 1-2, lui donne le 1er rang. Comme Pline, 16, 58, indique un procédé syrien pour la récolter, on peut penser que la *resina Syria* de la fin du § est une résine de térébinthe.

2. Cf. 12, 72, « le mastic de Chio passe pour provenir, comme une gomme, du lentisque » (v. note, *ad l.*, éd. Belles-Lettres). Diosc. 1, 70, 3, décrit aussi le mastic comme une résine de lentisque.

3. Pline ne parle pas de la résine de cyprès en traitant de cet arbre, 16, 139 sq., mais la mentionne sans plus dans 24, 32.

4. D'après 13, 53, la résine du « grand cèdre » (un genévrier) est la plus estimée ; elle servait à falsifier le styrax, 12, 125.

§ 123.

1. La *Cypria resina* est probablement une résine de térébinthe, cf. 24, 34, *terebinthina* [*resina*], *nationum Cypria et Syriaca, utraque mellis Attici colore.*

2. Sur la résine de Colophon en Lydie, cf. Diosc. 1, 71, 3.

3. Le *picea* d'Asie de Pline est le *Picea Orientalis* Carrière, d'Asie Mineure et du Caucase, épicéa assez voisin du nôtre, qui sécrète des gouttes de résine appelées « larmes de Sapindus ». *Psagdas* (ψάγδας) est le nom d'un parfum égyptien dans Aristophane, Eupolis et Euboulos *ap.* Athén. 690e ; cf. Pollux. 6, 104, καὶ ψάγδας δ'Αἰγύπτιον μύρον ; Hésych. donne les deux formes σάγδας et ψάγδας. La résine entrait dans la composition de certains parfums d'Égypte, cf. 13, 8.

4. Cf. 24, 34.

5. Pour l'usage de la résine dans l'épilation, cf. 29, 26 ; Juv. 8, 114.

§ 124.

1. Les §§ 124-125 traitent de l'addition de poix et de résine aux moûts, technique à peu près générale dans l'antiquité et qui subsiste encore dans l'oenotechnie grecque moderne : parmi les vins grecs d'aujourd'hui, il en est de « blancs ou rosés, assez légers, auxquels, au début de la fermentation, on adjoint un peu de résine de pin pour faciliter leur conservation : c'est « le vin résiné », au goût léger de térébenthine, vin de consommation courante et purement locale. » (A. Labaste, *Les vins grecs, Annales de Géogr.*, XLVIII, 1939, p. 404). Les anciens, comme les modernes, distinguaient trois produits tirés des essences résineuses :

a) *flos crudus resinae,* dit aussi simplement *resina,* la *gemme,* suc oléo-résineux ; c'est le produit tel qu'on le recueille, composé d'une huile essentielle volatile, l'essence de térébenthine, et d'une matière fixe, la résine. — *b*) *crapula*, la résine proprement dite, obtenue par exposition au soleil ou chauffage doux qui provoque l'évaporation de l'huile essentielle ; cf. 16, 54-55 : « On prend de la fleur crue de résine, détachée de l'arbre avec beaucoup d'éclats de bois minces et courts ; on la broie finement pour la passer au crible, puis on l'arrose d'eau bouillante jusqu'à ce qu'elle fonde. Le produit gras qu'on en exprime constitue la meilleure résine. » — *c*) *pix*, la poix, produit restant après chauffage de la résine à haute température. On obtient un premier distillat, la poix liquide, *pix liquida* (16, 52 ; utilisée aussi pour le vin, Col. 12, 22, 1), puis un second, plus épais, la poix ou *brai*, qui se solidifie lorsqu'ont été éliminées par le chauffage les huiles volatiles. Sur la question, cf. R. Marcille, *La résine et la poix dans Pline*, *Revue tunisienne*, 1941, pp. 220-222.

Ces produits étaient versés dans le moût lors de la première fermentation, dite tumultueuse. Caton, 23, 3, plaçait la résine en poudre dans un panier suspendu dans la jarre. De même, la poix ou la résine sont broyées et criblées dans Pline, 16, 54 et Col. 12, 23, 1.

Malgré les affirmations des anciens, l'utilité de cette pratique a souvent été contestée ; insoluble dans le vin, la poix n'est ni antiseptique ni susceptible d'arrêter les fermentations secondaires (cf. en dernier lieu, J. Vaisière, p. 148, n. 2). Le vin en prenait un certain goût, surtout avec la *flos resinae* et la *crapula* ; cf. en Grèce et en Orient les solutions alcooliques de résine mastic donnant une liqueur du genre anisette (R. Marcille, *La poix antique*, *Revue Tunisienne*, 1941, p. 218, n. 3). Les anciens croyaient par là sauver leurs vins, cf. Diosc. 5, 34, selon qui le vin de Gaule, où le raisin mûrit mal, aigrirait s'il n'était apprêté à la résine de pin.

La gemme (*flos resinae*) est bien, comme le dit Pline, la plus propre à relever le vin, puisqu'elle contient l'huile essentielle, l'essence de térébenthine. La *crapula* a moins de saveur et se dissout peu dans les dilutions alcooliques faibles comme le vin. La poix ne se dissout plus (cf. R. Marcille, *Ibid.*, p. 219). Or, c'est bien la distinction qu'établissaient les anciens et en particulier les médecins. Les vins résinés sont considérés comme nocifs : les vertiges, maux de tête qu'ils provoquent sont ceux de l'ivresse (et c'est aussi un des sens de *crapula*), Diosc. 5, 34, 2 ; Pline, 23, 46 [1]. Au contraire, selon Pline, *Ibid.*, les vins apprêtés à la seule poix sont plus innocents.

2. La Ligurie donnait surtout une poix célèbre, la *pix*

1. Mais aussi ils aident à la digestion, font uriner, arrêtent les hémoptysies, Diosc. *Ibid.*

Nemeturica, cf. Col. 12, 22, 1 ; 24, 1. Ses vins étaient connus pour en avoir le goût, Strabon 202 ; cf. § 68, n. 2.

§ 125.

1. La maladie de la tourne est une des conséquences de la fermentation secondaire particulière aux raisins botrytisés, c'est-à-dire atteints de la pourriture noble par le *Botrytis cinerea*, ce qui devait être fréquent en Italie où les vendanges étaient volontairement retardées. Elle élimine, dans les périodes de chaleur, les résidus de sucre non transformé en alcool, donne au vin sa finesse et l'assèche lentement. Mais les vins mal constitués présentant une acidité trop faible ou un excès de sucre, en récipients pleins ou bouchés, se troublent et prennent une saveur à la fois aigre et fade (Billiard, p. 534 ; J. Renaud, pp. 93-94) ; en latin *uinum mutatum* (Hor., *Sat.* 2, 2, 58) ou *uappa*.

2. Le vinaigre était déjà très apprécié des Athéniens, Athén. 67 c, « c'est le seul des condiments que les Attiques appellent ἥδος (douceur) » ; pour ses propriétés, cf. Pline, 23, 54 sq. ; pour celles de sa lie, 23, 66-67.

§ 126.

1. Cf. § 120.

2. Cf. *Géop.* 6, 5, 9 (avec de la cendre de sarments).

3. Le salage du moût, comme nous l'avons vu, peut se faire avec de l'eau de mer, cf. § 120, n. 6. Elle doit être prise au large, par mer calme, pour éviter qu'elle ne soit mêlée d'eau douce (Caton, 106 ; Col. 12, 21, 14 ; Pallad. 11, 14, 2). On la faisait bouillir, réduire même parfois des 2/3, comme faisait l'oncle de Columelle, et on la gardait 3 ans avant de l'utiliser. Elle servait aussi à délayer la poix, Col. 12, 20, 3.

§ 127.

1. Pour le poissage des jarres, cf. § 134. La poix bruttienne, rouge, plus grasse que les autres, servait à enduire les futailles, mais aussi à apprêter les vins, Col. 12, 18, 7 ; Pline, 16, 53 ; 24, 37.

2. Le *picea* est la pesse ou épicéa commun (*Picea excelsa* Link), le *pinaster*, le pin maritime (*Pinus Pinaster* Soland) ; Diosc. 1, 71, 3, parlant des différentes résines de pin et de sapin, cite celle de l'île de Pityousa, dans l'archipel des Baléares.

3. Cf. 16, 52 sq.

4. Brûlée, la poix donnait mauvais goût au vin et manquait de la souplesse et de l'onctuosité nécessaires pour la faire adhérer aux parois du vase.

§ 128.

1. Cf. *Géop.* 6, 5, 1, « Les anciens nous apprennent que la meilleure des poix est celle de l'Ida, puis celle de Piérie ;

d'autres préfèrent celle de Rhodes, d'autres celle du Bruttium ; en général, la plus brillante est la meilleure. » L'Ida est le mont de Troade, dont la poix est déjà vantée par Théophr., *H. P.* 9, 2, 5, la Piérie, une région boisée de Macédoine, *Narica* (—*cum* Pline, 4, 27), une ville des Locriens de l'est (pour sa poix, cf. Virg., *G.* 2, 438 ; Col. 10, 386).

2. Cf. 12, 72, *Nec non et tertia* (*sc. mastiche*) *in Ponto est, bitumini similior.*

3. Cf. *Géop.* 6, 6, 1, « En Italie, voici comment se pratique le poissage des jarres : on broie 40 mines de poix, une de cire, 8 drachmes de sel ammoniaque, 4 de grains d'encens, on coupe du fenu-grec menu... » ; autres recettes, *Ibid.*, 2 et 7, 7, 1 (comprenant de l'huile) ; 7, 7, 2, « Pour les vins communs, on se contente de belle poix ; on y mettra une mesure d'iris et beaucoup moins de cire... » Caton, 107, conseillait, après poissage des jarres, de les parfumer avec une décoction de racine d'iris et de mélilot odorant dans du vin cuit ; cf. § 134, n. 3.

4. La cire était mêlée à la poix destinée à enduire les futailles. Pallad. 10, 11, 2 donne la dose d'une livre de cire pour 10 de poix, mélange qui parfume le vin, tempère la poix et l'empêche de s'écailler pendant l'hiver ; cf. aussi *Géop.* 6, 6, 1-2. Mais elle était aussi déconseillée, *Géop.* 6, 7, 2 ; 6, 5, 10, « Certains conseillent de ne pas mettre du tout de cire dans la poix, parce que le vin devient âpre et tourne facilement au vinaigre. »

5. Le vinaigre était recommandé comme apprêt de certains vins, cf. § 120, et d'ailleurs aussi la lie de vin doux, Pallad. 11, 14, 5.

§ 129.

1. La référence est Caton, *Agr.* 23, mais le texte de Pline en diffère sur deux points :

a) Caton dit seulement : *Si opus erit, defrutum indito in mustum de musto lixiuo coctum, partem quadragesimam addito defruti uel salis sesquilibram in culleum.* Il s'agit de *defrutum* fait avec du vin de mère-goutte (cf. Col. 12, 27, *mustum lixiuum, hoc est antequam prelo pressum sit*) que Pline, par une grossière erreur, a confondu avec la cendre de lessive. Col. 12, 19, 3, donne la même recette que Caton. Peut-être Pline a-t-il mélangé plusieurs fiches, en particulier de Caton et de Col., puisque ce dernier, 12, 22, 1, mêle la cendre de lessive à la poix destinée à l'apprêt du vin. — *b*) Caton ne mentionne pas le soufre, ni aucun agronome. Cette substance entre seulement dans la composition d'un lut pour les tonneaux, *Agr.* 29, 1. Confusion de Pline ?

§ 130.

1. Caton, 23, 2. Après le premier pressurage, on tranchait le marc débordant des plateaux et on le rejetait sur la masse pour un second pressurage. On obtenait alors le *mustum tortiuum, m. circumcidaneum, m. circumcisiuum*, vin de taille, vin de rognure, plus riche en tanin, que Caton faisait répartir sur le vin de première serre ; cf. Varron, 1, 54, 3 et n. 1 au § 119.

2. On colorait en particulier le vin avec du safran, Plut. *Quaest. conu.* 6, 7, 2 ; *Géop.* 7, 13, 2. On décolorait le vin noir avec du petit-lait, *Géop.* 6, 21, 1. Pallad. 11, 14, 10 et *Géop.* 6, 21, donnent une recette pour changer le vin noir en vin blanc avec de la cendre. Leur technique touche au merveilleux lorsqu'ils prétendent que l'inverse peut-être obtenu si l'on choisit de la cendre d'un cep donnant des raisins de la couleur du vin que l'on désire.

3. Les détails de l'opération sont donnés par les *Géop.* 7, 15, 17-18 : on collait avec de la cire cette plaque de plomb, étain ou bronze au couvercle de la jarre et, 40 jours après, on vérifiait son degré d'altération ; l'acidité du vin agissait sur ces métaux en modifiant leur couleur, leur aspect ou leur odeur.

§ 131.

1. Ce sont les deux grandes maladies du vin signalées par les anciens ; cf. Caton 148, 1, *quod neque aceat neque muceat.* La *graisse* donne au vin une consistance mucilagineuse qui, au soutirage, le fait filer comme de l'huile et remplir le verre sans bruit ; cette altération frappe surtout les vins blancs mal constitués et mal soignés (Billiard, p. 533 ; Renaud, p. 114). L'addition de sel avait pour but de l'empêcher ; cf. Col. 12, 23, 3, qui nomme la maladie *mucor*.

2. Cf. Pline, 23, 63-64, et surtout Diosc. 5, 114, « On doit la brûler... après l'avoir fait sécher avec soin. Certains la mettent dans un plat de terre et la font brûler à feu fort jusqu'à ce qu'elle s'embrase complètement ; d'autres la mettent en boulettes sous des charbons ardents... »

§ 132.

1. La technique du tonneau de bois est spécifiquement gauloise. C'est un attribut du dieu *Sucellus* (cf. W. Deonna, *Le dieu au tonneau, Anz. f. Schweiz. Altertumsk.*, 1915, pp. 261-262). Comme vase vinaire en bois, les Romains ne connaissaient que la *cupa*, la cuve, le cuveau, d'ailleurs cerclé de fer ou de bouleau (Pétr., *Sat.* 60, 3 ; Pline, 16, 75 ; Pallad. 1, 6, 2). Strabon, 218, s'émerveille des foudres de la région comprise entre le Pô et les Apennins : « les vaisseaux donnent une idée de l'abondance du vin ; ils sont en bois et plus grands

que des maisons. » Pline, 16, 50, signale des empoisonnements dus au bois d'if employé pour leur fabrication.

2. Pline parle en méditerranéen. Le vin gèle entre moins 4° et moins 8°, et la température de congélation est d'autant plus basse que le degré alcoolique est plus élevé. Le phénomène avait déjà été noté par Virg., *G.* 3, 364, et Ov., *Trist.* 3, 10, 23-24 ; cf. Gell. 17, 8. D'ailleurs, les vignobles devaient alors remonter beaucoup plus haut dans les vallées alpestres que de nos jours ; au Moyen-Age, la plaine de Bourg d'Oisans, par exemple, était entourée de vignobles (A. Allix, *L'Oisans au Moyen-Age*, Paris, 1929, p. 492).

§ 133.

1. Macrobe, 7, 12, 15, donne trois façons de protéger le vin dans les vaisseaux : les enterrer, les placer sous un toit, les recouvrir d'un enduit extérieur. En Campanie, les jarres demeuraient à l'air libre, cf. Pline, 14, 136. Le séjour au soleil, insuffisant pour tuer les levures et les bactéries, est un procédé d'oxydation lente par évaporation. Au siècle dernier encore, l'exposition des tonneaux au soleil se pratiquait à Sète et durait de 1 à 2 ans (Pasteur, *Étude sur le vinaigre et le vin*, Œuvres, t. III, pp. 348-349) ; elle se pratique encore pour les *vinos soleados* de Madère. — Col. 12, 18, 5, veut que les jarres enterrées se poissent autrement que les autres, de peur qu'un goût de terre ne se communique au vin. La hauteur enterrée de la jarre ne variait pas seulement avec la température extérieure, c'est-à-dire avec le climat, mais aussi avec la qualité du vin, cf. *Géop.* 6, 2, 3, « On installera les jarres dans des endroits secs en les enterrant aux 2/3 quand la région produit un vin faible, léger et débile ; à moitié s'il est fort et épais » ; 7, 2, 1-2, « Le vin fort sera laissé en plein air, protégé par des murs à l'ouest et au midi. Les vins légers seront placés sous un toit. » Cf. § 134.

2. Ce sont les *cellae uinariae tectae* de Vitr. 1, 4, 2.

3. Le cellier doit être au rez-de-chaussée (*in plano*, Col. 1, 6, 11), exposé au nord, frais, presque obscur (Pallad. 1, 18, 1), sans fenêtres au midi et à l'ouest, parce que la chaleur fait perdre au vin de sa force (Vitr. 1, 4, 2 ; 6, 5, 1). Varron, 1, 13, 7, regrette qu'on n'applique plus de son temps ces prescriptions. Les *Géop.* 6, 2, 1, sont moins catégoriques : « Le bâtiment pour les jarres, en climat tiède, aura sa porte à l'est et au nord, en climat plus froid, au midi. » Cette technique est encore observée dans les régions où l'établissement de caves est impossible, cf. R. Tronchot, *Le vin et le vignoble de Bourgueil*, *Recherches et Travaux*, III, 1948, p. 77, « L'humidité et les infiltrations de la Loire ne permettent pas de creuser des caves dans les terres de la vallée. Chai et cellier sont juxtaposés au même niveau, gardés de la

chaleur par des murs épais munis d'étroites ouvertures, « bouinottes », souvent tournées vers le nord ».

4. Le cellier doit être balayé et parfumé (Col. 12, 18, 3) et ne doit contenir aucun objet de mauvaise odeur, cuir, aulx, fromages, huile, figues (*Géop.* 6, 2, 7). D'autre part, il doit être à l'écart des bains, du four, du trou à fumier, de l'écurie, des paillers, de la boulangerie (Col. 1, 6, 11 ; *Géop.* 6, 2, 8). Pline n'est pas seul à croire à l'effet nuisible de la proximité des racines d'arbres : les *Géop.* 6, 2, 9, recommandent d'abattre les arbres voisins, surtout les figuiers, encore plus les figuiers sauvages et les grenadiers.

5. Cf. Théophr., *C. P.* 2, 18, 4, « Le vin prend facilement les odeurs des objets voisins, davantage et plus vite celui qui est en flacons, parce qu'il est en petite quantité et sans protection. » Cf. Col. 12, 28, 4, *Nam nulla res alienum odorem ad se ducit quam uinum.*

§ 134.

1. Même croyance et même recommandation dans *Géop.* 6, 2, 2, « Les jarres ne devront pas se toucher ; on laissera entre elles une distance d'un pied pour permettre aux employés du cellier l'accès aux jarres de l'intérieur et pour éviter qu'une jarre qui tourne ne gâte les voisines. Car rien ne contracte plus vite la maladie que le vin, surtout le moût. »

2. Cf. *Géop.* 6, 3, 10-11, « Les petits vaisseaux sont propres à la conservation et à la qualité du vin. Aussi fera-t-on de petites jarres. Si l'on a de vieilles jarres de grande taille, on y versera le vin plus faible et de qualité inférieure, et dans les petites le meilleur. » De nos jours encore, dans les chais, les foudres sont utilisés pour les vins communs, les fûts moyens pour les vins fins (Billiard, p. 470).

3. L'époque du poissage des jarres varie : au lever de la Canicule (Pline), 40 jours avant la vendange (Col. 12, 18, 5), au sortir du four, pour les jarres neuves (*Géop.* 6, 4, 1). L'opération devait être renouvelée chaque année ou au moins tous les 2 ans. On commençait par nettoyer les jarres avec un balai de ramilles sèches d'orme (Caton, 152) pour en ôter la lie ; puis on badigeonnait de poix les parois intérieures [1], surtout de poix du Bruttium (Col. 12, 18, 5 ; Pallad. 10, 11, 2 ; *Géop.* 6, 5-8 ; cf. R. Marcille, *La poix antique, Revue Tunis.*, 1941, p. 218). La pratique s'en répandit vite. Dès l'époque romaine, on poissa aussi les tonneaux de bois en Germanie (F. von Bassermann-Jordan, *Geschichte*

1. Le nettoyage des jarres se faisait aussi avec de l'eau de mer, de la cendre de sarments, de la *Creta Cimolia* ou de l'argile (*Géop.* 7, 6, 11).

des Weinbaus [2], Berlin, 1923, p. 1106, n. 10) ; on poisse encore aujourd'hui au Portugal les jarres de terre où est versé le moût avant fermentation et aussi après soutirage (G. Pereira, *Les vignobles au Portugal*, Toulouse, Basuyau, 1932, p. 46). Pline, 23, 45, déconseille pour la santé le poissage des jarres.

4. Cf. § 133, n. 1.

§ 135.

1. Cf. *Géop.* 6, 12, 2, « [Les jarres] ne doivent ni être trop pleines (risques en cas de fermentation secondaire) ni trop manquer de moût (risque de tourner en vinaigre). Il faut calculer l'augmentation normale du moût en fermentation, afin qu'il ne déborde pas et que, lorsque l'écume atteint l'orifice, il ne crache que ce qui n'est pas limpide. »

2. Cf. dans Caton, 107, la recette d'une composition pour parfumer le bord des futailles (vin cuit, poudre de racine d'iris, mélilot odorant).

3. D'une façon générale, on ne devait toucher ni au bois de la vigne ni au vin par vent du sud (Caton, 31, 2 ; Pline, 18, 329) ; cf. *Géop.* 7, 6, 4-5, « Il faut soutirer quand la lune croît et se trouve sous terre. D'après Sotion, il faut soutirer surtout dans les jours avant la lune, c'est-à-dire le 1er et le 2e jour avant qu'elle ne se montre. »

§ 136.

1. Cf. *Géop.* 7, 15, « On peut aussi apprécier le vin d'après la fleur qui surnage. Si la fleur est rouge, large et molle, le vin sera de peu de durée ; si elle est visqueuse, ce n'est pas bon signe. La fleur noire ou jaune surnageant indique un vin faible, la blanche un vin stable... » Le mycoderme, *Mycoderma vini*, détermine une combustion de l'alcool sous l'influence de la fermentation hydrocarbonique ; le vin s'évente ; il se produit un dégagement de buée qui se condense sur la paroi froide des couvercles (Billiard, p. 533 ; Renaud, pp. 101-102).

2. Même recommandation dans Col. 12, 19, 3.

3. Les récipients de plomb sont aussi conseillés par Col. 12, 19, 1 ; 20, 1, parce que, dans ceux de cuivre, le vert-de-gris corrompt le goût des drogues.

§ 137.

1. Cf. *Il.* 8, 189 ; Polybe, 3, 88, 1. C'est un remède pour les chevaux maigres (Col. 6, 30, 1) et pour les bœufs trop échauffés par le travail, *Ibid.*, 2, 3, 1, Pline semble ignorer qu'on enivrait les animaux sauvages pour s'en emparer, Élien, *V. H.* 2, 40 ; *N. A.* 8, 27, etc.

§ 138.

1. Plutarque, *Quaest, conu.* 6, 5, expose les thèses opposées sur la question de savoir si filtrer le vin le « châtre » ou le purifie. D'après les expressions de Pline, *sacco uires frangere* et *saccis castrare* (19, 53 ; 23, 45), il semble que l'on pensait plutôt l'adoucir par cette opération qui d'ailleurs le clarifiait aussi. Le vin y perdait une partie de son bouquet (Théophr., *C. P.* 2, 18, 4 ; Hor., *Sat.* 2, 4, 53-54). Le filtrage se faisait à l'aide d'une chausse de lin, *saccus*, *colum*, imbibée d'huile de myrte qui retenait la lie et parfumait le vin, cf. 15, 124.

2. Le vin passait pour l'antidote de la ciguë, cf. § 58.

3. L'absorption de poudre de pierre ponce prévenait, croyait-on, l'ivresse, parce que sa nature froide empêchait l'échauffement produit par le vin (Théophr., *H. P.* 9, 17, 3 ; Pline, 36, 156). On prenait aussi, avant de boire, de l'*élaeoméli* (23, 96), du poumon de chèvre, du chou cru (*Géop.* 7, 31). Un médecin qui participait aux beuveries de Drusus prenait des amandes amères (Plut., *Quaest. conu*, 1, 6, 4).

§ 139.

1. Sur cette pratique qui provoquait la sudation et la soif, cf. Col. 1, *praef.* 16 ; sur les dangers du bain après les banquets, cf. Juv. 1, 142-143 ; Perse, 3, 38.

2. Pline, 23, 42, dit que l'homme doit au vin d'être le seul animal à boire sans soif. Pour les commentaires des auteurs indignés des scènes d'ivrognerie, cf. Col. 1, *praef.* 16 ; Sén., *Epist.* 122, 6 ; *Cons. ad Helu.* 10, 3, *uomunt ut edant, edunt ut uomant* ; Suét., *Claud.* 33, 1-2 ; *Vit.* 13, 1, etc.

§ 140.

1. Ce sont les exercices gymniques empruntés aux Grecs, d'une façon générale les jeux de la palestre. La *uolutatio in caeno* est une forme particulière de lutte : la lutte dans la boue a pour but de développer la force en obligeant à saisir un adversaire qui glisse des mains ; celle dans le sable, au contraire, apprenait à s'évader d'une prise solide (Lucien, *Anacharsis,* 28-29).

2. Il ne s'agit pas, comme on l'admet en général, de la tête ballante de l'ivrogne, puisque c'est un exercice destiné à assoiffer (*per omnia haec praedicatur sitis quaeri*), mais d'un exercice de pantomime. On dansait en effet dans les banquets, et le genre phrygien, aux bonds épuisants, était fait « pour le vin, la table et l'ivresse » (Lucien, *Salt.* 34). Ici, c'est un renversement sur le dos, techniquement appelé *pont,* signalé par Lucien, *Ibid.* 71, parmi les mouvements des danseurs : « leurs pirouettes, leurs virevoltes, leurs sauts, leurs renversements sur le dos. » Voir la reproduction de la figure dans Dar.-Saglio, I, 1079, fig. 1328.

3. De telles coupes sont évoquées par Martial, 14, 95.

La tradition en était demeurée à l'époque de Brantôme, cf. *Vie des Dames galantes, Discours premier*, où il est question d'une coupe « où estoient taillées bien gentiment et subtilement au burin plusieurs figures de l'Arétin. »

4. La grande loi des banquets grecs était ἢ πῖθι ἢ ἄπιθι ; cf. Cic., *Tusc*. 5, 118, *aut bibat aut abeat*.

§ 141.

1. Sur l'ivresse qui bannit la pudeur, cf. Sén., *Epist*. 83, 20. Cependant Sénèque, *Ibid*. 14 sq., cite des ivrognes qui n'ont jamais livré un secret, en particulier les préfets de la ville L. Pison (cf. § 145) et Cossus.

2. Ἐν οἴνῳ ἀλήθεια (Zénob. 4, 5) ; οἶνος καὶ ἀλήθεια (Diog.), cf. Athén. 37 f, et Horace, *Sat*. 1, 4, 9 ; *Epist*. 1, 15, 16. Voir A. Otto, *Essen und Trinken im Sprichwort*, *ALLG*., IV, 1887, p. 355, et P. Boyancé, *Platon et le vin*, *Lettres d'Hum*., X, 1951, p. 5.

3. Un des lieux communs des moralistes ; cf. Caton *ap*. Sén., *Epist*. 122, 2 ; Col. 1, *praef*. 16. L'origine en paraît remonter aux déclarations de Smindyridès de Sybaris (Athén. 273 c-d, qui emprunte son récit au Περὶ ἡδονῆς de Chamaeléon du Pont, attribué aussi à Théophraste), qui prétendait n'avoir vu pendant 20 ans, pour son plus grand bonheur, le soleil se lever ni se coucher. Sur les gens qui boivent jusqu'au matin, cf. Mart. 1, 28.

§ 142.

1. *Genae* « paupières » à l'époque de Pline, cf. 11, 156-157. Il s'agit de poches sous les yeux ; le phénomène est noté aussi dans la maladie et la vieillesse, Celse, 7, 7, 10. — Dalechamp comprenait *ulcera oculorum* comme des yeux caves et cernés, mais cette interprétation est impossible, car les *ulcera* des maladies des yeux dans Celse, 6, 6, 18-25, sont toujours des plaies provoquant des cicatrices. Or, jamais les alcooliques invétérés ne présentent ce symptôme, mais seulement des yeux striés de sang, éraillés. Pline a dû attribuer à l'alcoolisme les *ulcera* qu'il a vus et dont la cause était autre. — Le sommeil des éthyliques est agité par des rêves fréquents (*somni furiales*) de deux types et qui n'existent que chez eux : rêves professionnels, retraçant les ennuis et accidents de leur métier, et zoopsie (rêves de petits animaux, rats, serpents).

2. Parodie de *carpere diem*.

§ 143.

1. L'apéritif, πρόπομα, semble une coutume orientale, signalée en Bithynie et en Macédoine, Athén. 58 b-c ; 128 c. La mode récente de boire à jeun est condamnée par Sén., *Epist*. 122, 6, et Pline, 23, 41. — Tibère avait été dans sa jeu-

nesse un fameux buveur dont les amis avaient parodié le nom en *Biberius Caldius Mero*, cf. Suét., *Tib.* 42, 2 ; pour ses goûts et ses innovations, cf. Pline, 14, 16 ; 64 ; 145 ; 146 ; Suét., *Ibid.* Son austérité tardive fut accrue par la conviction que son fils Drusus était mort de ses excès, Suét., *Tib.* 62, 1.

§ 144.

1. Cf. § 148.

2. Selon Satyros *ap.* Athén. 534 b, Alcibiade « l'emportait même sur les Thraces pour ce qui est de boire le vin pur ». Cf. aussi Plut., *Quaest. conu.* 7, 7, 4.

3. Torquatus Nouellius Atticus, dont le *cursus honorum* figure dans *CIL.*, XIV, 3602 : successivement *decemuir stlitibus iudicandis*, tribun de la première légion, tribun des *uexillarii* de 4 légions cantonnées en Germanie, questeur, édile, préteur *ad hastam, curator locorum publicorum* et proconsul de la Narbonnaise (cf. *Prosopographia Imp. Rom.* II, 1897, p. 416). Son exploit lui valut le surnom de *Tricongius* (3 conges = 9 l. 849). Pour la même raison, le Rhodien Xénarque avait été surnommé Μετρετής (Athén. 346 f ; = 39 l, 39).

§ 145.

1. Cf. n. 1 au § 143.

2. L. Calpurnius Piso, gouverneur de Thrace sous Auguste, préfet de la ville sous Tibère. L'anecdote est aussi rapportée par Suét., *Tib.* 42, 3.

3. Drusus Iulius Caesar, fils de Tibère et de sa première femme Vipsania Agrippina, dont la vie dissolue se passa en banquets, cf. Suét., *Tib.* 52, 1 ; 62, 1 ; Plut., *Quaest. conu.* 1, 6, 4.

§ 146.

1. Mone et Madvig, *Adv. crit.*, II, 1873, p. 528, proposent de corriger le *iniuria* de *M* en *in curia* d'après la faute inverse relevée dans Cic., *Flac.* 77, et le fait pourrait alors se rapporter aux fonctions d'édile ou peut-être de *curator locorum publicorum*, si l'expression *obire uigilias* n'évoquait sa charge de tribun militaire. La correction de C. H. Volckmar, *Philol*, XII, 1857, p. 471, en *inebria⟨tum⟩*, conforme au sens, est difficilement acceptable. L'hypothèse de la chute de *sine* par haplologie est préférable. Pour le sens de la phrase, cf. Vopisc., *Bonos*, 14, 4, *Ipse quantum libet bibisset, semper securus et sobrius et... adhuc in uino prudentior.*

2. Pline, toujours curieux de merveilleux, signale parmi les *insignia naturae*, 7, 80, qu'Antonia, femme de Drusus, ne crachait jamais et que le poète Pomponius (cf. 14, 56) ne faisait jamais de renvois.

3. Le jeu du cottabe, cf. G. Lafaye, *Dar.-Saglio*, III, 866-869.

§ 147.

1. Tergilla n'est connu que par ce passage et par les *indices* des l. 14 et 15. Le fils de Cicéron avait pris, sous l'influence de Gorgias, lors de son séjour à Athènes en 45-44, des habitudes d'ivrognerie qu'il n'abandonna jamais ; il avait le vin méchant ; cf. Sén. Rhét., *Suas.* 7, 13 ; Plut., *Cic.* 24, 8 ; Dion, 46, 21, 6. M. Agrippa est le gendre d'Auguste.

2. L'ivrognerie d'Antoine était célèbre, cf. Sén., *Epist.* 83, 25, dont l'expression est proche de celle de Pline : *cum, uino grauis, sitiret tamen sanguinem.* Il se faisait appeler *Liber pater*, Sén. Rhét., *Suas.* 1, 6 ; Vell. Pat. 2, 82, 5. *Euomuit* rappelle la fameuse scène où il vomit devant le peuple, cf. Cic., *Phil.* 2, 63 ; Mart. 2, 89, 5.

§ 148.

1. Cf. § 144. Et pourtant les Scythes étaient eux-mêmes réputés grands buveurs. Le roi de Sparte Cléomène, pour les avoir trop fréquentés, devint alcoolique et fou (Chamaeléon d'Héraclée *ap.* Athén. 427 b ; cf. le mot laconien ἐπισκυθίζειν « boire comme un Scythe », *i.e.* boire sans mesure, Hérodote, 6, 84).

§ 149.

1. L'intempérance des Gaulois en particulier est bien attestée, cf. Amm. Marc. 15, 12, 4, *uini auidum genus.*

2. Les barbares surtout usaient de boissons de grains fermentés qui n'étaient pas juridiquement considérées comme des vins (Ulp., *Dig.* 23, 6, 9), et qui étaient communément désignées sous le nom de *zythos*, quelle que fût la céréale ; Ulp., *Ibid. zythum, quod in quibusdam prouiniciis ex tritico uel hordeo uel ex panico conficitur* ; Athén. 152 c. La plus commune est la bière d'orge, que Diosc. 2, 109, déconseille, et que les Égyptiens des classes pauvres buvaient sous le même nom de ζῦθος (Théophr., *C. P.* 6, 11, 3 ; Athén. 34 b ; Pline, 22, 164) ; elle se nommait aussi βροῦτος (Athén. 447 b), en Gaule *ceruesia*, en Espagne *caelia* et *cerea*, Pline, 22, 164 ; sur les effets curieux de son ivresse, cf. Aristote *ap.* Athén. 34 b ; 447 a-b. — Il existait aussi des boissons d'autres céréales : blé (*Géop.* 7, 34, 1 ; en Gaule, dans les basses classes, avec ou sans addition de miel, dite *corma*) ; *olyra* (*Géop.*, *Ibid.*, espèce de blé particulière à l'Égypte, cf. Pline, 18, 62) ; avoine (*Géop.*, *Ibid.*) ; millet (*Ibid.* ; nommée καραβίη, Athén. 447 d) ; panic (*Ibid.* ; Ulp., *Dig.* 23, 6, 9). Ulpien, *Ibid.*, donne un autre nom de boisson de ce genre, *camum.*

Voir V. Hehn, *Kulturpflanzen und Haustiere...*, Berlin, 1887, chap. *Das Bier*, pp. 117-129 ; Olck, *R.-E.* III, 1, c. 457-464, s. v. *Bier*.

§ 150.

1. Cf. la réponse du centenaire Pollio Romilius à Auguste qui lui demandait comment il se soignait : *intus mulso, foris oleo* (Pline, 22, 114).

INDEX NOMINVM ET RERVM

INDEX NOMINVM ET RERVM

(Les chiffres renvoient aux paragraphes.)

TABLE DES MATIÈRES

Ce volume,
le cent cinquante-troisième
de la série latine
de la Collection des Universités de France,
publié aux Éditions Les Belles Lettres,
a été achevé d'imprimer
en juin 2023
par La Manufacture Imprimeur
52202 Langres Cedex, France

N° d'édition : 10678
N° d'impression : 230453
Dépôt légal : juin 2023